# EMPOWERED

エンパワード

## Ordinary People, Extraordinary Products

マーティ・ケーガン、クリス・ジョーンズ 著

二木夢子 訳　及川卓也 まえがき

# 普通のチームが
# 並外れた製品を生み出す
# プロダクトリーダーシップ

日本能率協会マネジメントセンター

本書を、「シリコンバレーのコーチ」の愛称で呼ばれているビル・キャンベル（1940–2016）に捧ぐ。

ビルとは長年の間に何度か会っているが、残念ながらコーチングを受けたことはない。しかし、ビルの薫陶を受けた数多くのリーダーによるマネジメントとコーチングを経験することができたのは、大いなる幸運だと思っている。

リーダーシップ、エンパワーメント、チーム、そして優れたプロダクト企業について学んできた教訓のどれほど多くが、元をたどればビルに行きつくかを、私は日に日に実感している。

ビルが本書の出版を許してくれて、教訓が受け継がれていると誇りに思ってくれることを、心から願っている。

# まえがき

## 及川卓也

　日本においてもプロダクトマネジメントやプロダクトマネジャーという言葉が認知されるようになって久しい。外資系IT企業を退職した後、日本でのプロダクトマネジメントの啓蒙を有志とともに行ってきた私としても非常に嬉しく感じている。

　プロダクトマネジメントが注目を浴びるようになった背景には、プロダクトが事業や会社にとってより中核的な存在と認識されるようになったからだろう。世界時価総額ランキングを見ても、トップを占めるのはプロダクト企業だ。ニュースを賑わす成長著しい新興企業の多くもプロダクト力が強い。テクノロジーを駆使し、価値観の多様化する世界において成功するにはプロダクトマネジメントが必須なのだ。

　本書の著者の１人のマーティ・ケーガン氏はプロダクトマネジメントの大家として日本でも知られる存在だ。彼の書いた『INSPIRED』（日本能率協会マネジメントセンター、2019年）はまだ日本にプロダクトマネジメントに関する書籍が多くなかったころ、それこそバイブルのように読まれた。彼は2019年には来日し、私が運営にも関わるプロダクトマネージャーカンファレンスの基調講演も行っている。

　彼が前著『INSPIRED』で表したことは、優れたプロダクトの生み出し方だ。プロダクトマネジャーに向けて、顧客に求められるプロダクトをつくり出す方法をレシピのような形で具体的に解説した。書籍の中では組織と人についても触れられていたが、あくまでも対象はプロダクトだった。

しかし、実際には良いプロダクトは良いプロダクト組織からのみ生まれる。良いプロダクト組織が良いプロダクトを生み、そして良いプロダクトを生み出すことで組織はより良い形へと進化する。プロダクト組織には、この2つの相互作用が必要だ。

本書『EMPOWERED』はこの良いプロダクト組織を作るための原理原則から具体的な手法までが詳細に書かれている。著者はマーティ・ケーガン氏に加えて、彼がファウンダーであるプロダクトづくりを支援する団体SVPG（Silicon Valley Product Group）のパートナー、クリス・ジョーンズ氏だ。彼らが多くの企業や個人に支援する中で見出した共通課題をいくつかのテーマに分類し、それぞれについてのあるべき姿とそこに到達するためのステップを述べている。

主な対象読者はプロダクトリーダーだ。本書の中でそのものずばりの具体的な定義が示されてはいないが、プロダクト組織に対して一定以上の権限で影響力を行使できる、プロダクトマネジメント組織やテクノロジー組織のマネジメントポジションを想定しているものと思われる。もし読者の皆さんの会社にCPO（Chief Product Officer）がいれば、その方のことだ。

著者たちにより分類された多くの企業が抱える課題は次のとおりだ。

- ・テクノロジーの役割
- ・コーチング
- ・人事
- ・プロダクトビジョン
- ・チームトポロジー
- ・プロダクト戦略
- ・チームの目標
- ・他部署や経営幹部との関係
- ・チームのエンパワーメント

彼らが挙げる課題は私が日本企業への支援を通じて感じている課題と同じだ。残念ながら、まだまだテクノロジー、特にITに関しての日本企業の無理解は甚だしい。日本はかつて技術立国としても知られていたし、製造業は現在でも世界トップの水準だ。しかし、ことITとなるとハードウェアとしてのプロダクトのおまけのように考えられている。設計から製造という工程で手戻りが許されないハードウェア部品と異なり、実体が無いものだけに融通が利くと思われるのか（実際に利くのだが）、常に設計ミスでできた穴をふさぐような機能を押し付けられるということも聞く。

　私は拙著『ソフトウェア・ファースト』（日経BP、2019年）でも書いたが、今やITは人が行っていたことを効率よく低コストで行うための道具ではない。ITでないと実現できないプロダクトが世の中を大きく変えているのだ。ITを中核ではなくコストと考えていた企業が積極的にアウトソースした結果、SIer依存体質から脱却ができず、ITを事業に取り入れた企業との差がますます開いている。バブル崩壊後の日本経済の低迷の理由のひとつがこのようなITへの無理解だ。

　社内にテクノロジーチームを置いている場合でも、その位置づけを見てみると、「中核事業に奉仕する」形で存在していることも多い。私はそれを社内SIerと呼んでいる。これを著者たちは中核事業に従属する形と言い、典型的なアンチパターンであるとしている。「〜事業システム部門」というような名称の部署があったら要注意だ。社内の中核事業に奉仕するのではなく、直接顧客に奉仕する存在でなければいけない。また、プロダクトを推進するテクノロジー部門の管掌役員がCIOなのかCTOなのかを聞かれることがある。ここでも私と著者たちは同じ考えを持つ。CTOだ。些細なことかと思われるかもしれないが、CIOは従来の社内IT部門のトップであり、各事業へ奉仕することが求められる。顧客に直接奉仕することが求められるプロダクト開発のためのテクノロジーチームとはそもそも目的が異なることに注意しなければならない。

　これは人と組織、そしてその組織構成にも関係する。人は動機づけさ

れて機能する生き物だ。動機づけされた人が必要なスキルとマインドセットを備え、チームスポーツのように協力しあい成果を出さなければ成功しないのが今日のプロダクトだ。

　昨今、デジタルトランスフォーメーションという名の下に多くの企業がITによる事業変革を目指しているが、その重要な要素である人と組織をないがしろにしている例を多く見受ける。しかし、私に言わせれば、技術の変革、事業の変革、そして組織の変革のうち、もっとも重要かつ難しい要素が組織の変革なのだ。極端と言われることを覚悟して言うならば、人と組織さえ変われば、他は勝手に付いてくると言っても過言ではない。

　日本では、いまだに終身雇用を基本とした人事制度から大きく変えていない会社も多い。新卒で入社したら一生その会社に尽くすことが求められるが、いまや企業の寿命の方が一般的なビジネスパーソンのビジネス人生よりも短くなることもある時代において、もはやこのシステムの破綻は明らかだ。この人事制度においてなによりも問題なのは、社員をすべてジェネラリストとして育て上げることだ。事業の中核を担う存在になったプロダクト担当者がジェネラリストとしての定期的なジョブローテーションの対象だということさえある。ジョブローテーションは明確な人材育成計画に基づいたものであれば有効であるが、プロダクトの状況を問わず、定期人事異動でプロダクト担当者が代わるなどは言語道断だ。

　さまざまな企業の支援をする中で、私は多くの企業に本当の意味でのマネジメントが不在であることに気がついた。マネジメントの役割は監視ではない。本書で言うコーチングであり、本書のタイトルにもなっているエンパワーメントだ。

　トヨタ生産方式の生みの親と言われる大野耐一氏の愛弟子、林南八氏は課長に昇格したころに、大野氏から管理とは何かと聞かれ、「数値目標を与えて、その結果を見て指導することです」と回答したら大目玉を食らったという。大野氏からは「君の言っていることは管理ではなく、

監視であり、そういうことをしないでも社員が自発的に目標に達成するように仕組んでいくことがマネジメントの本質である」と諭されたという。これがエンパワーメントであり、本書の中で引用される、AppleやGoogleなどシリコンバレーの企業の経営陣のコーチだったビル・キャンベル氏のリーダーシップの言葉とも重なる（氏の言葉は是非本書の中で確認してほしい）。

　本書のタイトルにあるエンパワーとは果たして何か。英語の単語としては、「力を与える」という意味だ。つまり、本書は「力を与えられた」という状態を示す。力を与えられるのは誰か。それは人と組織だ。つまりは、プロダクト関係者が活力を得た状態を目指すことが理想の状態ということだ。

　私もよく言うのだが、組織の理想的な状態は、適切なスキルを持った人が適切な環境下で適切に動機づけされ、ひとつの目的に向かって進むことだ。目的が分割されるのは良いが、収益を上げることが目的の人たちと、顧客への価値を提供することが目的の人たちと、そのために誰かによって定義された機能を作ることが目的の人たちというように、組織が分断されてはいけない。分担と分断は異なる。分担とは同一の目的を達成するために各々の守備範囲を決めることであり、目的を達成するために守備範囲を超えることもある。ラグビーやサッカーならばポジションに関係なく、守るときは守り、攻めるときは攻める。ラグビーやサッカーのようなスポーツでそれが可能なのは、わかりやすいゴールが存在するからだが、同じことをプロダクトにおいても行う必要がある。

　私の会社では、理想のプロダクト組織を「プロダクト志向組織」と呼ぶ。これはメンバー全員がプロダクトの成功を考える組織だ。プロダクトの成功はプロダクトビジョンの達成、そして事業収益の最大化と顧客価値の最大化だ。これらを、例えば、事業サイドと呼ばれる人であっても顧客価値を考え、ユーザー体験を実現するエンジニアであっても事業収益を考えるというように、それぞれの持ち分を全うしつつも、良い意

味でお互いの領域に越境していく。そして、自らのプロダクトに誇りを持ち、頼まれなくても知人や友人、家族に勧め、それだけでなく、飲み屋で隣になった人にまで自分たちが担当したプロダクトを熱く語るような、そんなプロダクトに対する情熱を持つ組織だ。

　本書で語られているのはまさにこの「プロダクト志向組織」のつくり方だ。

　さて、本書を日本人である我々はどのように読めば良いだろう。プロダクトリーダーがまだ不在なことも多い日本企業であるが、プロダクトリーダーを志す人やプロダクト力を高めることに使命感を抱いている経営層やマネジメント層に是非読んでほしい。

　その際に重要なのは自分に都合の良いように解釈をしないことだ。本書は米国人が書いたものであり、そのままでは日本企業に当てはまらないと思われるかもしれない。確かにそのとおりなのだが、原理原則は、先ほどのトヨタ生産方式の生みの親の大野氏の逸話も出すまでもなく、日本においても普遍的なものだ。日本流にとか、自社にあった形でと考えるのは構わないが、変化を抑止する形での解釈にならないように注意してほしい。

　特に意識して欲しいのが、テクノロジーの活用だ。ソフトウェア開発の内製化は目的でなく結果だが、最初から内製化を手段から外してはならない。事業の中核部分をアウトソースすることなどありえないことは当たり前だが、何故かこれがソフトウェア開発になると常識が通用しなくなる。テクノロジー活用のための内製化は待ったなしと考えるべきだ。

　また、成果が見えやすいフレームワークや手法、テクニックに流れることも気をつけたい。本書の中でもアジャイルに対しては厳しく指摘している。アジャイルを否定しているのではないが、アジャイルが結果ではないし、銀の弾丸でもないと。日本企業の生真面目さは時として方法論を崇め奉る形で発揮されるが、方法論の背景にある原理原則を理解しないと、ただひたすら儀式（儀礼化されたプロセス）を行うだけとなる。

日本企業にとって、まさに今こそがプロダクト組織に生まれ変わるときだ。今までは、「Googleが」「Amazonが」「Appleが」と言われても他人事であったかもしれない。しかし、リアルな店舗を持つに至ったAmazonや、自動運転車を手掛けるWaymo（Googleの兄弟会社）、自動車業界への参入を表明したAppleのように、どの業界にとってももはや他人事ではない。今まで情報社会の出来事と思っていたことが自分たちの業界でも起き始めている。プロダクト力の強い企業がいつの間にか自分たちの陣地を脅かすようになってきたのだ。

　もはや一刻の猶予も許されない。日本企業にはそのくらいの危機感を持ち、自社のプロダクト組織への変革を進めてほしい。本書に書かれた原理原則は変革を進めるそんな皆さんの大きな武器となるだろう。

# contents

## PART IV  プロダクトビジョンと原則

## PART V  チームトポロジー

## PART VIII ケーススタディ 375

## PART IX ビジネスコラボレーション 419

# PART VI　プロダクト戦略

# PART VII　チームの目標

# PART VIII　ケーススタディ 375

# PART IX　ビジネスコラボレーション 419

# 一流のテクノロジー
# 企業から学んだこと

私の初めての著書『INSPIRED』では、一流のプロダクト企業に所属する優れたプロダクトチームが、どのようにプロダクトディスカバリーの最新のテクニックを用いて、顧客に愛されビジネスがうまくいく形で難しい問題を解決しているかを説明した。

　同書のおかげで、私自身や、私が主宰するシリコンバレープロダクトグループ（SVPG）のパートナーにも、シリコンバレーをはるかに超えて多くの企業との縁が生まれた。

　さまざまなインサイトが得られた中でもとりわけ衝撃的だったのが、あまりに多くの企業で、プロダクトチームに求められる仕事のやり方が許されていない、ということだった。このことは、真にテクノロジーが活かされたプロダクトやサービスに取り組んでいる企業すら例外ではなかった。

　プロダクト開発のテクニックの違いだけではない。一流のプロダクト企業とその他の企業には、仕事のやり方にもっと根本的な差があるということに、私たちは気づいた。

　こうした不自由な企業で発見したのは、惨憺たる状況だった。

**テクノロジーの役割**

　あまりに多くの企業が、テクノロジーに関していまだに旧態依然とした発想にとらわれている。テクノロジーは中核事業の実現に不可欠な存在でなければならないはずなのに、やむを得ないコストと見ているのだ。テクノロジーチームのメンバーは文字通り「事業に奉仕する」ために存在しており、そのマネジャーやリーダーはその「事業への奉仕」を促進するために配属されている。あるいは、「デジタル」ビジネス事業部門のような部署を作られ、脇に追いやられている。テクノロジーチームは、真の顧客から切り離され、むしろステークホルダー（利害関係者）を顧客と考えるように促されている。

**コーチング**

　テクノロジーチームのメンバーには、積極的なコーチングがほとんど、あるいはまったく行われていない。たとえマネジャーがコーチングに取

り組みたいと思っていたとしても、本人にコーチングの経験がない。

したがって、問題は一向に解決しない。

## 人事

こうした企業のほとんどは、必要な人員がいないという自覚こそある
が、人材不足の課題解決方法や、プロダクト担当者に求めるべき資質を
勘違いしている。したがって、やはり問題は一向に解決しない。

## プロダクトビジョン

こうした企業は、刺激的で説得力のあるプロダクトビジョンをめった
に備えていない。草創期にはビジョンがあったのかもしれないが、創業
者が去って以来、色あせてしまっている。そのため、テクノロジーチー
ムのメンバーは、機能を製造する工場で働いているように感じている。

## チームトポロジー

チームの分け方に問題があり、チームメンバーが有意義な仕事を任さ
れていると思えなかったり、他のいろいろなチームに変更を頼まなけれ
ばろくに仕事ができなかったり、巨大な組織の中の小さな歯車にすぎな
いと感じたりしている。

## プロダクト戦略

こうした企業のプロダクト戦略が貧弱であると述べるのは公平ではな
い。というのも、ほとんどの場合は戦略が皆無だからだ。手持ちの人材、
時間、スキルを使って、できるだけ多くのステークホルダーを満足させ
ているにすぎない。

## チームの目標

こうした企業もたいていの場合、GoogleなどでOKR（目標と主要な
結果）と呼ばれるテクニックを導入して仕事を管理している、と聞いて
いる。CEOは動画や書籍でその考え方に触れ、簡単そうだと思ったの
だろう。

そこでOKRを導入したが、プロダクトロードマップや社風の現状に
手を付けず、その上に重ねただけだった。その結果、四半期の最初に何
週間もかけてプランニングを実施し、後はほとんど振り返らないような

事態になっている。ほとんどのチームメンバーは、OKRのテクニック
からほとんど、あるいは何の価値も得られていないと口を揃える。

## 他部署や経営幹部との関係

テクノロジーチームと他の部署の関係が良好でない。ステークホルダ
ーと経営幹部が、テクノロジーチームをほとんど、あるいはまったく信
頼していない。テクノロジーチームのメンバーは、価値を認められてい
ない、事業に従属する傭兵部隊のように感じている。

## チームのエンパワーメント

何よりもいただけないのは、テクノロジーチームに、顧客に愛され、
かつビジネスになる形で問題を解決する権限がないということだ。これ
では、チームが結果の説明責任を負うことができない。

プロダクトマネジャーが、実質的にプロジェクトマネジャーとなって
しまい、プロセス全体を通じて、バックログ項目（未処理の仕事）を管
理している。デザイナーとエンジニアは、ロードマップに記載された機
能の設計とコーディングを行うためだけに存在しているという状況だ。

彼らのモチベーションは低く、当事者意識は最小で、イノベーション
もめったに起こらない。

こうした企業の多くで抜本的変革の機が熟している理由は容易に想像
がつく。それなのに、実際に行われていることは、優れたプロダクト企
業の開発手法とは似ても似つかないのだ[1]。

そしてさらに私に衝撃を与えるのは、一流企業がどのように仕事をし
て、どれほど儲かっているかは、実のところ秘密でもなんでもないとい
うことだ。そこで疑問が湧く。なぜそうなってしまうのか。

個人的な経験から言えば、変革の志がないことが原因ではない。変革
は難しいことであり、これらの企業はどうすればよいか、あるいは変革

---

1　ここで明確にしておくと、私たちはシリコンバレーから遠く離れた、上海、メルボルン、
テルアビブ、ロンドン、ベルリン、バンガロールなどの地域にも、きわめて優れた企業を発
見している。一方で、サンフランシスコの中心でも非常に残念な企業があった。本書では、
一流企業とその他大勢の企業との「違い」に注目していく。

とはつまるところどういうことなのかわかっていないだけだ。

　必要なのは、「エンパワーされたプロダクトチーム」に移行することだ。

　読者の皆さんは、この言葉を使っていないかもしれない。あるいは、そもそもテクノロジーチームにもいろいろあるということにも気づいていないかもしれない。しかし、皆さんの会社がこれまで述べたような組織に似ているようであれば、きわめて厳しい真実をお伝えしなければならない。

・第一に、仕事のやり方から意義のある成果を得る確率は非常に低い。イノベーションなどほとんど望むべくもない。
・第二に、貴社の顧客は、顧客に愛され、かつビジネスになるプロダクトを提供する方法を熟知していて、こうした仕事のやり方をしていないAmazonのような競合他社にうってつけのターゲットである。
・第三に、貴社は採用した人材の資質と能力を大いに無駄遣いしているので、最も優秀な人材（つまり雇用を維持し、大いに活躍してもらうべき人材）が離職する可能性が高い。
・最後に、もしアジャイルに移行したことでデジタル変革に手を付けたと考えているのであれば、言いにくいことだがまだ貴社はスタートすら切れていない。

　本書を手に取っていただいたのは、もっとよい方法があるはずだと確信しているからだと願っている。そして、もちろんその方法はある。

# CHAPTER 1

# 優れた企業の背後にあるもの

　本書では、一流企業がテクノロジーを活かしたプロダクトをつくる方法と、その他大勢の企業の方法との違いを明らかにしたい。

　この違いは根本的なことでもあり、衝撃的でもある。

　違いには、多くの人が「プロダクトカルチャー」と考えていることも含まれるが、優れたプロダクト企業の社風はそれぞれかなり違うので、明らかにそれだけではない。

　たとえば、Amazon、Google、Apple、Netflixについて考えてみよう。４社はいずれも、長年にわたって常にイノベーションを起こしてきた、きわめて優れたプロダクト企業だが、それぞれの社風は大きく異なる。

　社風は非常に重要だと思うが、優れたプロダクト企業には、もっと根本的な何かがある。

　その何かをつきつめると、テクノロジーの役割に対する見解や、テクノロジーに取り組む従業員の目的、そして、従業員がどのように協力して問題を解決することを企業が期待するか、といった内容に行きつく。

　付け加えれば、社風がまったく異なるにもかかわらず、きわめて大切な要素がこれら４社に共通していることは、決して偶然ではないと思う。

本書では、こうした企業の社風のうち、創業者の個性を反映している部分と、継続的なイノベーションに不可欠な部分の仕分けに挑戦してみたい。

何が一流企業とその他大勢を分けるかについて、私が学んできた重要な教訓をお伝えしよう。

多くの一流プロダクト企業に共通する、驚くべき共通点の1つは、伝説のコーチ、ビル・キャンベルだ。Apple、Amazon、Googleをはじめとするいくつもの企業の草創期に、ビルは創業者に経営幹部向けコーチングを行った。

ビルの見識と価値観を感じ取っていただくために、優れたプロダクト企業におけるリーダーシップの役割に関する金言を1つ紹介したい。

「リーダーシップとはすべての人に優れた点があるという事実を認識することであり、リーダーの仕事とはその優れた点が発揮される環境を整えることである」

そのような環境を構成している重要な習慣や行動を明らかにするのが本書の役割である。読者の皆さんにも、ぜひ導入を検討してもらいたい。

ここで注意してほしいのだが、これらの優れたプロダクト企業が道徳面でのお手本だと主張するつもりはない。いずれの企業も、方針や商習慣の一部について正当な批判を受けている[2]。

しかし、常にイノベーションを起こす能力にかけては、各社ともいかんなく発揮しており、そこから多くのことを学べるのではないかと私は思う。

私の見たところ、特に優れたプロダクト企業とその他大勢の間には、根本的なところに3つのきわめて重要な違いがある。

---

2　各社の方針に関する断固とした批判については、スコット・ギャロウェイ教授（訳注：『the four GAFA 四騎士が創り変えた世界』（東洋経済新報社）などの著者）の著作をご覧いただきたい。

1つ目は、企業から見たテクノロジーの役割。

2つ目は、プロダクトリーダーが果たしている役割。

3つ目は、企業から見たプロダクトチームの役割。ここでいうプロダクトチームには、プロダクトマネジャー、プロダクトデザイナー、エンジニアが含まれる。

それぞれを詳しく見ていこう。

## テクノロジーの役割

優れた企業は、テクノロジーの役割と目的をどう捉えているのか。そこには、その他大勢の企業と比較して根本的な違いがある。

最も基本的なレベルでは、大半の企業がテクノロジーを必要経費とみている。重要だということは理解しているが、事業を営むためのコストであり、外部委託できればなおよい、という認識だ。こうした企業は実のところ、自社がテクノロジービジネスに属しているとは考えていない。保険業、銀行業、運送業などの一員であると思っている。もちろん、テクノロジーは事業の運営に必要だが、「中核事業」に従属するものとみなしているのだ。

このため、ほとんどの企業では、テクノロジーチームは中核事業に奉仕するために存在している。実際、「〜事業システム部門」といった文言を見かけることは少なくない。ここまであからさまでなくとも、プロダクトチームが実際につくるプロダクトの仕様を「中核事業」の各部門が中心になって決めることになる。。

一方、優れたプロダクト企業では、テクノロジーは経費ではなくビジネスそのものである。テクノロジーこそが、顧客に提供するプロダクトやサービスを実現する原動力であり、今ようやくできるようになった方法で顧客の問題を解決してくれる手段である。

保険契約であっても、銀行口座であっても、翌日着の宅配便であっても、プロダクト・サービスの核にはそれを実現するテクノロジー、つま

り実現技術が存在している。

したがって、優れたプロダクト企業では、プロダクトチームの目的は、顧客に愛されビジネスがうまくいくプロダクトをつくることにより、顧客に奉仕する、ということになる。

これは重要な違いであり、企業とその活動にまつわるほとんどあらゆることに影響する。顧客に奉仕するほうが、モチベーションも士気もはるかに上がる。そして、そのほうが顧客とビジネスにとって、はるかに高いレベルのイノベーションと価値を生み出せるということが最も重要なことなのだ。

## 優れたプロダクトリーダーシップ

大半のプロダクト企業では、真のプロダクトリーダーシップはほとんど見失われている。

その代わり、プロダクトリーダーは取りまとめ役として、社内（もっとひどい場合は外注）の「機能工場」に人を配置し、列車の運行管理のごとく、業務が時間通り進行するように責任を負っている。

大半の企業には、プロダクト戦略が存在しない。ここで「プロダクト戦略が貧弱だ」と言っているわけではないことに注意してほしい。文字通り、戦略が皆無なのだ。機能開発チームは単に「中核事業に奉仕する」ために存在している。

企業がプロダクトチームに求める仕事や、ロードマップに記載する内容には、もちろん理由がある。だが、ほとんどの場合、企業はプロダクト戦略を持っておらず、それをつくるために必要なスキルやデータすら持ち合わせていない。

あげくの果てに、ステークホルダーから、四半期内あるいは年内に完成・完了させる必要のある機能やプロジェクトに優先順位を付けたリストを、プロダクトチームに渡すはめになる。この場合、「プロダクト戦略」と呼べるものがあるとすれば、自社のできるだけ多くの部門を満足

させる、ということになる。

　ここ10年から20年の間にテクノロジープロダクト企業がアジャイル手法に移行すると、多くのマネジャーやリーダーが、自分は果たしてまだ会社に必要なのかと悩むことになった。アジャイル手法では従来と比べて、チームメンバーが各自の働き方について積極的な役割を演じることが期待されるからだ。

　多くの人の直感に反するとはわかっているが、真にエンパワーされたチームに移行する際には、旧来の命令・統制型（コマンド・アンド・コントロール型）のマネジメントから離れる必要はあるが、リーダーやマネジャーを減らす必要はない。リーダーやマネジャーが多すぎるのではなく、もっと優れたリーダーやマネジャーが必要なのだ。

　実際のところ、命令・統制型のほうが、マネジャーにとってはマネジメントがやりやすい（マイクロマネジメントといって、部下に裁量権を与えず、こまごまと決めてしまうこともある）。やるべき仕事のリストや作成するべき機能のリストをチームに与え、できるだけ早く仕上げるように命令するのは難しくないからだ。

　命令・統制型はマネジャーにとって簡単かもしれないが、実質的な意味でのエンパワーメントが一切ない傭兵軍団ができあがってしまう。

　一方、優れたプロダクト企業では、プロダクトリーダーは会社の中でも特に影響力のあるリーダーの1人である。

　プロダクトリーダーは、プロダクトチームの人事とコーチング、プロダクト戦略の立案と戦略から行動への変換、そして結果を出すためのマネジメントを担う。

　エンパワーされたプロダクトチームの成果は、熟練のプロダクトマネジャー、プロダクトデザイナー、エンジニアによって左右される。これらの人々のスカウト、採用、コーチングはリーダーやマネジャーの仕事である。

　さらに、定量的・定性的なインサイトに基づく、狙いを定めた魅力的なプロダクト戦略も、プロダクトリーダーの特に重要な貢献に数えられる。

# エンパワーされたプロダクトチーム

　ほとんどの企業では、テクノロジーチームがエンパワーされたプロダクトチームになっていない。それらのチームは、いわば「機能開発チーム」である。

　機能開発チームは一見、プロダクトチームによく似ている。職能横断型で、プロダクトマネジャー、プロダクトデザイナー、数人のエンジニアからなる。違いは、機能開発チームは機能やプロジェクトの実施・実装（アウトプット）に終始しているため、エンパワーされておらず、結果にも責任を負っていないということである。

　機能開発チームは、まずロードマップに記載された機能の設計から着手し、場合によっては多少のユーザビリティーテストを実施してから、ビルド、品質保証テスト、機能のデプロイ（デリバリー）へと進む。

　機能開発チームは何らかの形でプロダクトディスカバリーを行っていると称している場合があるが、実際にできていることはめったにない。あるべきソリューションを最初から指示されていて、自らソリューションを見つけるようにエンパワーされていない。ただ、設計とコーディングをするために存在しているのである。

　このような機能開発チームでは、プロダクトマネジャーの肩書を持っている人はいるが、主な仕事はプロジェクトマネジメントである。機能の設計とデリバリーを確実に実現するのが仕事だ。必要な仕事かもしれないが、プロダクトマネジメントではない。

　チームは機能とプロジェクトのロードマップを与えられるか、あるいはロードマップ作成を強制されているので、重点業務はデリバリー、つまり機能の納品となる。そして、機能とはすなわちアウトプットである。ビジネスの成果が出ていないというクレームが来たとして、誰がこの説明責任を負うことができるのだろうか。

　これに対し、優れたプロダクト企業では、チームはつくるべき機能ではなく、解決すべき問題を与えられる。そして、最も重要なこととして、

チーム自身が最適と考えるベストな方法で問題を解決できるようにエンパワーされている。そして初めて、結果に責任を持つことになるのである。

エンパワーされたプロダクトチームのモデルでは、プロダクトマネジャーには明確な責任がある。ソリューションに価値があり（顧客が購入する、あるいは選んで利用する）、かつ事業実現性がある（ビジネスの必要性を満たす）ことを保証する、というものだ。ソリューションをユーザーが確実に使えるようにするプロダクトデザイナー、およびソリューションが実行可能であることを保証するテックリードと協力して、チームは幅広いリスク（価値、ユーザビリティー、実現可能性、事業実現性）に対応することができる。チーム一丸となって問題の当事者となることで、結果と説明の責任を負うのだ[3]。

ここで、機能開発チームとエンパワーされたプロダクトチームの違いをまとめよう。

機能開発チームは職能横断型で（主にプロジェクトマネジメントを担当するプロダクトマネジャーと、プロダクトデザイナー、数人のエンジニアで構成される）、解決すべき問題ではなくつくるべき機能や実施すべきプロジェクトを割り当てられるため、ビジネスのアウトカム（成果）ではなくアウトプットに責任を負う。

エンパワーされたプロダクトチームも職能横断型だが（プロダクトマネジャー、プロダクトデザイナー、複数のエンジニアで構成される）、機能開発チームとは対照的に解決すべき問題を割り当てられてから、うまくいくソリューションを生み出せるような権限を与えられる。解決策はアウトカム（成果）で判断され、チームは結果に責任を負う[4]。

---

3　誤解のないように補足すると、デザイナーとテックリードは、単にユーザビリティーと実現可能性を保証する以上に大きく貢献している。ここで説明しているのは、それぞれのリスクへの対応を担当し、説明責任を負うのは誰なのかという問題である。

4　実際には、第三のタイプの「テクノロジーチーム」もあり、「デリバリーチーム」（ある
いは「スクラムチーム」、「開発チーム」など）と呼ばれる。デリバリーチームは、真のプロ
ダクトチームを装ってすらいない。職能横断型ではなく、権限もない。プロダクトオーナー
（プロダクトバックログの管理責任者）と、何人かのエンジニアが所属している。このチーム
は純粋にアウトプットを担う（コーディングをして納品する）。もし、SAFe® (Scaled Agile
Framework®) のようなプロセスを運用しているのであれば、貴社は残念ながらこれに該当
する。その場合、正直に申し上げてなぜ本書を手に取っていただいたのか戸惑っている。本
書で説明する内容は、哲学的にも実践的にもこうしたプロセスとは正反対だからである。

# プロダクトディスカバリー（製品発見）

『INSPIRED』をまだお読みになっていない方は、次のように思っているかもしれない。「ロードマップに記載する内容、つまりはエンジニアが構築する内容をビジネスオーナーやステークホルダーが決めて、何が悪いのだろう？」

顧客やステークホルダーが、私たちに何をつくるべきかを教えることはできない。これが、プロダクトディスカバリーの第一の原則であり、最も重要な原則だ。

これは、顧客やステークホルダーが賢くないから、あるいは無知だからではない。

顧客やステークホルダーが、私たちに何をつくるべきかを教えられない根本的な理由が2つある。

まず、顧客とステークホルダーは、今ようやくできるようになった方法を知らない。実現技術の専門家ではないので、私たちが取り組んでいる最善の問題解決方法を知っているとは期待できないし、そもそも解決が可能かどうかの知識すら当てにならない。イノベーションによって、顧客やステークホルダーの見当もつかないような方法で問題が解決するケースもままある。

次に、テクノロジープロダクトに関しては、どのソリューションが有効かを予測するのがきわめて難しい。プロダクトのアイデアが望みどおりの結果を生み出さない理由は多々ある。あまりに多いのが、私たちはあるアイデアに熱くなっているが、顧客はそうではないので、想定通りに購入してくれないという状況である。アイデアにプライバシーやセキュリティの重大な問題が持ち上がるおそれもある。アイデアを形にするために予想よりはるかに長い時間がかかることが判明するかもしれない。

エンパワーされたプロダクトチームは、こうした本質的な問題を理解

している。そしてプロダクトディスカバリーとは、顧客に愛されビジネスとしてうまくいくソリューションを発見することなのだ。

この概念をプロダクトの「発見」と呼んでいるのは、つくるべきプロダクトをあらかじめ教えてもらうことはできないという事実を認識し、価値、ユーザビリティー、実現可能性、事業実現性を備えたソリューションを「発見」することこそ私たちの仕事である、と強調するためである。

# CHAPTER 2

# テクノロジーの役割

　本書はきわめて実践的な内容で、直接お役立ていただける説明を満載している。しかし、この章だけは我慢していただいて、ほんの少しだけ哲学的な話をしたい。

　「機能開発チーム」と「エンパワーされたプロダクトチーム」の違いは明らかだ。

　チームを事業に奉仕するものと考えるか、ビジネスとして成り立つ形で顧客に奉仕するものと考えるかの違いも明らかだ。

　単にできるだけ多くのステークホルダーを満足させようとしているか、明確で意図的なプロダクト戦略を持っているかの違いも明らかだ。

　しかし、たとえこれらの違いが一目瞭然だとしても、なぜ違いが存在するのかは説明してくれない。

　一流企業との差を埋めたいのであれば、この違いが生まれる根本原因に注目する必要がある。

　約10年前、Netscape創業者のマーク・アンドリーセンは、私が現代社会でとりわけ重要と考えるエッセイ『Why Software Is Eating the World（ソフトウェアが世界を飲み込んでいる理由）』を公開した[5]。そ

こには、ほとんどすべての業界でテクノロジーによる大変革が起こりつつある、と確信している理由が綴られていた。マークは私が仕事で観察してきたことを言葉にしてくれた。私は主に変革を起こす側のお手伝いをしてきたが、変革の危機にさらされている側を見る機会も多かった。

10年の時が流れ、彼に先見の明があったことは明らかだ。しかし、ほとんどの企業は彼の警告をきちんと理解しているようには見えない。

たしかに、ソフトウェアへの支出額は増えた。

たしかに、大半の企業がアジャイル手法に移行した。

しかし、意味のある変革を成し遂げている企業はほとんどない。具体的には、テクノロジーを「事業の実現に不可欠な存在」として受け入れることができていない。

残念ながら、このような例は随所にある。

特にわかりやすく言語道断な最近の例が、Boeingの経営幹部の徹底的な無能だろう。ソフトウェアは、同社のショッキングな737MAX危機の核心だ[6]。

Boeingの根本的な失敗は、ソフトウェアテクノロジーを最も安全で低燃費、かつ費用対効果の高い航空機を生産するための中核技術と考えず、単なる必要経費と考えてしまったところにある。

エンパワーされたプロダクトチームを設置し、最も安全で燃費が良くミッションクリティカルな制御ソフトウェアを開発するために継続的に取り組んでもらう代わりに、わずかな経費節減目当てに、テクノロジーを下請けに出してしまった。

このような失敗は、航空宇宙業界に限らない。自動車産業も数十年にわたって同様の発想に苦しんできた[7]。しかしTeslaが登場し、テクノロ

---

5　https://a16z.com/2011/08/20/why-software-is-eating-the-world/

6　訳注：2017年に就航したボーイング737MAXは乗員・乗客が全員死亡する墜落事故を2件起こし、2019年から2020年末まで全世界的に運航停止となった。

7　Bob Lutz, Car Guys vs. Bean Counters: The Battle for the Soul of American Business (New York: Portfolio/Penguin, 2013)

ジーを単なる自動車開発の必要経費として扱うのではなく中核に据えたら何を実現できるかを証明してくれた。カーナビやオーディオだけにとどまらず、テクノロジーを中核に据えてインターネット経由の更新を可能にすることで、Teslaは買った瞬間からただ衰えていくのではない、進化する車になった。そう、進化する車だ。一瞬でもいいので想像してみてほしい。

　Pixarは、テクノロジーを長編アニメーション映画の必要経費として扱うのではなく中核に据えたら何を実現できるかを映画業界に示した。同社は従来型の映画制作をはるかに超える方法でテクノロジーを活用しており、テクノロジーチームはクリエイティブチームと同じくらい高く評価されている。

　ご存知のように、PixarはDisneyに買収された。それ以来、Disneyがどんなふうにテクノロジーを受け入れて既存のビジネスを抜本的に変革したかを見てほしい。これには、レガシーであるテーマパークから、Disney+ビデオストリーミングサービスの最近の運営まで、あらゆるものが含まれる。

　同様の物語が進行している業界は、保険、医療、電気通信、教育、交通、防衛……まだまだ挙げられる。

　このことがぴんと来ないCEOと会食していると、よく言われるのが、わが社はテクノロジー企業ではなく、保険会社、ヘルスケア会社、農業会社などだということだ。そこで私は答える。「もし私がAmazonやAppleのプロダクトリーダーだったら、貴社の市場に参入するでしょう。大きな市場にもかかわらずサービスが不十分だと思いますし、顧客に対して劇的に優れたソリューションを実現するためのテクノロジーが利用できるからです」

　実現技術を中心にチームを編成して真のイノベーションに向けて最適化する方法を説明してから、私は挑発的に述べる。私たちは、貴社が従来の事業を守るのに忙しすぎて対応できない方に賭けます、と。

　これらのCEOがAmazonやNetflixなどの企業の実績を尊敬していない

わけではない。ほとんどの場合、尊敬している。それらの企業から得た教訓を、どのように自らに当てはめるのかがわからないだけだ。マークが警告しようとした内容がわかっていないのだ。

　もちろん、こうした企業のCEOがこの事実を感覚的に理解するのがあまりに遅い理由は、いろいろと考えられる。従来型のビジネスの世界であまりに長い間仕事をしてきたゆえに、変化を理解するのに時間がかかる場合がある。テクノロジーを怖がっているとしか思えない場合もある。単に変化に抗っているだけにしか見えない場合もある。だが、最終的には、これらは皆ただの言い訳にすぎない。取締役会は、CEOが会社を効果的に率いていけるようにするために存在しているはずである。

　とりわけ皮肉なのは、これらの企業がほとんどの場合、必要額よりもはるかに多額の資金をテクノロジーにつぎ込んでいることだ。実のところ、テクノロジーへの投資のうち、テクノロジーの真の役割を理解しない企業による投資ほどの無駄は見たことがない。こうしたCEOに私は説明する。何百人、何千人といった傭兵エンジニアにアウトソーシングして、（必要なビジネスの成果をめったに生み出さない）ステークホルダーによる機能ロードマップを彼らに渡すのはやめましょう。代わりに、適切な従業員を少数精鋭で採用し、解決すべきビジネスの問題や顧客の問題を割り当てて、結果に説明責任を負ってもらうほうが、はるかに大きなリターンが得られます、と。

　この時代に一流企業の仲間入りをするには、テクノロジーの真の本質的な役割を理解する上級リーダーが、何らかの形で必要になる。

# テクノロジーリーダー

　ある企業がテクノロジーの役割をどのように見ているかが表れる、きわめて一般的な要素がある。それは、プロダクトを構築しているエンジニアがCIO（最高情報責任者）またはIT部門のトップと、CTO（最高テクノロジー責任者）またはエンジニアリング部門のトップのどちらに直属するのか、というものだ。

　些細な問題のように思えるかもしれないが、ほとんどの企業が認識しているよりも、このことが変革に対する重要な障害となっているのではないかと私は考えるに至った。

　一人ひとりのCIOは個性を持った人間なので絶対的な法則ではない、というところに大きな留保が必要だが、真剣に、誠実に検討してほしい問題だ。また、CIOの主な仕事、つまりIT部門の管理は、重要かつ困難だと認識するのも重要だ。

　しかし、ここに問題がある。CIOとはまさしく事業に奉仕するために存在している役職である、ということだ。

　有能なCIOに適しているその性格こそが、変革への挑戦にたやすく水を差してしまいかねない。

　以上が、CIOにプロダクトエンジニアリング組織のマインドセット、手法、習慣を高く評価してもらうことがきわめて難しく、ましてや採用してもらうのが至難の業である理由に関する私の仮説である。この点は、たとえCIOが有能な人物であっても例外ではない。

　とりわけ問題なのが、未来の社運を双肩に担えるようなプロダクトエンジニアはこのマインドセットの違いが非常に重要であることをわかっているので、CIOの部下として働きたがる人がほとんどいない、ということである。

　CIOが率いる組織のエンジニアの役割は、CTOが率いる組織のエンジ

ニアの役割とまったく異なる。それは、機能開発チームとエンパワーされたプロダクトチームの違いである。

　CIOの肩書をCTOに改めるように勧めた事例もあれば（その人がCTOというはるかに大きな職責を担えるだけの人物であると信じた場合だ）、プロダクトエンジニアリング部隊を率いる真のCTOを採用するようにCEOに強く働きかけた事例もある。

# CHAPTER 3

# 優れたプロダクトリーダーシップ

　本書の中心に据えるのは、優れたプロダクトリーダーシップの重要性である。

　ここで明確にしておくと、「プロダクトリーダーシップ」という言葉で私が意味しているのは、プロダクトマネジメント部門のリーダーとマネジャー、プロダクトデザインのリーダーとマネジャー[8]、エンジニアリングのリーダーとマネジャーである。

　説明上は、リーダーとマネジャーを区別する。もちろん、多くのリーダーはマネジャーを兼任し、多くのマネジャーはリーダーを兼任している。だが、たとえ1人が兼任するとしても、2つの役割の職責は異なる。

　全般的に、リーダーにはインスピレーションが求められ、マネジャーには実行力が求められる。

---

8　本書では、この役割をプロダクトデザイン、役職をプロダクトデザイナーと呼ぶ。会社によっては、「ユーザーエクスペリエンスデザイン」や「カスタマーエクスペリエンスデザイン」という名称を用いている場合もある。重要なのは、私がサービスデザイン、インタラクションデザイン、ビジュアルデザイン、そしてデバイスの場合はインダストリアルデザインをここに含めているということだ。

# リーダーシップの役割——刺激を与える

　優れたプロダクトリーダーシップというテーマは、言うまでもなく議論の的になっている。このリーダーシップこそが、優れたプロダクト企業とその他大勢の間の明確な、目に見える差である。

　強力なリーダーシップの目的は、組織に刺激を与え、モチベーションを上げることである。

　プロダクトチームをエンパワーして、優れた意思決定ができるようにするには、意思決定に必要な戦略的コンテキストをチームが得る必要がある。

　戦略的コンテキストの一部は、会社の上級経営幹部からもたらされる。たとえば、ビジネスの目標（ミッション）や、重要な経営目標などだ。それ以外に、プロダクトリーダーには明確な職責が４つある。

## ▌プロダクトビジョンと原則

　プロダクトビジョンは、プロダクト企業がつくろうとしている未来と、（最も重要な点として）その未来が顧客の生活をどのように向上させるかを記述したものである。

　だいたい３年後から10年後を見据えた内容となっている。プロダクトビジョンは、プロダクト組織にとって共通のゴールの役割を果たす。

　職能横断型でエンパワーされたプロダクトチームはいくつあっても構わないが（スタートアップ企業の数個から大企業の数百個まで）、すべてが同じ方向を目指し、それぞれの方法でより大きな問題の解決に貢献する必要がある。

　一部の企業は、プロダクトビジョンを「北極星（ノーススター）」に例える。どのプロダクトチームに所属していても、どのような問題を具体的に解決しようとしていても、みな北極星を見ることができ、そこに向かって歩むことができる、という意味だ。つまり、自分の仕事が、より意味のある全体像にどのように貢献しているかが、常にわかるわけだ。

さらに一般的には、プロダクトビジョンは毎日、毎週、毎年、仕事に向かう従業員を刺激し、気持ちを高ぶらせてくれる。

プロダクトビジョンが通常、優秀なプロダクト担当者をスカウトするために最も強力なツールであることは注目に値する。

プロダクト原則はプロダクトビジョンを補うもので、会社が自社のプロダクトによって生み出すべきだと考えているプロダクト特性を記述する。プロダクト原則は、企業の価値観を表すとともに、チームが難しいトレードオフ（二律背反）に直面したときに適切な判断を下す一助となるような戦略的意思決定も反映している。

## ▌チームトポロジー

「チームトポロジー」とは、それぞれのプロダクトチームにどのように仕事を割り振れば素晴らしい仕事ができるようになるかを表す用語である。チームの構造と業務の範囲、チーム同士の関係が含まれる。

## ▌プロダクト戦略

プロダクト戦略は、ビジネスニーズを満たしつつ、プロダクトビジョンの達成をどのように計画するかを説明する。絞り込んだ焦点から戦略を導き、戦略に沿ってインサイトを活用し、インサイトを行動に落とし込み、最後に仕事をマネジメントして完成まで持っていく。

## ▌プロダクトのエバンジェリズム（伝道）

リーダーが果たすべきもう1つの重要な役割は、プロダクトのビジョン、原則、戦略を、プロダクト組織内と社内全体の両方に伝えることだ。

著名なベンチャーキャピタリストのジョン・ドーアは、次のように好んで説明している。「私たちが求めているのは伝道師のチームだ。傭兵のチームではない」

伝道師のチームが必要なら、社内の全員がプロダクトを理解し、強く信じることが不可欠だ。つまり、本物の信者にならなければならない。

そのためには、継続的なエバンジェリズム活動が必要になる——スカウト、オンボーディング、週次1on1コーチング、全社会議、チームランチ、その他あらゆる機会だ。

会社が大きければ大きいほど、エバンジェリズムに優れていることが不可欠になる。リーダーとしては、エバンジェリズムに終わりはないという理解が重要だ。エバンジェリズムは、たゆまぬ活動でなければならない。

私たちの目的は、プロダクト組織のすべてのメンバーが、より大きな目的を心から信じているから参加しているという状態にすることだ。

通常、入社の理由づけとなるのはプロダクトビジョンだが、チームメンバーが大きな目的を心から信じるように手を尽くさなければならない。

たとえば、量産型電気自動車を届けるというビジョンがあるなら、電気自動車の量産が可能であり、価値があると信じることのできるメンバーが必要になる。量産型電気自動車の生産にこぎつけるための手法については見解が異なっても問題にならない。しかし、内燃機関を熱心に推進する人を採用しても役に立たないだろう。

## マネジメントの役割―実行する

当然ながら、会社にはさまざまなタイプの「マネジャー」がいる。ここで特に取り上げたいのは、職能横断型プロダクトチームの実際のメンバーを採用し教育を行う責任者である。

一般的には、プロダクトマネジメントディレクター、プロダクトデザインディレクター、エンジニアリングマネジャー、エンジニアリングディレクターが含まれる。シニアレベルのマネジャー（マネジャーをマネジメントする立場の人）や、マネジメント対象が人間ではないマネジャー（プロダクトマネジャー、プロダクトマーケティングマネジャーなど）については、ここでは取り上げない。

真の意味でエンパワーされたプロダクトチームが欲しいのであれば、

成功するか否かは、まさに現場で部下を持つマネジャー（ピープルマネジャー）にかかっている。

なぜ貧弱なプロダクト企業が世の中に多いのか不思議に思っているとしたら、主犯はこれかもしれない。そして、これが是正されない限り、変革への望みは薄い。

部下を持つマネジャーが、プロダクトのビジョン、原則、戦略をシニアリーダーから受け取って理解し、効果的に伝えることが重要である。それ以外に、3つのきわめて重要な職責がある。

## ▌人事

部下を持つマネジャーはプロダクトチームの人事の責任者であると、私たちは考えている。つまり、チームメンバーの候補者探し、スカウト、面接、オンボーディング、評価、昇進、そして必要に応じて入れ替えを担当する。会社に人事部がある場合は、人事部はマネジャーのこうした仕事をサポートするが、いかなる形でも人事部がマネジャーの代わりに責任を負うことはできない。

## ▌コーチング

有能なマネジメントにおけるおそらく最も重要で、それでいて見逃されがちな要素は、コーチングである。最低限、コーチングには直属の部下との毎週の1on1が含まれる。

部下のスキルを開発することは、部下を持つマネジャーにとって最も重要な職責である。これは決して、部下に裁量権を与えず細かく指図する（マイクロマネジメント）という意味ではない。部下の弱点を理解して向上の手助けをする、学んだ教訓についてガイダンスを提供する、障害を除去する、大ざっぱに言えば「点と点をつなぐ」（いくつかの事象から全体像を導く）といった活動を指す。

たとえば、あなたがプロダクトデザインマネジャーで、それぞれ6つのプロダクトチームに所属する6人のプロダクトデザイナーと、毎週1

時間ずつミーティングを行わなければならないとする。

　6人のプロダクトデザイナーはそれぞれ職能横断型のプロダクトチームの優秀なメンバーである（デザインは重要な仕事なので、プロダクトマネジャーとエンジニアと緊密に協力しながら、難しい問題に立ち向かい、解決する必要がある）。しかし、いくらデザイナーが抜きんでて優秀でも、果たして他のすべてのプロダクトチームの現状を把握できるだろうか。

　自チームの現状に合わせて制作しているデザインが、他のチームが制作中のソリューションと統一がとれていなかったり、ソリューションに適合していなかったりしたらどうだろう。デザインマネジャーはそうした衝突を発見し、関連するデザイナーを一堂に集めて、より大きな全体像と、さまざまなソリューションのユーザーへの影響を考えさせることが期待される。

　より一般的には、プロダクトチームのメンバー全員が技術を高めることができるように、一人ひとりの能力向上に尽くす人を決めるべきである。だからこそ、優れたテクノロジープロダクト組織ではたいてい、エンジニアは経験豊富なエンジニアリングマネジャーの、デザイナーは経験豊富なデザインマネジャーの、プロダクトマネジャーはプロダクトマネジメントの実績のあるマネジャーの直属となるのだ。

## ▌チームの目標

　部下を持つマネジャーの第三の職責は、それぞれのプロダクトチームに、（一般的には四半期ごとに）1つか2つの明確な目標を割り当てることである。この目標では、解決すべき問題を明確に記述する。

　これらの目標は、プロダクト戦略から直接導く。目標を立てることで、インサイトが行動に変換される。

　また、この目標を立てることによって、「エンパワーメント」が単なる流行語ではなく現実になる。チームには、ごく少数の具体的な問題を与えて、解決してもらう（チームの目標—OKRのObjective）。

チームは問題を検討し、成功したかどうかを判定する明確な指標を提案して（主要な結果—OKRのKey Results）、マネジャーと話し合う。マネジャーは会社全体の目標をできるだけ組み込めるようにするために、チームやその他の人たちと何度も試行錯誤を繰り返すこともあるだろう。

　エンパワーメントのリトマス試験紙は、割り当てられた問題（目標）を解決する最善の道を、チームが決められるかどうかという点にある。

　部下を真の意味でエンパワーし、一歩下がって成功をチームの功績にするには、能力の高いマネジャーが十分に自信を持ち、どっしりと構えなければならない。

# CHAPTER 4

# エンパワーされたプロダクトチーム

　真にエンパワーされたプロダクトチームが備える特長は秘密でもなんでもない。実際に、エンパワーされたチームのほうがずっとイノベーションを起こしやすく、困難な問題に効果的に取り組むことができる理由を説明する本や記事はたくさん出ている。

　こうした本の多くは刺激的で大いに読む価値があるが、ほとんどの企業は意味のある形でチームをエンパワーすることに納得しない。なぜだろうか。

　こうした企業のCEOや経営幹部に疑問をぶつけてみると、だいたい答えは1つの単語に集約される。信頼だ。

　リーダーがチームを信頼していない。具体的には、真にエンパワーするのに必要なレベルの人材がチームにいないと考えている。そのため、社内の主要な経営幹部とともに、自ら各チームに明確な指示を与えなければいけないと思っている。これは、「命令・統制型」マネジメントモデルとも呼ばれる。

　これらのリーダーに、それならなぜ信頼する人材を配置しないのかと聞くと、Google、Amazon、Apple、Netflixが採用するようなレベルの

人材は見つからない、採用する予算がない、来てもらえるほどの魅力が
ない、などと主張する。

　そこで私はこう指摘する。貴社のような企業から一流企業に転職し、
それによってパフォーマンスが劇的に改善した人をたくさん知っている、
と。

　しかも、一流企業の多くの従業員と仕事をした経験から言うと、こう
した企業のチームに所属する人々の大半は、実のところ普通の人である。
ということは、企業の中に重要な違いが他にあるのではないだろうか。

　優れた企業には、人材活用において他社とは違う視点があり、それゆ
えに、平凡な人が真のポテンシャルを発揮し、非凡なプロダクトを一緒
に作れるようになるのではないか。

CHAPTER **5**

# リーダーシップの実践

　本書では、優れたプロダクト企業を構築するための鍵は優れたプロダクトリーダーである、と論じている。

　結局のところ、プロダクトリーダーとはプロダクトチームのメンバーの人事とコーチングの責任者であり、プロダクトのビジョンと原則、そしてとりわけ、プロダクトチームに解決してもらう必要のある問題を決定するための戦略に責任を負う。

　では、こうした優れたプロダクトリーダーはどのような人物だろうか。そして、どのような企業で働いているのだろうか。

　『INSPIRED』では、象徴的なプロダクトを担当したにもかかわらず、あまり知られていない6人のプロダクトマネジャーを取り上げ、その物語を紹介した。なかには、彼らが直面した課題やそれを克服した方法が含まれていた。

　『EMPOWERED』でも同じ方法を用いて、今度はプロダクトリーダーを紹介したい。プロダクトリーダーは8人。それぞれが、象徴的なプロダクト企業で素晴らしいキャリアを積んできている。またもや、大半がほぼ無名である。

今回、本書ではプロダクトマネジメントリーダーを2人、プロダクトデザインリーダーを2人、エンジニアリングリーダーを2人、経営者を2人取り上げる。

　詳しい経歴を紹介してもらう代わりに、それぞれのリーダーに自分の言葉で、リーダーシップへの道を語ってくれるように依頼した。リーダーたちの言葉によって、リーダーシップに向けた取り組みの感触をつかむとともに、何よりも、有能で経験豊富なプロダクトリーダーの下で働くことを肌で感じていただけると幸いである。

CHAPTER **6**

# 『EMPOWERED』ガイド

## 本書の対象読者

　本書は、スタートアップ企業の創業者から大手テクノロジー企業の
CEOまで、優れたプロダクト組織をつくることに関心のあるすべての
読者に向けて書かれている。

　具体的には、ベテランおよび若手の志あるプロダクトリーダー、特に、
プロダクトマネジメント、プロダクトデザイン、エンジニアリング部門
のリーダーを対象としている。

　「プロダクト担当者」は通常、プロダクトマネジメント、プロダクト
デザイン、またはエンジニアリングに関わるすべての人を指す。一般社
員の場合も、マネジャーの場合もある。

　プロダクトチームには他にも、デリバリーマネジャー、ユーザーリサ
ーチャー、データアナリスト、データサイエンティスト、プロダクトマ
ーケティングマネジャーをはじめとする多様な職種があるが、本書では
3つの中心的職種、プロダクトマネジャー（PM）、プロダクトデザイ
ナー（デザイナー）、エンジニアリングテックリード（テックリード）

について主に論じる。「プロダクトリーダー」は通常、プロダクトマネジメントを担当するマネジャー・取締役・副社長・CPO（最高プロダクト責任者）、プロダクトデザインを担当するマネジャー・取締役・副社長・CDO（最高デザイン責任者）、エンジニアリングを担当するマネジャー・取締役・副社長・CTO（最高テクノロジー責任者）を指す。

　特に明記しない限り、本書のアドバイスはプロダクトリーダーを対象としている。

　プロダクトマネジャー、プロダクトデザイナー、テックリード、データサイエンティストなど、特定の職種に向けたアドバイスがある場合は、そのことを明記する。

　プロダクトデザイナーとそのリーダー、およびエンジニアとそのリーダーを対象とした職種固有の情報もいくらか記載しているが、プロダクトマネジャーとそのリーダーに関連する情報が最も多くなっている。その理由は、エンパワーされたプロダクトチームに移行するにあたって、プロダクトマネジャーとプロダクトマネジメントリーダーが、理想から最も遠い状況であることが多いからである。

## ▌語り手

　特に明記しない限り、本書の語り手はマーティ・ケーガン、クリス・ジョーンズのいずれかで、ともにSVPGのパートナーである。

　各章をどちらが記述したかは明記していない。二人とも本書の趣旨に全面的に同意するものであり、初校から最終稿に至るまで何度も必要だった推敲には二人で関わっている。

　さらに、本書でお伝えする教訓は、他のSVPGパートナーが得たものもあわせてお伝えしている。私たちには、多くの一流テクノロジープロダクト組織を導いてきた、グループ全体で延べ100年以上に及ぶ実績がある。

　私たちは意図的に一人称で書いている。これは、読者の方との1 on 1のコーチングセッションにできるだけ近い体験にしたいからである。

コーチングセッションにおいて、私たちの唯一のゴールは、受講者の方を卓越した強いプロダクトリーダーにすることである。

## 本書の構成

本書で扱う範囲をおわかりいただけたところで、概要に移ろう。

PART IIでは、有能なプロダクトリーダーにとって最も重要な職責に焦点を当てる。それは、プロダクトチームのメンバーのコーチングと人材開発である。

PART IIIでは、こうしたプロダクトチームにおける採用について説明する。具体的には、候補者探し、スカウト、オンボーディングを行い、必ず能力を発揮できるようにする。

PART IVでは、これからつくろうとしている未来を定義する、プロダクトビジョンと原則について説明する。

PART Vでは、プロダクトチームを、会社のニーズに最も合うチームトポロジーに編成する方法に注目する。

PART VIでは、プロダクト戦略について説明する。プロダクト戦略とは、プロダクトチームが解決すべき最も重要な問題を決定する方法である。

PART VIIでは、各プロダクトチームの目標（解決すべき問題）を決めて、プロダクト戦略を行動に変える方法について考える。

PART VIIIでは、ここまでの各概念が、実世界の複雑な状況でどのように実践されているか、詳しいケーススタディを紹介する。

PART IXでは、プロダクト組織が他の部門と築くべきコラボレーションについて説明する。

PART Xではすべてをつなぎ合わせ、一流のチームや企業のように仕事をする会社へと変革するためのプランを伝授する。

必要な変化は簡単ではないが、必ず実現できる。

本書は、読者の皆さんの成功に必要な知識とスキルをお伝えする設計になっている。

PART **II** COACHING

# コーチング

コーチングはもはや特殊技能ではない。有能なコーチでなければ、有能なマネジャーではいられないのだ。

—— ビル・キャンベル

ビルがこの発言をしたのはかなり前だが、パンデミックを経たこの業界の教訓は、コーチングがこれまで以上に不可欠になったということである。大きな成功を収めたいのなら、コーチングはもはや、やりたければやればよいというものではない。これまで以上のスピードで問題が拡大し、関係性がたやすく損なわれるようになり、コラボレーションが以前よりも難しくなった。

だからこそ、本書で最も紙幅を割いたのがコーチングである。これは、たまたまではない。

テクノロジー業界では、プロダクトマネジャー、プロダクトデザイナー、エンジニアの中心的スキルと能力にきわめて大きな重点を置く一方で、マネジャーとリーダーとしてのスキルと能力をあまりに軽視している。しかし、これらのマネジャーとリーダーこそが、社員を効果的なチームに編成する役割を担っている。

ロジックは簡単だ。会社の成功は、優れたプロダクトにかかっている。そして、優れたプロダクトは優れたプロダクトチームから生まれるのだ。

コーチングこそが、普通の人々を卓越したプロダクトチームに変えてくれる。

もしプロダクトチームが効果を上げていないのなら、所属する人々をよく観察し、個人として、そしてとりわけチームとしての向上を手助けできる領域を見つけなければならない。

このPARTの各章では、プロダクトチームのメンバーを対象としたコーチングと能力開発の最も重要な領域に注目する。経験豊富なマネジャーから個人的にコーチングを受けていなければ、扱っているトピックの多くは初耳かもしれない。もちろん、こうしたトピックについて経験に基づいた話ができるようになるに越したことはないが、オープンに話題

にできるようになるだけでも価値がある。読者の皆さんも、一緒に学び、向上することができる。

　優れたコーチングとは何よりも、従業員が自らのポテンシャルを引き出せるように支援するという目的を持った、継続的な対話なのだ。

# 7

# コーチングのマインドセット

　コーチングは、個人のキャリアにとってもチーム全体にとっても、メンタリング以上に重要かもしれない。ためになる言葉をかけるのがメンターなら、袖をまくりあげて自分の手を汚すのがコーチだ。コーチは私たちのポテンシャルをただ信じるだけでなく、さらに一歩踏み込み、私たちがポテンシャルを実現できるように助けてくれる。私たちに自分の盲点が見えるように鏡をかざし、弱みに正面から向き合えるようにしてくれる。私たちがよりよい人間になれるよう手を貸してくれるが、私たちの功績を自分の手柄にはしない。

— ビル・キャンベル

　この章では、コーチング対象の人々ではなく、コーチ自身のマインドセット（心構え）に焦点を当てたいと思う。

　マインドセットが間違っていると、実のところ、せっかくのコーチングツールの意図を損なう形で使いかねない。

　たとえば、各チームメンバーの定期的な 1 on 1 に力を入れたとしても、その主な議題が作業の割り当てと優先順位の設定だとしたら、それはコ

ーチングツールとしては役に立たないどころか、おそらく有害だ。

　コーチングのマインドセットは、意思の源泉となる。コーチングテクニックの活用の方向性を決める枠組みとなり、チームの能力開発に関する行動と意思決定を導く指針となる。

　あなたが経験豊富なコーチやマネジャーなら、すでに自らのよりどころとなる原則を身につけているかもしれない。しかし、そのような原則を持っていない場合、あるいはマネジメントの経験がない場合、もしくは新しいマネジャーを育てる立場である場合を想定して、この章ではコーチングとマネジメントにおける最も重要な指針の説明を試みる。

## 第一の仕事は人材育成

　第一の仕事は人材育成である——この原則に実際に同意しているマネジャーがいかに少ないかは、驚くほど悲惨な状況といえる。ほとんどのマネジャーはチームの重要性についてもっともらしいことを言うが、実際の行動が語る現実はまったく異なる。プロダクトの総合的なアウトカムに対する説明責任を最も重要な仕事ととらえ、チームは目的を達成するための手段としてしか扱っていない。

　あなたがマネジャーであれば、最も多くの時間とエネルギーをチームのコーチングに割くべきである。つまり、チームの評価、コーチングプランの作成、チームメンバーの向上と成長の積極的な支援といった仕事に、心血を注がなければならない。

　プロダクトの成功以上にチームメンバーの成功に基づいて、自身の仕事のパフォーマンスを測るべきである。

## エンパワーメントが最善の結果をもたらす

　新任マネジャーの多くは、自分の仕事を、チームの作業リストの管理だと考える。

これは、短期的な戦術としていくつかの成功事例にはつながるかもしれないが、もしマネジャーが考えたアイデアと対策の実行のみをチームが任されていたら、決してプロダクトがポテンシャルのすべてを発揮することはない。

さらに重要な点もある。チームメンバーが仕事に当事者意識を抱く（オーナーシップを感じる）ことがほとんどない状況では、優秀な人材の流出を防ぐのがきわめて難しくなってしまう。

エンパワーメントとは、チームメンバーが作業だけではなくアウトカムについても当事者意識を持てる環境をつくり上げることである。チームにアウトカムを任せるといっても、マネジメントを減らすわけではない。マネジメントを改善するのだ。

マネジャーは一歩下がってこの環境をつくりつつ、障害を取り除き、コンテキスト（状況や関係）を明らかにし、指導を行わなければならない。

思い出してほしい。私たちが求めているのは伝道師のチームであって、傭兵のチームではないのだ。

# 自分自身の不安感に気をつける

不安なマネジャーは、チームメンバーのエンパワーメントにとりわけ苦労する。

不安に陥りやすいマネジャーは、自分自身の貢献を認めてもらえるかどうかを気に病むあまり、チームの成功が自分の評価を脅かすような気がしてしまうことがある。実際にはチームの成功こそが貢献の裏付けであるにもかかわらず、である。

このため、チームの仕事のやり方を細かく管理したり、チームの仕事を経営陣から見えにくくしたりする場合がある。最悪のマネジャーは、自らのチームを実際に蝕んでしまったりもする。自分の不安感に注意し、自分自身の行動がどのようにチームのエンパワーメントの障害になりうるかを理解しよう。ただし、これは尊大になれという意味ではない。む

しろ、尊大さこそが不安の表れであることが多い。優れたマネジャーの
ほとんどは、健全なレベルの謙虚さを持ち合わせていて、自分自身のパ
フォーマンスを改善して成長できるように、常に取り組んでいる。チー
ムを細かく管理したり、蝕んだりすることなく、気持ちを安定させるこ
とができる。

　組織のリーダーであるにもかかわらず、人のコーチングや育成に必要
な経験を積んでおらず、どうすればよいのかと悩んでいる方もいるかも
しれない。この場合、少なくとも求められる能力との大きなギャップに
気がついていることになる。この場合はプロダクトリーダー向けのコー
チングを行っている人を今すぐ採用するのが重要になる。優れたプロダ
クト企業でコーチングや人材育成を経験した人を探し、コーチングを受
けるとともに、部下へのコーチングも助けてもらおう。

## 多様な視点を育む

　不安に陥りやすいマネジャーは、自分と違う意見を抑圧するおそれが
ある。これは言うまでもなくチームの成長を妨げるが、それだけにとど
まらずリーダーとしての影響も薄まってしまう。優れたリーダーは、多
様な視点を考慮できてこそ最善の結果を得られるのだとわかっている。
また、優れたアイデアは自分の専売特許ではなく、最も優秀なアイデア
を他の人が提案する場合もあるということも熟知している。

　多様な視点を持てるチームの育成は、採用プロセスから始まる。あな
たはマネジャーとして、自分のチームをさまざまな強みと背景を取り揃
えたポートフォリオのように考え、採用を行う。

　次に、さまざまな視点が花開くことができる場をつくり上げる。場合
によっては、プロダクト担当者をエンパワーして、自分とは違った方法
で仕事にアプローチできるようにする。あるいは、幅広い意見を集めて
から、マネジャーとして最善の判断を下す。

　ただし、チーム内で意見の一致を図ることを勧めているわけではない。

そうではなく、チームが各メンバーのスキルや専門性を活かし、協力して優れた意思決定を行う方法を身につけられるように手助けするのが、マネジャーの役目である。

## 育てる機会を見つける

　大半とは言えずとも多くの従業員は、自らのポテンシャルに気づいていない。コーチだけが、従業員が自らの能力に気づく手助けをする立場にある。

　ポテンシャルを引き出すには、困難を乗り越える必要がある。コーチとしてのあなたは常に、担当する人がコンフォートゾーンを抜け出して挑戦する機会を探し求めることになる。その人の性格と育成レベルに合った適切な機会を判断しよう。まだ荷が重いとわかっていることに挑戦させるべきではないが、多少の不安やストレスを感じるような課題を探す必要がある。不安やストレスを乗り越えてやり遂げることで、人は恐れを克服し、自分の真の能力に気がつくのだ。

　ポテンシャルを引き出すには、ただ能力不足の領域を埋めるだけでは足りない。もともと備わっている強みを認識し、育てることも必要になる。これは特に、すでに仕事をある程度把握している、経験を積んだプロダクト担当者にとって重要である。

## チームの信頼を勝ち取り続ける

　信頼がなければ、コーチングの取り組みは効果を発揮しない。

　信頼は要求するものでも、自然に生まれるのを期待するものでもない。チームの各メンバーの成功と成長に心から尽くしている、と行動で示し続けることから生まれるものだ。

　もちろん、チームを公私にわたってサポートするのも重要だが、もっと重要なのは、賞賛と批判の両方について、チームメンバーに対して誠

実になることだ。誰かがひときわ良い結果を上げている場合に、褒めることを惜しんではならない。同様に、改善が必要な領域をごまかしてはならない。褒めるときはオープンに、批判するときは内々で行うことを忘れないようにしよう。

私の経験上は、個人的な問題を打ち明けると、心が通い、信頼を確立しやすくなる。また、単なるチームメンバーとしてではなく、人として純粋な関心を示すことでも信頼が生まれる。

もちろん、余計な詮索をしたり、求められていない場に割り込んだりしないようにしなければならない。とはいえ、仕事上の関係に人間味が加わるときに信頼が育つと、私は常々感じている。

## 失敗を修正する勇気を持つ

最善を尽くしたにもかかわらず、あるチームメンバーについて、成功への道筋がイメージできなくなることがある。この段階に達したら、決然と行動するのが重要である。

多くのマネジャーにとっては、この原則が最も実践しづらい。コーチングとは人を育てることなので、必然的に問題点を成長の機会として見ることになる。それ以上に、部下に仕事ができていないと伝えるのは、精神的に最もきつい会話の1つだ。いっそのこと、目を背けてサボったほうが気が楽だろう。

しかしそうすると、マネジャーも、チームも、本人も傷つく。まず、マネジャーは他の人を犠牲にして、この人に必要以上の時間を割いている可能性が高い。次に、他のチームメンバーにはハードワークを求めながら、その人には凡庸であることを許すというシグナルを出してしまっている。それは信頼を損ない、モチベーションを失わせるための確実な道のりだ。最後に、パフォーマンスに問題のある本人が、もっと成功できる可能性のある他の職場に移るチャンスを与えられていない。

解雇や異動を気軽に決めるべきだ、と勧めているわけではない。こう

した決断はいつでも真摯に扱う必要がある。私が言っているのは、わかったら後回しにするな、ということだ。後回しにしても、誰のためにもならない。

　新人時代にコーチングの価値を非常に重視する企業で働けたことは、私（クリス）にとって幸運だった。リーダーは、チームの成長について口先だけで語るのではなく、日々実際に行動して理想の実現に尽くしていることを伝え、理想を会社の文化にがっしりと組み込んでくれた。そのおかげで、私がマネジャーやリーダーとして徐々に大きな責任を担うようになった頃には、仕事に取り組むための強固な枠組みができていた。そして私も自分の役目を果たし、こうした考え方を言葉と行動の両方で伝えるようにした。

　残念ながら、現代のほとんどの企業は従業員のコーチングと成長にそこまで力を入れていない。あなたが率先して、このアプローチのモデルを作らなければならないかもしれないのだ。これはまず、強力なコーチングマインドセットへの明確な理解と献身から始まる。

# Callout

# マネジャーがコーチを務めない場合

多くのテクノロジー企業の組織構造は、きわめて典型的だ。機能型組織モデルといって、プロダクトマネジャーはプロダクトマネジメント担当のマネジャーまたは取締役に直属し、デザイナーはデザイン担当のマネジャーまたは取締役に直属し、エンジニアはエンジニアリング担当のマネジャーまたは取締役に直属する。

この組織モデルでは、マネジャーは部下のコーチとしての役割を期待される。

しかし、他にも組織構造があり、その場合マネジャーは効果的なコーチングを行うために必要な経験を積んでいないおそれがある。

一例としては、プロダクト開発のリーダーシップ職（小さな事業部門でのゼネラルマネジャーと同様）を担う人を置くが、その人の経歴は特に問わない場合がある。ここでは、事業開発部門から異動してきたと仮定しよう。

職能横断型のプロダクトチームのメンバーは全員、このリーダーの部下になるとする。しかし、このリーダーにはプロダクトマネジャー、デザイナー、エンジニアの経験がない。どうやって部下をコーチングできるのだろうか。

私たちはマネジャーがコーチになるのが一番だと考えているが、それが不可能な場合でも、効果的なコーチングを行うことはできる。鍵となるのは、社内の誰かに、必要なコーチングを行う役割を割り振る必要があるということだ。

たとえば、社内の別の部署にいるデザインマネジャーに、デザイナーへのコーチングを依頼することも考えられる。プロダクトマネジャーやエンジニアも同様だ。

大切なのは、何らかの方法でコーチングを最優先事項に据えることと、

プロダクトチームに所属する全員が、自分を成長させ、ポテンシャルを引き出してくれる役割を担っている人が誰であるかわかっていることだ。

CHAPTER **8**

# 評価

　この章では、各プロダクト担当者のマネジャーが部下の能力を向上させるためのコーチングツールについて説明する。すべてのプロダクトリーダーは、このツールの必要性に強い緊急性と重要性を感じてほしい。

　エンパワーされたプロダクトチームが成立するかどうかは、プロダクト担当者の能力にかかっている。そして、部下を育て、成長の機会を与えなければ、その機会は他社が与えうることになるだろう。私が信じている古くからの格言がある。それは、「人は会社に入り、マネジャーから去る」というものだ。

　ここでは、私が実際に使って推奨している、プロダクトマネジャーを評価するためのテクニックを見ていく。プロダクトデザイナーやテックリード向けにも容易にアレンジできる手法だ。

　また、部下が成功するようにコーチングするための礎でもある（コーチングプランについては次の章で論じる）。

　評価は、ギャップ分析[9]として構成されている。その目的は、求めら

---

9　訳注：あるべき理想と現状の差、つまりギャップを洗い出す分析手法

れるそれぞれの観点に沿って、該当するプロダクト担当者の現在の能力レベルを評価し、それを職責に求められる能力レベルと比較することにある。

　この形式では、すべてのスキルが平等に大切なわけでもなく、すべての能力不足が平等に重要なわけでもないこと、そして職責のレベルに応じて期待値が異なることが織り込まれている。このツールは、最も必要な分野に注目するために役立つよう意図している。

# 人、プロセス、プロダクト

　『INSPIRED』をお読みになった方ならご存知のように、プロダクトについて論じるときに私が好んで使う分類法は、人、プロセス、プロダクトの3本柱である。

　評価ツールの目的上、まずはプロダクトについて説明しよう。製品知識は、その他すべての能力の基礎となるからである。十分な製品知識がなければ、他の能力は論ずるに値しない。

**製品知識**

・ユーザーと顧客に関する知識 —— プロダクトマネジャーは、対象となるユーザーや顧客に関して定評のあるエキスパートか？

・データに関する知識 —— プロダクトマネジャーはさまざまなデータツールに関するスキルを備え、ユーザーが実際にプロダクトを使う方法を熟知したエキスパートであると、プロダクトチームとステークホルダーからみなされているか？

・業界と分野に関する知識 —— プロダクトマネジャーは、業界と分野に関する知識が豊富か？　競合関係や関連する業界のトレンドを理解しているか？

・事業と会社に関する知識 —— プロダクトマネジャーは、自社の事業のさまざまな側面を理解しているか？　これには、マーケティング、

営業、財務（収益とコストの両方）、サービス、法務、コンプライアンス、プライバシーなどが含まれる。また、ステークホルダーは、このプロダクトマネジャーがステークホルダーの懸念や制約を理解していると思っているか？

・プロダクトのオペレーションに関する知識 ── プロダクトマネジャーは、プロダクトの実際の機能に関して定評のあるエキスパートと考えられているか？　見込み顧客に効果的なデモを行い、新しい顧客に使い方をトレーニングし、カスタマーサポートの問い合わせに対応できるか？

　製品知識はまさに、ポーカーで言えば最低限の賭け金だ。なければゲームに参加できない。新任のプロダクトマネジャーは一般的に、２〜３カ月かけて製品知識を迅速に学ぶ必要がある。この期間は、集中的に取り組み、１日数時間を自己学習に充てることを前提にしている。

## プロセススキルとテクニック

・プロダクトディスカバリーのテクニック ── プロダクトマネジャーは、プロダクトのリスクと、それぞれのリスクに対応する方法をよく理解しているか？　エンジニアに構築を依頼する前に、あらかじめリスクに対応する方法を理解しているか？　問題を協力して解決する方法を熟知しているか？　アウトカムを重視しているか？　定性的・定量的テクニックの両方を理解して活用しているか？

・最適化テクニック ── プロダクトマネジャーは、プロダクトまたは新機能が本格的に稼働した後で、そのプロダクトを迅速に改善し、洗練させていく最適化テクニックを熟知しているか？

・デリバリーテクニック ── プロダクトマネジャーの主な職責はプロダクトの発見であるが、デリバリーを支援するのも重要な役割だ。プロダクトマネジャーは、エンジニアに対する、またプロダクトマーケティング担当者に対する職責を理解しているか？

・開発プロセス —— プロダクトマネジャーは、プロダクトディスカバリーやプロダクトデリバリーを含む、より広義のプロダクト開発プロセスをしっかりと理解しているか？ また、チームのプロダクトオーナーとして、プロダクトマネジャーの管理責任をしっかりと理解しているか？

　新任のプロダクトマネジャーは基本的なテクニックを知っていることを期待されるが、有能なプロダクトマネジャーは常に自らのスキルを磨き、最新・最先端のテクニックを学んでいる。優秀な外科医が外科的技術やテクニックの最新のインサイトを常に取り入れているのと同様に、強力なプロダクトマネジャーもスキルとテクニックの面で、常にもっと学ぶべきことがある。

## 対人スキルと職責

・チームコラボレーションスキル —— プロダクトマネジャーは、部下のエンジニアやプロダクトデザイナーとどのくらい効果的に仕事をしているか？　協力的な関係を築けているか？　互いへの敬意があるか？　プロダクトマネジャーは、エンジニアやデザイナーを十分に早くから関わらせ、顧客との直接的な接点を与えているか？　プロダクトマネジャーは、チームのスキルや意識をフルに活用しているか？

・ステークホルダーとのコラボレーションスキル —— プロダクトマネジャーは、社内全体にわたる関係者と協力するのがどれくらい上手か？　ステークホルダーから、事業の成功に純粋にコミットしている真のパートナーだと認識されているか？　会社の経営幹部を含む各ステークホルダーと互いに経緯と信頼を築くことができているか？

・エバンジェリズム（伝道）のスキル —— プロダクトマネジャーは、プロダクトビジョンとプロダクト戦略を効果的に共有し、プロダクトチーム、そしてプロダクトに何らかの方法で貢献する必要のあるさまざまなステークホルダーや社内の人々を刺激してモチベーションを上

げることができているか？

・リーダーシップスキル —— プロダクトマネジャーは人を管理するわ
けではないが、人に影響を与え、刺激することができる必要がある。
したがってリーダーシップスキルも重要になる。プロダクトマネジャ
ーは、効果的にコミュニケーションを行ったり、モチベーションを上
げたりできるか？　プロダクトマネジャーは、チームやステークホル
ダーから、重圧のある状況などでリーダーシップを求めて頼られてい
るか？

　プロダクトマネジャーにとって対人スキルは、確固たる基盤がなけれ
ば仕事がほぼ務まらないという意味で、製品知識と同様である。しかし、
プロセススキルと同様に、有能なプロダクトマネジャーはここで満足せ
ず、常に対人スキルの向上と開発に取り組んでいる。

　いま説明したのは、私が一般的に使っているスキルやテクニックの分
類である。状況によっては、私は企業の社風や業界に合わせてこのリス
トを調整している。

　たとえばメディア企業では、プロダクト開発部門と編集部門の間に特
別かつ決定的に重要な関係がある。私はこの関係をはっきりさせ、他の
ステークホルダーとの混同が起こらないようにしている。プロダクトリ
ーダーとしてこのリストをアレンジする必要があると考えるなら、ぜひ
やってほしい。

## ギャップ分析

　スキルの分類ができたところで、このテクニックの中核であるギャッ
プ分析に移ろう。その仕組みは、マネジャーが前述の諸条件を精査し、
それぞれのスキルに2つのレーティングを割り振っていく、というもの
である。

## ▋期待値と現状

　最初のレーティングは、対象のスキルについてある従業員が達しているべきレベル（つまり、期待値レーティング）で、2番目のレーティングはその従業員が同じスケールでどの段階にいるかという評価（つまり、本人の能力）だ。通常、私は1から10のスケールに基づいてレーティングを行う。10は仕事上絶対に欠かせない存在を表すスキルレベルだ。

　たとえば、プロダクトマネジャーのコーチング担当者が、「プロダクトディスカバリーのテクニック」というスキルの期待値を8と考えるにもかかわらず、プロダクトマネジャーの現状を4と評価したとしたら、重要なスキルに関してかなりのギャップがあることになる。この場合、プロダクトマネジャーに対してこの重要な領域の知識やスキルのコーチングに取り組む必要がある。

　一般的に、プロダクトマネジャーとシニアプロダクトマネジャーの差は、スキルの期待値レベル（期待値レーティング）の差としてとらえられる。一例として、私は通常「ステークホルダーとの協力」スキルの期待値を、普通のプロダクトマネジャーに対しては7、シニアプロダクトマネジャーに対しては9と考えている。

　期待値レベルの設定は、常に組織全体で行うか、そうでなければマネジャーが行う。現場では、能力レベルの判定に重点的に取り組む。通常、プロダクトマネジャーの能力レベルのアセスメントは、上司のマネジャーが行う。しかし、プロダクトマネジャー本人が自己評価してはならない理由はなく、実際に私もお勧めしている。ただし、自己評価を行った場合、マネジャーによる能力評価との重要な違いが発覚することはまったく珍しくない。この認識の違いと向き合うのが不安なために自己評価にのみ頼っているマネジャーは、マネジャーとしての責任を放棄している、と私は考えている。

# コーチングプラン

スキル評価とそれに続くギャップ分析が終わったら、最もギャップの大きい領域を特定する。それが、この評価の目的だ。

コーチングプランについては、私は当初の重点領域を上位3つに絞ることを推奨している。それらについて進歩がみられた後で、次に重要な領域に移行することができる。

マネジャーはプロダクト担当者に、各領域のスキルを伸ばすためのコーチング、トレーニング、書籍、演習などを提供することができる。

次の章では、これまで説明した分類に基づいて、スキルを伸ばすコーチングプランとして私が通常お勧めしている内容を紹介する。多くの皆さんは、具体的なスキルについてプロダクトマネジャーをコーチングする方法についてはすでにご存知だろう。したがって、本当に必要なのは、ここで説明した評価とギャップ分析だということになる。

従業員が能力のギャップ克服に成功したタイミングは、次に目指す職位で期待値レーティングがどのように変わるかを伝える絶好のチャンスだ。そうすれば、昇進に必要なスキルを伸ばす作業に取り組むことができる。必ず、コーチング対象のプロダクト担当者と週1回以上同席し、コーチングプランの進捗について話し合おう。

## ▌評価とパフォーマンスレビュー

最後に、読者の皆さんはこのようなスキル評価とコーチングプランが、パフォーマンスレビュー（業績評価）とどのように関係するのかを考えているかもしれない。パフォーマンスレビューは、次のパート「人事」で詳しく扱う。

概して、私はほとんどの企業のパフォーマンスレビュー実施方法が、人を育てるという意味ではあまり役に立たないと感じている。残念ながら、人事コンプライアンスと給与の管理という側面が強い。

人事部の要求事項に従って年次パフォーマンスレビューを実施しなけ

ればならないかもしれないが、年次レビューが、各メンバーのスキルを積極的かつ継続的に心からコーチングして伸ばす仕事の、適切な代用には決してならないことだけは認識してほしい。

　また、昇進する準備が整うように従業員を継続的にコーチングすることは、昇進をかなえることと同じではないということにも、注意しなければならない。多くの企業では、昇進が可能なタイミングが決まっている。したがって、昇進させられないのに期待させるわけにはいかない。この点を伝えるため、私が従業員に話すのは、「私は昇進の準備が整うようにあらゆる努力を尽くしたうえで、昇進を支持するが、実際に昇進できるかどうか、そしていつ昇進するかは必ずしも保証できない」といった内容だ。ただし、ここで説明したようにスキル評価とコーチングプランを積極的に使いこなしていれば年次レビューの予行演習もずっと楽になるので、安心してほしい。

CHAPTER 9

# コーチングプラン

　前の章では、スキルのギャップ（不足）を認識するために、プロダクト担当者の現在のスキルレベルを評価するためのツールを定義した。続きとなるこの章では、それぞれのギャップについてプロダクト担当者を私がどのようにコーチングしているかを紹介したい。

　実のところ、このコーチングプランの完全版は本書全体ということになるのだが、この章で例や推奨事項を十分に伝えることで、多くのマネジャーにとって有用なガイダンスやコーチングの手助けとなることを願っている。

　この章では、前の章で説明した「人、プロセス、プロダクト」の分類をそのまま使うので、それぞれの意味に不安のある方は、前の章に戻って確認してほしい。また、評価の章と同様、私はプロダクトマネジャーの例をここで使っているが、ここに記載した内容の大半は、プロダクトデザイナーとテックリードにも役立つだろう。

# 製品知識

　心構えを持ってもらうために説明すると、製品知識は新任のプロダクトマネジャーがオンボーディングプロセスでほとんどの時間を費やす分野である。通常、知識が追いつくまでに２〜３カ月かかる。これは、必要なコーチングを受けて、１日あたり数時間かけて集中的に取り組むことが前提だ。

　しかし、はっきりさせておくと、この知識レベルに達していないプロダクトマネジャーは、チームのプロダクトマネジャーとしてまったく役に立たない。そして、これだけの能力を身につけさせる責任は、まさに彼らの上司となるマネジャーにある。

## ■ ユーザーと顧客に関する知識

　実のところ、社外に出てユーザーや顧客に会うことに代わる手段はない。ただし、職場の人の知識をまず活用することによって得られることは多い。

　この学習を進めていくうえで覚えておきたいのは、会う人一人ひとりがその人ならではの視点をもたらしてくれるので、その視点を理解し、できるだけ多くの視点を学ぼうとする必要がある、ということだ。

　会社にユーザーリサーチチームがある場合は、そこから取り掛かるのがお勧めだ。プロダクトマネジャーにとって関係を確立する価値のあるチームでもある。ユーザーリサーチャーはプロダクト担当者に惜しみなく知識を与えてくれる。社員が真に問題を理解していない限り、解決することができないのをわかっているのだ。

　次に、カスタマーサクセスチームまたはカスタマーサービスチームがあれば、素晴らしい情報源になる。これらのチームがどのような顧客を最も好ましく思い、どのような顧客を最も疎んじるのかを、理由も含めて学んでおきたい。また、このチームと価値のある時間をたっぷり過ごして、顧客がプロダクトをどう受け止めているかを理解したい。でもま

ずは、ユーザーや顧客に対してこれらのチームから学べることを把握する必要がある。

　プロダクトマーケティングチームは、ユーザーと顧客に関するさらに別の貴重な視点であり、プロダクトマネジャーはこの部門とも関係を築くのが重要である。また、プロダクトマーケティングチームは、営業・マーケティング部門全体に関する優れた識見を持ち、プロダクトマネジャーが会って話すべき貴重な視点を持った人をよく知っている。

　多くの企業では、創業者やCEOが誰より多くの顧客に会っているので、また優れた情報源となる。創業者に、懇意になって理解すると最も役に立ちそうな顧客は誰なのか聞いてみよう。満足している顧客だけを探すのではなく、不満足な顧客だけを探すのでもない。できるだけ多くの視点を求める必要がある。

　ここまで来れば、外に出て実際のユーザーや顧客に会う準備は万端だ。

　ここで心構えを持ってもらうために説明すると、私（マーティ）が初めて新しいB2B（法人向け）プロダクトの責任者になったとき、マネジャーは私が意味のある決断を下す前に、30人の顧客に会う（しかも、その半分は米国人以外にする）ことを求めた。30人が絶対とは言わないが、2人や3人ではないとははっきり言える。私は一般的に、プロダクトマネジャーのオンボーディングの一環として、少なくとも15人の顧客訪問を勧めている。

　顧客訪問を終えた私は、ほとんど何も知らない状態から、社内の誰とでも張り合える知識を得るところまで進歩した。学んだ内容、そして会った人、築いた関係を、長年にわたって活用した。

　いったんユーザーや顧客と同席するようになったら、そこで学ぶためのテクニックがまた大きなテーマになるが、それは発見のテクニックに関するトピックに譲る。ユーザーや顧客と交流するたびに、少なくとも次のような学びを目指したい。顧客は、あなたのイメージと合っているか？　顧客は、あなたが想定したとおりの問題を抱えているか？　顧客は現在、その問題をどのように解決しているか？　それを切り替えても

らうために、何をすればよいか？

　法人と個人の顧客にはいくつかの明らかな違いがあるが、原則はどちらのケースでも変わらない。

　もう1つ注意したいのは、経験豊富なプロダクトデザイナーとテックリードがすでに在籍しているチームに加わる場合は、それらのチームメイトからできるだけ多くのことを学ぶべきだ、ということである。そして、新しいチームに参加するのであれば、プロダクトデザイナーとテックリードという2人の重要人物と一緒に学んでいくことをお勧めする。

## ▎データ知識

　一般的に、新任のプロダクトマネジャーは、3種類のデータとツールを使えるようにする必要がある。主にユーザーとプロダクトとのやりとりのデータを扱うツールが、ユーザー分析。プロダクトの営業サイクルのデータを扱うツールが、セールス分析。そして、データが時系列でどのように変化しているのかを扱うツールが、データウェアハウス分析だ。

　ここでわかっていただきたいのだが、それぞれのツールを「使える」という状態には2つの意味がある。まず、そのツールを使って問いに答える方法、つまり操作方法を知ること。次に、ツールに入っているデータが語りかけるメッセージを理解できるようにすることだ。

　データを十分に理解できるようになる（ツールの操作方法とデータの意味を知る）ために頼るべき情報源は、一般的に社内のデータアナリストだ。したがって、データアナリストとの関係もまた、新任のプロダクトマネジャーが築くべき重要な関係といえる。しかし、ここで明確にしておきたいのは、プロダクトチームに所属しているフルタイムのメンバーでない限り、データアナリストやデータサイエンティストはあなたの作業を代わりにやってもらうためにいるのではない、ということだ。これらの人々から学び、データに関する問いに答えるための力をつけなければならないのは、あくまであなた自身である。

　このトピックは、後述するビジネス理解のトピックと互いに関連して

いる。あらゆるプロダクトには、現状を総合的に示すKPI（重要業績評価指標）がある。データツールは現状理解に役立つが、どのKPIに最も重点的に取り組むかは経営上の判断による。

## ▌業界と分野に関する知識

　一般的に、プロダクトマネジャーは、プロダクトが属する分野の専門知識を身につけることが期待される。これはもちろん、プロダクトによって異なる。メディア製品、開発者向け製品、広告テクノロジー製品は、それぞれ異なる。幸い、ほとんどの分野には、インターネットで検索するだけで簡単にアクセスできる豊富な知識がある。

　ただし、非常に特殊な分野（税務、手術装置、規制準拠など）のプロダクトについては、一般的に、社内に定評ある専門家がいて、すべてのプロダクトマネジャーから連絡できるようになっている。プロダクトマネジャーは、「内容領域専門家」と呼ばれるこれらの人々とも関係を築くのが重要である。プロダクトマネジャーは分野に関してこれらの専門家と同等の知識を備えるまでは期待されていないが、効果的にやりとりして協力できるだけの学習を行う必要はある。

　広義のテクノロジー業界の知識について言えば、分析とインサイトを提供する業界アナリストが数多く存在している[10]。

　業界知識の鍵となるのは、担当する製品に関係してきそうな業界トレンドを特定することだ。最初のステップで、トレンドを特定する。続いて、そのトレンドやテクノロジーが実現すること、そして考えられる機能と制約を理解するために、学びが必要になる場合がある。

　もう1つ業界知識に含まれるのが、競合分析だ。プロダクトマーケティング部門は、この知識を得るための取っ掛かりとして優れたリソースだが、プロダクトマネジャーは、市場に存在する主な競合相手のそれぞ

---

10　私は長年にわたってwww.stratechery.comのファンだ。このリソースをすべてのプロダクトマネジャーとプロダクトリーダーにお勧めする。

れについて、プロダクト・サービス、ビジョン、戦略をさらに深く理解する必要がある。

競合分析についてプロダクトマネジャーをコーチングする際に私が好む方法は、プロダクトマネジャーに市場で競合する企業を3社から5社挙げてもらい、各社の強みと弱みを比較して対照させるナラティブ（CHAPTER 11参照）を書かせるというものだ。これによって、チャンスが浮かび上がる。

## ▌事業と会社に関する知識

ほとんどの新任プロダクトマネジャーにとって、自社の事業の仕組みを理解することには最も多くの作業量が必要になる。しかし、これこそが、有能なプロダクトマネジャーと、そうでないプロダクトマネジャーの間にしばしば本質的な差がつく分野である。

この点の取っ掛かりとして私が好む方法の1つが、新任のプロダクトマネジャーに、担当する製品のビジネスモデルキャンバス（種類は問わない）を埋めてもらうことだ。これは、まだ理解していない可能性のある領域をプロダクトマネジャーにすばやく認識してもらうための、迅速で簡単な方法だ。

## ▌販売とマーケティング —— 市場参入戦略

市場参入戦略は、あらゆるプロダクトにとって重要な要素で、プロダクトがどのようにしてユーザーや顧客の手に渡るかを示す。市場参入戦略は、あらゆる種類のプロダクトに存在するが、一般的には法人向けプロダクトにおいてとりわけ複雑になる。プロダクトは、営業部を通じて販売する場合も、再販業者のような間接的なチャネルを通じて販売する場合も、顧客に直接販売する場合もある。

営業プロセスはマーケティングから始まるが、マーケティング自体にも数多くの戦略やテクニックがある。どの戦略やテクニックを採用しても、最終的には、顧客がプロダクトを認知するところから、願わくば活

発なユーザーあるいは顧客になってくれるところまで、一種のファネルができあがる。

新任のプロダクトマネジャーは、認知から試用、さらにオンボーディングに至るまで、ファネル全体を理解する必要がある。特に、販売チャネルの能力と限界を理解することが重要だ。一般的に、市場参入戦略について学ぶには、社内のプロダクトマーケティング部門の担当者に聞きに行くことができる。

## ▌財務 —— 収益とコスト

新任のプロダクトマネジャーにとって、担当するプロダクト周りの財務状況について深い理解を得ることもきわめて重要だ。これには、収益とコストの両方の面が関わってくる。

私は長年、財務部門に友人をつくることをお勧めしている。どのプロダクトにも財務関連のKPI一式がある。プロダクトマネジャーは、KPIの種類（LTV：顧客生涯価値など）とその意味（LTVの計算方法など）を、まず理解する必要がある。最後に、プロダクトの現在の立ち位置（LTVが、新規顧客を獲得するコストと比較して十分かなど）を学ぶ必要がある[11]。

## ▌法務 —— プライバシーとコンプライアンス

業務にとってきわめて重要なもう1つの側面が、法務だ。法務は、主にプライバシー、セキュリティ、コンプライアンスの問題に関連するが、最近は倫理の問題もますます重要になっている。財務部門と同様に、法務上の制約について新任のプロダクトマネジャーの理解を助けてくれる人と、関係を確立することは重要だ。これは、必要な知識を迅速に身に

---

11 私はよく、新任のプロダクトマネジャーに、担当するプロダクトにとって重要な分析について詳しく学ぶ助けになるよう、『LEAN ANALYTICS』（アリステア・クロール、ベンジャミン・ヨスコビッツ著、オライリージャパン、2015年、Webサイトhttp://leananalyticsbook.com/）をお勧めしている。

つけるだけではなく、新しいプロダクトのアイデアを検討する際にも重要である。

## ▊事業開発 ── パートナーシップ

現代のほとんどのプロダクトには、いくつかのパートナーシップが関わっている。たとえば、プロダクトやサービスを届けるためのテクノロジーパートナーシップや、新規顧客を獲得するための販売・マーケティングパートナーシップを利用することがある。

どのような目的であっても、一般にビジネスパートナーシップ契約は自社がとり得る行動への制約を伴うため、プロダクトマネジャーが契約と制約について理解することは重要である。

## ▊その他の領域

ここまでに紹介した領域は、ほとんどすべてのプロダクトに共通するが、多くのプロダクトには会社の性質によって、さらに学ぶべき領域があるのも事実だ。

たとえば、複数の事業部門を中心とした構造になっている企業では、各事業部門のリーダー（ゼネラルマネジャーなど）が、きわめて重要なステークホルダーとなる。

同様に、メディア企業には編集部とコンテンツ部門、eコマース企業にはマーチャンダイジング部門、ハードウェアやデバイス企業には製造部門、また海外向けにプロダクトを販売する企業には国際部門がある。これらはほんの一部の例にすぎない。

## ▊プロダクトのオペレーションに関する知識

このトピックは本来挙げるまでもないはずだが、担当するプロダクトについて基本的なデモをする以上の知識がないプロダクトマネジャーに何人会ったか、枚挙に暇がない。プロダクトマネジャーが信頼されるためには、担当するプロダクトのエキスパートユーザーであるべきことが

重要だ。

　一般消費者向けのプロダクトについては、プロダクトの使い方に習熟することはあまり難しくない場合が多いが、法人向けプロダクトでははるかに難易度が上がる。プロダクトマネジャーに当該分野の知識がないときはなおさらだ。

　一般に、この領域について必要な知識を得るには、ユーザー向けや顧客向けの文書を熟読する、トレーニングクラスがあれば受講する、顧客サービス担当者との時間を取る、そして可能であれば自ら日常的にプロダクトを利用する（ドッグフーディングと呼ばれる）といった作業が必要になる。

　明確なリトマス試験として、仮に業界の重要なアナリストがプロダクトについて議論するために来社を申し出たなら、プロダクトマネジャー自身がブリーフィングするか、最低限でもブリーフィング担当者（通常はプロダクトマーケティングマネジャー）の準備を行うために相当の時間を割くべきだろう。

## プロセススキルとテクニック

　プロセスに関連するスキルとテクニックは無数にあり、新しいテクニックも絶えず出現している。プロダクトマネジャーのコーチング担当者の主な目標は、手持ちの仕事に適した各種のテクニックについて十分な知識を持たせることである。

### プロダクトディスカバリーのテクニック

　新任のプロダクトマネジャーは最低限、プロダクトに関する4種類の異なるリスク（価値、ユーザビリティー、実現可能性、事業実現性）、これらのリスクに対処するための各種プロトタイプ、そして定性的・定量的にこれらのリスクをテストする方法を理解する必要がある。

　プロダクトディスカバリーのテクニックについては多くのオンライン

リソースやトレーニングリソースがあるほか、『INSPIRED』でも詳しく説明している。

　プロダクトマネジャーをコーチングする際にはたいてい、まず同書を読んでもらってから、いくつかの異なるシナリオを説明し、どう対処するかを問うことによって、各種のテクニックへの理解を確かめるようにしている。リスクについて適切に理解し、各テクニックの強みと制約を理解しているかどうかがチェックポイントだ。

## 最適化のテクニック

　正式に稼働中でトラフィックの多いプロダクトについては、プロダクト最適化と呼ばれる重要なテクニックがあり、プロダクトマネジャーはこれを理解し、効果的な活用方法を知る必要がある。

　このためには通常、商用ツールを1つ学んで、一連のA/Bテストを実施する。A/Bテストは主にファネルを最適化するために用いるが、他の目的にも利用できる。

## デリバリーのテクニック

　一般的に、デリバリーテクニックは、チームのエンジニアが重点的に取り組む領域である。しかし、プロダクトマネジャーにとっては、現在用いられているデリバリーテクニック（継続的デリバリーなど）を理解し、場合によっては、リリース計画などでより積極的な役割を果たすことが重要になってくる。

　たとえば、プロダクトの大規模な変更では、パラレル（並行的）デプロイメントが必要になることがある。プロダクトマネジャーは、デリバリーに関して適切な判断を下すために、各テクニックの採用に伴う変化（特に追加のエンジニアリングコスト）について知る必要がある。

## 開発プロセス

　エンジニアがソフトウェアの開発とデリバリーに用いる開発プロセス

の決定は、エンジニアとエンジニアリング部門のリーダーにかかっている。しかし、プロダクトマネジャーはこのプロセスで果たすべき役割があり、職責を理解していなければならない。

ほとんどのチームでは、何らかの形でスクラム、カンバン、XP（エクストリームプログラミング）のいずれかのテクニックを取り入れている。これらを組み合わせている場合も少なくない。

通常、私は新任のプロダクトマネジャーがCSPO（認定スクラムプロダクトオーナー）コースをまだ受講していなければ、受講することをお勧めしている。このシンプルで短いコースが、チームのプロダクトオーナーとしての職責を説明してくれる。

また、多くの企業ではプロダクトバックログを管理するためのツールを標準化しているので、新任のプロダクトマネジャーはこのツールも学ばなければならない。

ところで、私は長らく不満をこぼしてきたが、あまりにも多くのプロダクトマネジャーがCSPOのトレーニングをただ受講するだけで、その後プロダクトマネジャーとしてなぜ失敗したかを理解しない。この時点で自明になっていることを願うが、CSPOとしての職責は重要ではあるものの、エンパワーされたプロダクトチームのプロダクトマネジャーが持つ職責のうちの、ごくわずかな一部にすぎないのだ。

## 対人スキルと職責

ここまで、時間と労力をつぎ込めば、ほぼ誰でも成果を上げられる領域（製品知識、プロセススキルとテクニック）について説明してきた。その基礎がなければ、他は論ずるに値しない。

とはいえ、単なる有能なプロダクトマネジャーと、真に効果的なプロダクトマネジャーの違いは、対人スキルの違いであることが多い。

プロダクト開発の世界では、果たして対人スキルを効果的に教わること、あるいは教えることができるのだろうか、と長い間議論されてきた。

私の経験では、すべてとは言わなくてもほとんどの人については、対人スキルを大幅に向上させ、育てることができる。ただし、本人の向上心が不可欠である。

このスキルが高くないにもかかわらず、向上への真剣な関心を示さないときは、マネジャーがその人にもっと向いた仕事を探す手助けをする必要がある。

## ▎チームコラボレーションスキル

現代のプロダクトマネジメントとは、プロダクト担当者、デザイン担当者、エンジニアリング担当者の間の真のコラボレーションである。これは、プロダクトマネジャーがプロダクトデザインとエンジニアリングによる真の意味での貢献について知るところから始まる。

プロダクトマネジャーは、デザインとエンジニアリングに自ら熟達する必要はないが（多くのプロダクトマネジャーは自分が優れたデザイナーだと思っているが、実際にはさほどでもない）、プロダクトデザイナーやエンジニアの貢献を理解して高く評価し、その提案を自分の提案と同等に扱う必要がある。

次に、プロダクトマネジャーは、信頼と尊敬の上に構築される真のコラボレーションに必要な関係を確立しなければならない。

私自身のコーチングの経験では、プロダクトマネジャーがここまでに説明した基礎を学んだ後は、コーチングのほとんどがコラボレーションに関係する内容になる。

プロダクトチームが解決しようとしている問題についてチームと話し合うとき、私はプロダクトマネジャーとだけ時間を取ることはめったにない。ほとんどの場合、プロダクトデザイナーとテックリードも一緒だ。

繰り返しになるが、それが現代のプロダクトの本質なのだ。こうしたミーティング中に、私は無数のやりとりを目撃する。何かが目に留まった場合、後でプロダクトマネジャーだけを呼ぶことがある。そして、ミーティング中のやりとりが信頼構築の取り組みを促進したか、損なった

かを伝えるように努める。

たいていの場合、問題あるいは目標について1時間ミーティングするだけで、プロダクトマネジャーへのコーチングに活用できる適切な例がたくさん収集できる。チームの他のメンバーは、どのくらい積極的に議題に関わっているか？　問題を解決するためにエンパワーされたメンバーとして行動しているか、それとも単なる指示待ちになっているか？　デザイナーとエンジニアは、ソリューションになりうる提案をしているか、それともプロダクトマネジャーが提案した内容の問題点を指摘しているだけか？　対話（計画など）に時間を割きすぎて、試行錯誤（プロトタイピングなど）の時間が不十分になっていないか？　意見の違いをどのように解決しているか？

## ▌ステークホルダーとのコラボレーションスキル

チームコラボレーションスキルに関連する多くの点は、ステークホルダーにも適用されるが、実際にはチームメンバーと信頼と関係を築くほうがやさしい。チームのデザイナーやエンジニアとは日常的にやりとりしていて、同じ問題を解決するために取り組んでいるからだ。

ステークホルダーとの関係には、さらに別の力学が絡んでくる。まず、ほとんどのプロダクトマネジャーは一般社員であるのに対して、ほとんどのステークホルダーは企業の経営幹部である。多くの場合、ビジネスの経営的側面に非常に詳しく、また指示をするのに慣れている。

ステークホルダーと適切な仕事上の関係を築く鍵は、互いに信頼を確立することである。

プロダクトマネジャーにとっては、まず各ステークホルダーが抱える制約の理解に時間と労力をつぎ込むところから始まる。これは、前述の「事業と会社に関する知識」で説明した。

いったん労力をつぎ込んだら、プロダクトマネジャーは各ステークホルダーに対し、自分は相手の関心や懸念を理解しており、相手にとって有効なソリューションを発案するためにあらゆる努力を尽くすというこ

とを、個人として説得しなければならない。

そして、どのような場合でも、懸念される点が見つかったら、チームが何かを作ってしまう前に、該当するステークホルダーと一緒にソリューションを前もって検討する必要がある。

このような信頼を築くには時間がかかる。やりとりの数が少ないうえに、一つひとつのやりとりの重みが大きいからだ。

私はプロダクトチームと仕事をする中で、プロダクトマネジャーとステークホルダーのやりとりもよく観察するが、ここにも多くのコーチングの機会がある。信頼を築くのに役立っていた行動については高く評価して伸ばし、信頼を損なっていた行動については代わりのアプローチを提示するようにしている。

## ▌エバンジェリズムスキル

特に中規模以上の企業においては、プロダクト開発のかなりの部分に説得が関わってくる。これには、プロダクトマネジャーが自分のやるべきことを理解していて、それを実現するためのしっかりした計画を持っている、とチームとステークホルダーに納得してもらうことが含まれる。

強力で説得力に富む議論を行うために私がお勧めするテクニックは、ナラティブの作成である。これはCHAPTER 11「ナラティブ」で説明している。

また、プロダクトマネジャーには、受講者のプレゼンテーションが動画で撮影され、専門的見地からの批評がもらえるようなプレゼンテーションスキル講座の受講もお勧めしている。私自身も自分のキャリアの中でこのような講座を2回受講し、計り知れないほど貴重な経験だったと考えている。

## ▌リーダーシップスキル

最後に、強力なプロダクトマネジメントの大部分は、実のところリーダーシップにかかってくる。

リーダーシップスキルは、プロダクトマネジャーにとって特に重要だ。プロダクトチームとステークホルダーは部下ではないので、説得とリーダーシップに頼らなければならないからである。

言い換えると、プロダクトマネジャーにとって、リーダーとしての立ち位置は自ら獲得しなければならず、地位についてくるわけではない。

しかし、だからこそ、たくさんの有能なプロダクトマネジャーが、のちにCPO（最高プロダクト責任者、ヘッド・オブ・プロダクト）やCEOとして成功するのだ。

では、このようなリーダーシップスキルをどうやって育てるのだろうか。ここまで挙げた内容が、前提条件となる。しかるべき自己学習をこなして知識とスキルを示し、チームメンバーとステークホルダーの信頼と尊敬を得ることができていれば、進捗は順調だ。

さらに一歩進んで、私はすべてのプロダクトマネジャーに、生涯にわたってリーダーシップを学んでいくことを勧めている。ほとんどの人は、ひどいリーダーと思しき人を知っている。一方で、きわめて有能なリーダーと思しき人を知る幸運に恵まれている人もいる。素晴らしいリーダーと残念なリーダーの特徴について話し合い、定義することは、コーチングのための素晴らしい議論となるだろう。

# テックリードへのコーチング

　私はテックリードへのコーチングが大好きだ。たいていの場合、この人たちこそが世界有数の印象的なイノベーションを支えている。

　テックリードとは、通常のエンジニアリング業務に加えて、継続的なプロダクトディスカバリー業務に参加する職責もあわせて担っている、シニアレベルのエンジニアをいう。テックリードは、プロダクトマネジャーとプロダクトデザイナーの重要なパートナーである。

　信頼性の高いプロダクトを構築して届けるだけではなく、「何を構築するか」についても関心を持つことを求められる。

　テックリードは実現技術の深い知識をチームにもたらす。その知識が顧客の悩みや問題の直接的な理解と組み合わさることで、魔法のような結果が生まれることがある。

　エンジニアとある程度の時間を過ごした経験があれば、すべてのエンジニアがコーディング以上のことに興味を抱いているわけではないと知っているだろう。それで構わない。すべてのエンジニアがテックリードになる必要はない。

　私が気に入っている多くのプロダクト企業では、エンジニアの面接を行うときに、この点でふるいにかけるよう心がけている。何を構築するかと同じくらい、どうやって構築するかに関心を持っているエンジニアを採用したいからだ。しかし、これらの企業も例外的な採用をすることはある。問題になるのは、テックリードに適したエンジニアがプロダクトチームにひとりもいない場合のみである。エンパワーされたプロダクトチームを目指すのであれば、かなりまずい。

　私がコーチングするテックリードは、驚くほど高い確率で、いずれは自ら起業したいと語ってくれる。私はこれを強く後押しし、テクノロジー業界にいる多くのエンジニア出身のCEOについて伝える。テックリー

ドにとって起業がゴールである場合、私はよく、プロダクトマネジャー
を1～2年経験することを勧める。たとえエンジニアリングに戻ったと
しても、この経験は非常に貴重で、スタートアップ企業の共同創業者と
しての立ち位置がぐっとよくなる。

キャリアのゴールにかかわらず、テックリードの真のポテンシャルは、
技術への理解と、顧客が苦しんでいる問題への認識を組み合わせられる
能力から生まれる。

私はいつも、テックリードにできるだけ多くの顧客を訪れるように勧
めているが、それだけでなく、自分自身も興味深い顧客に会うと、寄り
道してテックリードに会い、見たこと、学んだことを話して、意見を聞
くようにしている。

最後に私の発見を一言で伝えよう。テックリードに顧客またはビジネ
スの文脈についてコーチングする時間は、1分残さず最も価値ある時間
の使い方の1つだ。

# プロダクトデザイナーへのコーチング

　プロダクトデザイナーは、とりわけ難しい仕事を抱えている。デザインに関連するスキルは数多い。プロダクトデザイナーが次のようなスキルすべてに習熟する必要はないが、相当幅広い知識とスキルを身につけていなければならない。

・サービスデザイン
・インタラクションデザイン
・ビジュアルデザイン
・インダストリアルデザイン（ハードウェアの場合）
・プロトタイピング
・ユーザーリサーチ

　成功するほとんどのプロダクトデザイナーは、少なくともプロトタイピングとインタラクションデザインの面で非常に優れている。さらに、サービスデザイン、ビジュアルデザイン、ユーザーリサーチについて、関連するテクニックや人材を必要に応じて活用できるだけの十分な知識を備えている。

　チームのプロダクトデザイナーの経歴は多岐にわたることが多いため、デザインマネジャーはコーチング時間の大半を、各プロダクトデザイナーの能力不足（ギャップ）を埋める手助けに費やすことになる。

　デザインマネジャーにとってもう1つの重要な職責は、デザインの全体像の責任者は自分であると肝に銘じるということである。つまり、多くのプロダクトチームがあって、それぞれに熟練のプロダクトデザイナーがいる場合でも、デザインマネジャーは、チームの枠を超えて統一感のあるエクスペリエンスになるように図る必要があるのだ。

デザインマネジャーは毎週の1 on 1でデザインを確認し、またグループをまたがるプロダクトデザイナーとのセッションを開催して、デザインに関する難題などを話し合うことで、全体像を確保する。

　エンパワーされたプロダクトチームに移行する際の課題の1つは、機能開発チーム出身のプロダクトマネジャーとエンジニアのほとんどはプロのプロダクトデザイナーと一緒に仕事をした経験がないため、自分たちに足りない能力を自覚してすらいないということである。その結果、デザイン部門のリーダーはチームの水準を引き上げるため、優れたプロダクトデザインとは何か、そしてプロダクトデザイナーが優れたプロダクトにどのように貢献するかについて、プロダクトマネジャーとテックリードを教育しなければならなくなる場合がある。

# 『LOVED』

　SVPGパートナーのマルティナ・ローチェンコは、プロダクトマーケティングというきわめて重要なテーマを扱う書籍『LOVED』をSVPGシリーズから出版する予定だ。プロダクトマーケティングがプロダクトマネジメントに隣接する職種であることは多くの方に知られているが、プロダクトマーケティングが劇的に変化し、今までになく重要になっていることはほとんど知られていない。以下に同書の抜粋を紹介する。

　はっきり言わせてほしい。

　ほとんどのプロダクトマーケターは自分の仕事が得意ではない。たくさんの業務を処理するのには長けているが、その業務によって差がついているかは必ずしも明確ではない。才能も一様ではないため、この職種のイメージは、凡庸と（たまに）優秀の中間くらいに収まっている。

　プロダクトマーケティングは、プロダクトの発売に必要なあらゆる作業のチェックリストの管理でも、プロジェクトマネジメントでも、プロダクトチームと販売部門の間の仲介役でもない。プロダクトマーケティングに対する従来の理解は、まずプロダクトを作ってから市場に持っていくというものであった。このアプローチの欠点は、プロダクトの機能とその差別化要因だけを説明し、人々は関心を持つものだと仮定するところにある。

　優れたプロダクトマーケティング部門は、まず市場への理解が求められる。仮定した内容が市場の反応に耐えられるかを試し、顧客の現実に合わせてプロダクトを適応させ、位置づけ、売り込めるようにする。そして、顧客の言葉、エクスペリエンス、ニーズを用いて、なぜそのプロダクトが重要であり、愛されるに違いないかを明らかにする。

　優れたプロダクトマーケティングを表す現実の指標は、市場での採用

と勢いだ。しかし、プロダクトマーケティングに求めるべきことや、プロダクトマーケティングを始める適切なタイミングは、ほとんど知られていない。

　ここで、Z社を紹介しよう。実在の会社だが、ご自身の経験に照らし合わせて考えていただけるよう、社名は伏せる。同社は、数十年にわたってある分野を専門にしてきた博士のチームから生まれた。創業者らは、定評あるテクノロジーコンペの最終候補に選出された後で、このアイデアを市場に出すタイミングだと判断した。

　テクノロジーは印象深いものだった。その効果は、ある著名なアナリストによって、これまで同じようなものを見たことがないと紹介された。創業者らはフォーチュン100に選出されている企業の経営幹部にデモンストレーションを行い、「素晴らしい」との感想をもらった。こうした実績からベンチャーキャピタルの出資を得て、レースに乗り出した。

　そう思った。

　こうした黎明期の企業にありがちだが、共同創業者の1人である技術者が、販売、プロダクト、マーケティング、顧客対応のすべての窓口を担った。しかし、数十人の経営幹部と半年にわたって何度も商談を重ねたにもかかわらず、買い手は現れなかった。そこで、ミーティングのたびにプロダクトのプレゼンテーションを行うのをやめ、経営幹部に会うたびに、差し迫った最優先事項は何かを聞き始めた。

　その結果、テクノロジーによって解決する問題が、解決すべき問題の優先順位の5番手にも入っておらず、場合によっては10番手以下であることがわかった。なぜZ社はこの作業から取り掛からなかったのか不思議に思っているかもしれない。しかし忘れないでほしいのが、ごく初期には、価値のあるものをつくり上げるための道をたどっていると思わされるデータが得られていたということだ。

　チームは、プロダクトに少々手を加えれば、経営幹部の優先順位リストでもっと上位に来る問題をすばやく解決できるようにプロダクトの軸足を変えられることに気がついた。

93

チームの新しいプロダクトは、定着して数十年の歴史があり、現在の参入企業が非常に成熟しているジャンルに関係していることがわかった。また、最適なセットアップが簡単にできる機能も開発した。この新たなアプローチを身につけたZ社は、プロダクトの機能を示すデモを作成した。プロダクトが多機能なので、デモをすべきだと思ったのだ。しかし、自分たちがやってきたことと顧客が関心を持つべき理由をどのように伝えるか考えておく、という重大な手順を省略してしまった。

　適切な取っ掛かりがないので、見込み顧客はまだ、なぜ関心を持つべきなのかを飲み込むのに苦労していた。Z社の面々は考えた。「当社のプロダクトへの関心が深まるように、規制環境についての話をするべきだろうか。それとも、現在導入されている既存のソフトウェアの欠陥を指摘するべきだろうか。当社のソフトウェアのほうが優れている部分はごくわずかなのに」

　Z社は、営業担当者を採用することでこれらに対応しようとした。営業担当者が飛び込み営業をする必要があったため、需要を喚起できるという業者も雇った。これがまずかった。繰り返し伝えられるメッセージを作っていなかったので、プロダクトの価値を効果的にアピールすることができなかったのだ。市場参入チームが拡大しているにもかかわらず、状況はたいして変わらなかった。契約してくれた顧客は、ひと握りに満たなかった。この時点で、2年近くが過ぎていた。

　ここで、新たにプロダクトマーケティングディレクターのジョージィが入社した。ジョージィは、プロダクトのフォーカスをはっきりさせるニッチ市場を定義して名前をつけ、プロダクトを既存のカテゴリーの中に位置づけた。3カ月以内に、次のことが起こった。


・あるホワイトペーパーが、既存カテゴリーの不備を指摘し、Z社が命名したニッチ市場の必要性を紹介した。ある著名なアナリスト企業がこのホワイトペーパーに大変な感銘を受けたため、当該分野のアナリストがこぞって、詳しい説明を欲しがった。

・販促資料を一新し、営業用プレゼンテーションとウェブサイトの内容に一貫性を持たせた。これにより、どこからでも同じメッセージが伝わるようになった。
・ジョージィがプロダクト開発部門と販売部門の両方と等しく協力関係を築き、旧態依然としたカスタマイズ資料を必要な頻度で見直した。ジョージィは瞬く間に、この小さな会社でとてつもなく価値のある人材として見られるようになった。
・Z社はマーケティング戦略を策定した。これによって、ジョージィがすべての仕事をしなくても、他の人がすべてのマーケティング業務の背景にある「理由」を理解できるようになった。

　Z社はついに素晴らしい顧客をつかみ、市場の勢いに乗った。しかし、本来の予定よりもずっと長い時間がかかり、大きな痛みを伴った。もっと早くプロダクトマーケティング担当者を採用していれば、市場に参入するために足りない点を早く発見し、解決することができた。その代わりに、機能しない対応策に多くの時間、資金、リソースをつぎ込んでしまった。

　プロダクト開発に心血を注いできた人にとって、マーケティングは難解な秘技のように見えるかもしれない。プロダクトマーケティングは、マーケティングと販売の業務を肉付けするための骨組みをつくる。だからこそ、テクノロジー企業にマーケティング担当者が1人しかいなければ、その人はプロダクトマーケターであるべきだ。それがゴールへの早道だからである。しかし、業務そのものよりも、その業務を担当する人とその能力の方がさらに重要となる。優れたプロダクトをつくるために投資するのなら、優れたプロダクトマーケティングへの投資も不可欠なのだ。

# CHAPTER 10

# 1 on 1

　1 on 1 と呼ばれるコーチングテクニックについては、皆さんも聞いたことぐらいはあるはずだ。あるいは、何らかの形で導入した経験もあるかもしれない。しかし、無数のプロダクトマネジャーとプロダクトリーダーとの会話から判断すると、このテクニックがうまくいった経験のある方はそうそう多くないようだ。しかし、1 on 1 こそコーチングの基盤なのだ。

　私（マーティ）は、執筆しながら、どこでこのことを学んだか、また自分の見解が主に誰の影響を受けたかを思い出してみた。大昔のことなのではっきり言うのは難しいが、私の見解は、成長期に（直属の上司から、あるいはそれ以外の先輩や同僚から間接的に）お世話になった10人以上のマネジャーに学んでいる。ベン・ホロウィッツは直属の上司ではなかったが、1 on 1 について大きな影響を与えてくれた。

　この章は、プロダクト担当者の一般社員を束ねるマネジャー向けに執筆している。つまり、プロダクトマネジャー、プロダクトデザイナー、エンジニアの採用と教育の責任者だ。

# 効果的な1on1設定の鍵

## ▌目的

1on1の主な目的は、プロダクト担当者の成長と向上を後押しすることだ。もちろん、最新状況の報告は受けるし、仕事についても話し合う。しかし何よりも、対象者が求められる能力を満たし、さらに自らのポテンシャルを引き出す手助けするのが第一の目的だ。この目的を見失うと、セッションの真の価値はたちまち失われてしまう。

## ▌関係

1on1の関係は、信頼に基づいている。自分のポテンシャルを引き出すためにマネジャーのあなたが純粋に心から尽くしていると、プロダクト担当者に納得し、信じてもらわなければならない。それが、マネジャーとしての主な仕事である。プロダクト担当者が能力を発揮して昇進したら、あなたは仕事を成し遂げたことになる。同様に、もしプロダクト担当者が求められる能力に達しなかったら、あなたは失敗したことになる。プロダクト担当者には、自分とマネジャーの両方が成功するためには、互いを信頼して頼れるようになる必要があること、さらに最も重要な点として、正直かつ率直に話ができるようになる必要があることを理解してもらう必要がある。

## ▌オンボーディング

ほとんどの新任のプロダクト担当者には、必要不可欠なオンボーディングの時期がある。この時期に、担当者は周りに追いつく、つまり職務上求められる能力に達するために必要なスキルと知識を身につける。

世の中に1人として同じ人はおらず、それぞれ異なる経験と知識を持って職場にやってくる。CHAPTER 8「評価」では、新任のプロダクト担当者をすばやく評価して、重点的に取り組む領域を決めるためのツ

ールを紹介した。しかし、あるプロダクト担当者が求められる能力に達したとみなされるまでは、その人がチームにとって有害でないことと、合理的な判断を行っていることを確認するのは、マネジャーの責任になる。

通常、この密接な監督関係は2〜3カ月ほど続く。これは、いったんプロダクト担当者が必要な能力を備えているとみなされてから発生する継続的なコーチングよりもずっと集中的なコーチング関係である。

## ▍頻度

さまざまな意見のある領域だが、私としては1 on 1には少なくとも1週間に1回、30分以上割くべきであると強く思う。このセッションは神聖なものであり、よくある「今週は省略してよろしいですか」が通用する類のミーティングにしてはならない。スケジュールの変更はたびたび必要になるかもしれないが、キャンセルをしてはならない。キャンセルによって伝わってしまうメッセージを考えてほしい。

まだ求められる能力に達していない、オンボーディング期間中の新任プロダクトマネジャーに対しては、週2〜3回、あるいは毎日行ってもいい。

いったんマネジャーとプロダクト担当者間の信頼が確立されたら、1 on 1はビデオ通話でもうまく機能する。鍵となるのは、関係を築き、誠実かつ建設的な話し合いを行うための環境を確立することだ。

## ▍コンテキストの共有

プロダクト担当者がエンパワーされ、チームとして最適と考える方法で問題を解決できるようになるには、リーダー兼マネジャーとしてのあなたが、戦略的なコンテキストを与えなければならない。

つまり、このプロダクト担当者が会社のミッションと今年の目標、プロダクトビジョン、プロダクト全体の戦略、そして所属するプロダクトチームの目標を確実に理解できるようにする必要がある。

コンテキストに関する説明の大半はオンボーディングで行うが、四半

期ごとに、次の四半期のチーム目標について話し合う必要がある。時によっては、話し合いが一筋縄ではいかなくなることもある。

## ▌自己学習

プロダクト担当者にとって、自己学習の代わりになるものはない。自己学習は求められる能力を得るための礎であり、オンボーディング期間中の主な取り組みとなる。マネジャーはプロダクト担当者に適切な資料を紹介し、その資料に関する質問に答えることはできるが、時間と労力を割き、自己学習により知識を蓄えるのは本人の責任である。

では、自己学習とは実のところどういう意味なのだろうか。プロダクトマネジャーにとっては、プロダクトを隅から隅まで学ぶことである。ユーザーと顧客、データ、実現技術が持つ能力、業界、事業のさまざまな側面（特に財務、販売、市場参入、サービス、法務）などの切り口から学ぶ必要がある。

## ▌プロダクト担当者らしい思考と行動

自己学習するだけでなく、有能なプロダクト担当者らしく考え、行動できるように手助けするのも、コーチングの重要な役割だ。

プロダクト担当者らしく考えるとは、どのようなことだろうか。アウトカムに注目する。あらゆるリスク、つまり価値、ユーザビリティー、実現可能性、事業実現性を検討する。ビジネスとプロダクトのあらゆる側面について、全体的に考える。倫理的な考慮事項や影響を予想する。クリエイティブに問題を解決する。障害に直面しても粘り強く取り組む。エンジニアリングと、可能なことを実現する技術を活用する。デザインと、ユーザーエクスペリエンスの力を活用する。データを活用して学び、説得力のある議論を組み立てるといったことを意味する。

一方、プロダクト担当者らしく行動するとはどういうことか。それは、傾聴し、協力し、共同学習し、啓蒙し、鼓舞し、手柄を渡し、責めを引き受け、責任を取り、知りえないことを知り、知らないことを認め、謙

虚さを示し、会社全体にわたってさまざまな関係を築き、個人レベルで顧客を知り、リーダーシップを発揮することをいう。

## ▌全体像の把握

これは「点と点をつなげる」ともいう。すべてのプロダクト担当者が、他のあらゆるプロダクトチームの仕事を常に熟知していることは期待できない。1on1の重要なメリットの1つに、さまざまなチームで起こっている行動や問題を認識できるというものがある。問題が起こりかけていたり重複が発生しかけていたりするのに最初に気がつくのは、マネジャーである可能性が非常に高い。マネジャーは、こうした衝突や影響が発生するおそれのある領域を指摘し、プロダクト担当者が関連する同僚と協力して解決できるように促し、必要に応じて衝突を取り除くための判断を下さなければならない。

## ▌フィードバック

誠実で建設的なフィードバックは、「愛の鞭」「徹底した率直さ」などとも呼ばれ、マネジャーの最も主要な価値である。フィードバックは可能な限り頻繁に、タイミングよく行うのが望ましい（できるだけ早く直接伝えるのがよい）。褒めるときはオープンに、批判するときは内々で行うことを忘れないようにしよう。

多くのマネジャーは、フィードバックを伝えるタイミングが、年間パフォーマンスレビューのときだけだという誤った認識を持っているが、実際にはフィードバックのポイントを直接または間接に集めるチャンスは毎日ある。一般に、プロダクト担当者の様子を観察できる機会には事欠かない。

さらに、マネジャーとしては、常に各担当者への建設的なフィードバックを模索するべきである。プロダクトチームの他のメンバーにその人とのやりとりについて聞くことや、経営幹部、ステークホルダー、ビジネスオーナーから、その人への印象や助言などを仕入れることもできる。

やがて、建設的なフィードバックを行うことが、ぎこちない営みから習性となる。それまでは、毎週、何らかの役に立つ建設的なフィードバックができるように自分に強制しよう。

## ▍継続的な向上

　願わくば、プロダクト開発は大変な仕事だということは理解していてもらいたい。プロダクト開発の仕事は目的地ではなく、旅である。25年もの間、プロダクトに直接関わってきた経験がある人でも、まだ学びと向上を続けているだろう。すべてのプロダクト開発の取り組みには、そのプロダクトならではのリスク特性がある。新たな実現技術が絶えず出現する。今日はサービスであるものが、明日はプラットフォームになっている。市場が拡大する。顧客の行動が変わる。会社が成長する。期待が高まる。

　非常に優れたプロダクトリーダーは、自分が手助けした人が何人昇進したか、あるいは影響力の高いプロダクトの担当に異動したか、あるいは企業のリーダーになったか、さらには起業したかなどで、自らの成功の度合いを測定する。

# アンチパターン（悪い例）

　ここでこの章を終わりにしても差し支えなかったかもしれないが、これまで説明した内容を理解して実践していると自分では思っているのに、担当する人を成長させることができていないマネジャーをあまりに多く見てきた。経験上、最も一般的な理由を次に挙げる。

## ▍マネジャーが無関心

　人が育たず、求められる能力に達しない最大の理由は、あまりに多くのマネジャーが人材育成に興味がないか、主要業務と見ていないということである。そのため、二の次の業務として脇に押しやられてしまう。その場合にプロダクト担当者が受け取るメッセージははっきりしている。

勝手にやれ、というものである。

## マネジャーがマイクロマネジメントに回帰する

マネジャーにとっては単純に、具体的な指示を出し、マイクロマネジメントするほうが楽である。担当者に作業のリストを与え、本格的な判断が必要になったら報告してもらってマネジャーが判断する、という方法である。

これが失望に終わる理由をすべて挙げるには、この章で扱う範囲を超えてしまうが、いずれにしても、必要な人は育たないし、ソリューションとしても融通が利かない。

## マネジャーが話してばかりで相手の話を聞かない

マネジャーが議題をメモしてセッションの準備をすることには何の問題もないが、セッションは主にプロダクト担当者のために行うのであって、自分のために行うのではないことは常に念頭に置いておかなければならない。マネジャーが30分話し続けて時間切れになる事態は、いともたやすく発生する。さらに、人が学ぶ方法はそれぞれ異なる。相手がどうやって学んでいるかは、一方的に話すのではなく、耳を傾けることでしか伝わってこない。

## マネジャーが厳しいフィードバックをしない

率直で、誠実で、建設的なフィードバックをすることが多くの人にとってつらいのは事実である。しかし、やらなければ担当者は必要なペースで成長、向上しない。これは一般的に、次回のパフォーマンスレビューで明らかになり、ネガティブなフィードバックに担当者がびっくりすることになる。

ここで明確にしておきたいが、パフォーマンスレビューでサプライズは存在すべきではない。あらゆる議題はすでに、場合によっては数カ月前から詳しく話し合っているはずである。パフォーマンスレビューは、

あらゆる関係者の嘆きと苦悩の原因となっているので、この後の章で取り上げる。しかし現時点で念頭に置いてほしい重要なポイントは、パフォーマンスレビューは人を育てるための主要なツールであってはならないということである。毎週の1 on 1こそが、そのツールである。

## ▎マネジャーが不安定か、あるいは能力不足である

1 on 1は、マネジャーであるあなたに必要な能力が備わっていること（そうでなければ、どうやって他人をコーチングして求められるレベルに引き上げることができるだろうか）、そしてあなた自身の貢献と価値観に不安がないこと（だからこそ、他人が成功したときに喜んで評価し、成功に脅かされたと感じないわけだ）を前提としている。しかし残念ながら、何らかの理由でこれが当てはまらないマネジャーがいるという事実を私たちはみんな知っている。部下を育てられる有能なマネジャーを確保する責任を負うのは、大企業ならCPO、スタートアップ企業ならCEOである。

前述のとおり、他人にコーチングを行って成長させるために必要な経験を積んでいなければ、あなた自身が今すぐプロダクトリーダー向けコーチを雇うことが重要になる。この責任を軽視しないでほしい。

## ▎マネジャーが損切りをしない

これを項目に入れるか迷った。私にとっては最終手段だからだ。しかし、マネジャーが真摯に、たゆみなく、高い能力でプロダクト担当者のコーチングを数カ月間続けたにもかかわらず、能力を求められるレベルまで引き上げることができない場合もある。

誰もがプロダクト担当者に向いているわけではないのを認識することは重要だ。私がこのケースに遭遇するときは、一般的に会社の他の部署から異動してきた人であることが多い。その人が元顧客でプロダクトや分野に詳しかったり、CEOと知り合いだったり、さまざまなケースがあるが、この職責で成功する核心となる土台が欠けているのだ。

さらに、願わくば明らかであってほしいが、プロダクトマネジャー、プロダクトデザイナー、テックリードは「新人向け」の職種ではない。

毎日の仕事を指示される必要がある人は、プロダクト担当者の職責に向いていないし、応用もきかない。必要としているのは、能力を備えている優れたプロダクト担当者だ。目標を与えたら、それを実現するための手段を見つけてくれると当てにできる人材である。

この件に関する私の見立ては、新任のプロダクト担当者を求められるレベルに引き上げるのは、マネジャーであるあなたの責任だということだ。もし、妥当な期間内（一般的には3～6カ月）にこれを達成できなければ、責任をもって、その人が活躍できる、より適した仕事を探す手伝いをする必要がある。

## まとめ

もしあなたがプロダクトリーダーで、これまでコーチングに力を入れていなかったのであれば、コーチングこそが仕事の最重要事項と認識し、この章をコーチングに誠実に取り組むときの枠組みとして使っていただけると幸いである。

プロダクトリーダーにとっては、プロダクトチームこそがプロダクトである。それが、一流企業が優れたプロダクトを開発する方法なのである。

もしあなたがプロダクト担当者であるにもかかわらず、このような継続的かつ集中的なコーチングを受けてこなかった場合、マネジャーとの話し合いで取り上げ、マネジャーがあなたのポテンシャルを引き出すために喜んで時間を割いてくれるかどうかを確認してみよう。

もしあなたがプロダクト担当者としての入社を検討していて、会社や職務を評価中の場合、（あなたがポテンシャルを持っていて投資に値する人材だと会社を納得させた後で）面接でできる最も重要なことは、採用担当マネジャーがこのレベルのコーチングを積極的に提供したがっているかどうかを判断することである。

CHAPTER / **11**

# ナラティブ

　前の章では、マネジャーと部下の間の1on1コーチングセッションの重要性について説明した。このテクニックは、プロダクト担当者が自分のポテンシャルを引き出すことができるように手助けするための継続的な仕組みを提供するというものであった。

　この章では、卓越したプロダクト担当者になってもらうために私が最も重視するコーチングツール、「ナラティブ」について説明したい。

　しかし最初に告白しておくと、このテクニックは、私が活用しているさまざまな手持ちのコーチングテクニックのうち、最も抵抗を受けるものである。実際、かなりの人には、ほとんど無理やり取り組んでもらわなければならなかった。

　その人たちも効果を疑っているわけではないのだが、痛みを伴うことがあるからだ。そして私の発見したところによれば、このテクニックが最も必要なのはたいてい、最も強く抵抗する人なのだ。

　プロダクト担当者、特にプロダクトマネジャーは、絶えずさまざまな主張を行う必要がある。些細なことについてはそうでもないが、いったんコストがかさみ、リスクが増大してくると（大規模な機能やプロジェ

クト、そして特に新たな取り組みなど)、仕事に疑問を抱き、異議を唱える人も自然と多くなる。異議の多くは経営幹部から伝えられるが、チーム内からも上がってくることがある。

これから説明するテクニックは、自分の主張と推奨事項を説明するためのナラティブを書くというものである。

はっきりさせておきたいのは、ナラティブは仕様書ではないということである。仕様書は人を説得するためではなく、単に、構築する内容を詳しく記述するための文書である。

ここで扱うのはそういうものではなく、解決しようとしている問題、その問題を解決することが顧客と自社に価値をもたらす理由、そして解決するための戦略をストーリー仕立てで綴る、約6ページの文書である。ナラティブがうまく書けていれば、読者は刺激を受け、納得するだろう。

ナラティブをオペレーションとイノベーションの中核に据えている会社に、Amazonがある。同社は、私が知っている企業の中で最もこのテクニックを重視している。革新し続けている世界でも有数の企業の1つなのは偶然ではないと思う。

つまり、こういうことだ。あなたはプロダクト担当者として、キックオフミーティングでPowerPointのプレゼンテーションを行うことになった。あいさつし、データをいくつか提示し、熱意と自信を声で表した。それほど難しい作業ではなかった。それなのに、ミーティングが「委員会によるデザイン[12]」に後退したり、同じくらいひどい状況として、誰もがストレスを溜め込み、その場で一番偉い人に決断を求めたりする状況を、呆然と眺めている。

これらの状況が起こった場合、プロダクト担当者が必要な自己学習をしていなかったことは私の目には明らかだ。担当者が真の意味で議題をわかっていない。主張が弱い。さまざまな観点と制約について検討し、

---

12　訳注：その場の誰も主導権を握れず、担当者が妥協しあって結論を出す状況を揶揄した言葉。

対応していない。

　ナラティブは、これらを明らかにしてくれるツールだ。

　プロダクト担当者が立ち上がり、自信満々にまくしたてるシーンは誰もが経験しているだろう。しかし、ナラティブはごまかしがきかない。

　Netscapeの元エンジニアでAmazonの長年のファン、ブラッド・ポーターは次のように語る。「スピードと規模が武器だ。Amazonは自らの秘密をすでに皆に語っている……（他社に）実行するだけの自制心さえあれば」[13]

　Amazonが25年にわたってテクノロジーに基づくイノベーションの実績を積み上げているにもかかわらず、私が知っているほとんどのプロダクト担当者は、何とかしてこうしたナラティブ形式の分析と推奨事項を書くことを避けようとする。しかし、ナラティブの作成は、行動をスピードアップするためにも、よりよい判断を下すためにも、きわめて価値のある行動である。

　先に1 on 1テクニックを取り上げたのはこのためだ。1人でナラティブを綴って、自説の大穴に向き合えるだけの自制心を備えているプロダクト担当者はごく少ない。しかし、マネジャーはプロダクト担当者に対して、このプロセスをコーチングすることができる。

　まずナラティブの本文を数ページにまとめ、その後にFAQ（想定質問）を載せる構成にする。ここでの発想は、主要な経営幹部やステークホルダーから提示されるおそれのある各種の懸念や異論を想定し、それぞれについて時間をかけて検討し、明快な答えを準備してから、懸念あるいは異論を抱いている人に答えを確認してもらうというものである。経営幹部が後でこのナラティブを読めば、問題を想定して答えを検討したことがわかる。つまり、学んできたことがわかるのだ。

　ナラティブは、Amazonのように意思決定会議のたたき台にすること

---

13　ブラッド・ポーターの文章。https://www.linkedin.com/pulse/beauty-amazons-6-pager-brad-porter/

もできる。あるいは、やはりPowerPointプレゼンテーションを行うことに決めたとしても、最初にナラティブをきちんと仕上げておけば、ナラティブからアイデアの流れが直接得られ、プレゼンテーションをはるかにつくりやすくなるだろう。プレゼンテーションの品質がぐっと上がり、目に見える準備を重ねてきたことに、オーディエンスは当然ながら感銘を受けるだろう。

　私自身も新人の頃、以上のように説得された。私をコンフォートゾーンのはるか外に押し出し、この準備をするように説いたマネジャーにひたすら感謝している。それ以来、すっかりナラティブの熱心な信者だ。

　今でも私は頻繁にこのテクニックを活用している。新しい基調講演の原稿を書くときは、まず完全なナラティブを書き、筋が通り説得力を備えるまで何度も推敲し、私の尊敬する、正直な感想を伝えてくれる人たちに読んでもらうことでテストし、その後で初めて実際のプレゼンテーションを作成している。

　このテクニックを試したことがなければ、次の重要な取り組みでぜひ試してみることをお勧めしたい。心地の悪さを覚悟しよう。チームメンバーと主なステークホルダーの視点を盛り込むようにしよう。時間をかけて明確かつ、簡潔で説得力のある内容に仕上げよう。そうすれば、プロダクト担当者としての能力がはるかに向上すると、私は確信している。

# 12

# 戦略的コンテキスト

　コーチングに関する解説を続けていく中で、この章では目先を変え、広義のビジネスの文脈について、プロダクトチームが必要な理解を得られるようにする方法を取り上げる。

　私はこの文脈の理解を「戦略的コンテキスト」と呼んでいる。戦略的コンテキストには、これから見ていくようにいくつかの重要なトピックが含まれる。それぞれ本書の他の章で詳しく説明しているが、すべてのトピックを合わせると、チームが適切な選択を行うために必要な理解が得られるようになる。

　プロダクトチームをエンパワーして意思決定ができるようにするなら、チームにはそうした意思決定に欠かせないコンテキストが必要になる。この戦略的コンテキストは一般的に会社のプロダクトリーダーが決定するが、プロダクトチーム、特にプロダクトマネジャーが深く理解する必要がある。

　通常、戦略的コンテキストは、入社するすべての新任プロダクト担当者のオンボーディングに組み込まれている。

　注意してほしい。この章では、大枠の企業主体を表すために「会社」

戦略的コンテキスト

企業のミッション/目標/スコアカード

プロダクトビジョンと原則

チームトポロジー

プロダクト戦略

プロダクトチーム

| 目標 | 目標 | 目標 |
|---|---|---|

| ・ディスカバリー<br>・デリバリー | ・ディスカバリー<br>・デリバリー | ・ディスカバリー<br>・デリバリー |
|---|---|---|

| 図1 | プロダクトチームに必要な戦略的コンテキスト

や「企業」という言葉を用いているが、特に大きな企業では、戦略的コンテキストの異なる複数の事業部門が存在する可能性がある。たとえば、GoogleのYouTube事業部の戦略的コンテキストは、同社の広告事業部とかなり異なる。

　一般に、戦略的コンテキストは6種類ある。

# 企業のミッション

　簡潔に言うと、会社の目的である。この会社がなぜ存在しているのかを、関係者全員に伝える意図がある。これは通常、シンプルなステートメントであり、長期間の使用を想定している。一般的には10年以上、場合によっては会社が存続する間ずっと使われることもある。

　会社のミッションを知らない従業員が1人でもいたら、それは社風かリーダーのどちらか、あるいは両方に重大な問題がある明らかなサインとなる。

　しかし、会社のミッションは誰でも知っているのが当たり前でも、多

くの人はそのミッションにどうやって自分が貢献できるかを知らない可能性がある。

## 企業のスコアカード

　すべてのプロダクトとすべての会社には、事業の全体像と健全性の理解に役立つ、何らかのKPI（重要業績評価指標）がある。ここでは「企業のスコアカード」と呼ぶが、企業のダッシュボードや健全性指標と呼ばれる場合もある。比較的単純な指標の場合も、非常に複雑な指標の場合もある。

　たとえば、双方向のマーケットプレイスには通常、そのマーケットプレイスが健全かどうかを示す重要なKPIがある。健全とは、双方が価値を得られ、かつ市場のバランスが保たれているということだ。

　不健全なマーケットプレイスのわかりやすい例を挙げてみよう。雇用主が求人情報を掲示し、求職者が職を探す求人マーケットプレイスがあるとする。しかし、数千人が職を探しに来るのに、求人がほとんどないとする。求職者は苛立ち、おそらく他のサービスに行ってしまうだろう。

　もちろん、双方向の求人マーケットプレイスでは、少なくとも2つのファネルが必要だ。1つは求職者に見てもらうため、1つは雇用主に見てもらうためである。それぞれのファネルの主要な指標をじっくりと観察する必要がある。

　会社のスコアカードは、事業のこうしたダイナミクスをとらえる。スコアカードはすべての指標を網羅するわけではないが、最も重要で有益な指標を重点的に取り上げる。会社のリーダーはこのスコアカードを利用して、自社の総合的な健全性とパフォーマンスを判断するのである。

## 企業の全体目標

　いったん会社のスコアカードを理解したら、次に、会社が今年力を入

れる具体的な目標（Objectives）について議論することができる。

これらの目標はシニアリーダーたちが、一般的には取締役会の同席を得た上で、重点事項に選出する。内容は、成長、拡大、収益性、顧客満足度などに関係する場合がある。そして、向上を目指すこれらの領域それぞれについて、たいていの場合は会社が達成を目指す具体的なビジネスターゲット（Key Results＝主要な結果）が設定される。

願わくば、会社の全体目標はアウトプット（特定のプロジェクトのデリバリーなど）ではなくアウトカム（ビジネスの成果）でなければならないことを、すべての人が理解してほしい。

主要な結果は、ほとんどの場合がKPIであり、会社のスコアカードに記載されている。まだスコアカードに記載されていなければ、たいていの場合は付け足すことになる。

こうすることで、会社は目標の進捗を追跡すると同時に、目標がビジネスの健全性に想定外の悪影響を及ぼさないことを確認できるようになる。

## プロダクトビジョンと原則

会社が究極的にミッションを果たす方法は、顧客のためにプロダクトやサービスを開発することである。それをどう実現したいかを表すのが、プロダクトビジョンである。

通常、プロダクトビジョンは3年先から10年先を見据え、会社がつくろうとしている未来と、なぜその未来が顧客の生活の質を向上させるかを記述する。

ミッションは目的を持たせてくれるかもしれないが、それに形を与えるのはビジョンである。プロダクトビジョンが、有能なプロダクト担当者をスカウトするための最高のツールでもあるという点は注目に値する。

入社した人はプロダクトビジョンに基づいて数年間仕事に取り組むのだから、プロダクトビジョンは意欲をかきたてる内容である必要がある。

とはいえ、具体的にしすぎないのも重要である。未来について詳しいことはまだわからないからだ。

プロダクトビジョンについてはPART IVで詳しく扱うが、エンパワーされたプロダクトチームが見つけるのは、このビジョンを現実にする方法である。

プロダクト原則はビジョンを補うもので、価値観や信条を規定することで、プロダクトに関して今後必要になる多くの意思決定に必要な情報を与える。

ほとんどの意思決定にはトレードオフが伴う。プロダクト原則は、利害の折り合いをつけるときに会社として優先する価値に光を当ててくれる。

プロダクトチームは各原則と、その背景にある根拠を理解する必要がある。

## チームトポロジー

チームトポロジー（PART Vで詳述）は、各プロダクトチームの責任範囲を表す。プロダクトチームにとって、全体像の中でどのように位置づけられ、他のチームとどう関連しているかは重要である。

## プロダクト戦略

ここから話が具体的になっていく。

今年達成すべき会社の全体目標ができた。数年間にわたって達成すべきプロダクトビジョンも用意した。スキルと責任範囲が異なる複数のプロダクトチームも編成した。これらのコンセプトをつなげるのがプロダクト戦略だ。プロダクト戦略は、各プロダクトチームの目標を推進する力となる。

どのように推進するのかは、本書で大きく扱う（PART VI）。

それぞれのプロダクトチームに目標ができたら、仕事に取り掛かり、解決する必要のある問題に取り組むことができる。

　会社のミッション、スコアカード、全体目標、プロダクトビジョンと原則、そしてプロダクト戦略によって与えられた戦略的コンテキストは、社内のすべてのプロダクトチームに適用される。

　各プロダクト担当者、とりわけ各プロダクトマネジャーは、この戦略的コンテキストを理解し、発言、行動、意思決定において、自分のチームが共通のゴールにどのように貢献するかを示す必要がある。

CHAPTER

# 13

# オーナーシップの感覚

　ここまでの数章では、担当するプロダクトマネジャーの能力を求められるレベルまで引き上げるために必要なコーチングツールやテクニックを提供した。

　ここからの数章は、コーチングの姿勢とマインドセットについて説明したい。

　有能なプロダクト担当者は単に知識とスキルの面で能力が水準に達しているだけではない。優れたプロダクトマインドセットを備え、意思決定とコミュニケーションにおいて一貫して優秀な判断力を発揮する。

　この章では、プロダクト担当者にとって重要なマインドセットについて説明する。それは、オーナー（当事者）のように考えるか、従業員のように考えるかの違いだ。

　あらかじめ前置きするが、この章では多くの方にとって繊細な話題に触れることになる。特に、仕事に臨む姿勢や、生活の中で仕事が占める役割が異なる国で育った方にとっては、踏み込んだ内容と感じられるかもしれない。

　しかし、ここで皆さんに思い出していただきたい。私は、世界最高峰

のテクノロジープロダクトチームだと個人的に考えるチームの慣行やテクニックを共有したいと心から思っている。

　大多数の企業のやり方を共有するつもりはない（大多数の企業の仕事ぶりについて私がどう思っているかは、本書の冒頭でおわかりだろう）。私は、ベストプラクティス（最良の方法）をお伝えしたい。また、「ベスト」は主観的な基準ではなく、客観的な結果で判断したい。

　以上の注意点を踏まえて先に進もう。多くのプロダクトリーダーは、「従業員のように考える人ではなく、オーナーのように考えるプロダクト担当者を採用したい」という言葉を聞いたことがあるだろう。これは実のところどういう意味なのだろうか。そして、どのくらい重要なのだろうか。

　ジェフ・ベゾスが初めて株主に宛てた1997年のレターでは、次のように述べられている。

　私たちは引き続き、多才で有能な従業員の採用と維持に努め、また現金よりストックオプションを重視する報酬体系を続けます。私たちは、当社の成功が、やる気のある従業員を惹きつけて維持する能力に大きく左右されることを認識しています。従業員一人ひとりがオーナーとして考えなければならず、したがって実際にオーナーにならなければいけないのです[14]。

　このきわめて重要なポイントは、最新の株主向けレターでも繰り返されている[15]。

　ジェフ・ベゾスは私たちにとてつもなく重要なことを伝えようとしている。優れたマネジャーがプロダクト担当者の中に育むことができる最も重要な要素の1つは、オーナーとしてのマインドセットだということだ。

---

14　http://media.corporate-ir.net/media_files/irol/97/97664/reports/Shareholderletter97.pdf
15　https://blog.aboutamazon.com/company-news/2019-letter-to-shareholders

　では、この「オーナーのように考える」という概念について検討してみよう。

　これは「傭兵ではなく伝道師」の概念に似ているが、実際のところ、説得力のあるプロダクトビジョンのような意義あるものに対して胸を躍らせたにもかかわらず、オーナーのように考えない状況は十分にある。

　私が思うに、ほとんどのオーナーは伝道師のように行動するが、すべての伝道師がオーナーのように行動するわけではない。

　ここまでお読みになった方は、エンパワーされたプロダクトチームをつくり上げるには、解決すべき問題のオーナーシップをプロダクトチームに渡し、チームが最適と考える方法で問題を解決できるようにする必要があることをおわかりだろう。

　エンパワーされたプロダクトチームのモデルの成功は、プロダクト担当者がオーナーのように考えるかどうかにかかっているが、エンパワーされたチームに配属されただけで自動的にオーナーの発想になるわけではない。

　私（マーティ）は、この概念を最初に説明してもらった時のことを、思わず口に出た「なぜですか？」に対する答えとセットで今でも覚えている。それは、テックリードから仕事の幅を広げて、プロダクトマネジャーの職責を引き受けようと検討していたときだった。


　「プロダクトマネジャーとしてオーナーのように考えるというのはつまり、顧客、プロダクトチーム、ステークホルダー、投資家に対して、本物の義務感と責任感をおぼえてほしいということだ」

　「なぜですか？」

　「プロダクトチームはプロダクトマネジャーを手本にするし、チームと経営幹部はマネジャーを言葉や行動で判断するからだ」

　「プロダクトチームは君に、デザイナーとエンジニアが可能な限り最善のソリューションを発案するための戦略的コンテキストを与えてくれることを期待している」

「なぜですか？」

「ただソリューションの要求事項を説明するよりも、チームにコンテキストと解決すべき問題を提示したほうが、チームの成績がずっとよくなるからね」

「戦略的コンテキストを提示できるようになるには、顧客、データ、ビジネス、業界などについて、ちゃんと自己学習をしなければならない」（このフレーズを、私は文字通り何千回と繰り返している）

「なぜですか？」

「デザイナーとエンジニアにとっては、知識とコンテキストを熟知した人物がチームに必要だからだ。君がちゃんと自己学習をすることが、チームに割り当てられた問題を解決するための直接の貢献になる」

「君はあらゆる障害を乗り越える道を全力で探さなければならない。そして、そうした障害は次々に出てくるものだ」

「なぜですか？」……テクノロジープロダクトは、簡単なものではありえないからだ。上司の実際のセリフまで一字一句覚えている。

「出荷されない妥当な理由は常にいくつも出てくる。それぞれの障害を克服、回避、突破していくのが、君の責任だ」

「君のパフォーマンスは結果で測る」（今でこそよく知られたフレーズだが、1980年代のHPのスローガンだ）

「なぜですか？」

「アウトプットは断じてアウトカムではない。顧客にとって大事なのは、努力や行動ではなく、結果なんだ」

「成功するには、自分が頼らなければならない人々、そして自分を頼ってくる人々と、全社にわたって関係を築き、維持するために努力しなければならない」

「なぜですか？」

「会社、特に大企業では、資産——営業部隊、収益、顧客、評判——を確実に守るために、たくさんの人が働いている。したがって、会社で仕事をやり遂げるには、こうした制約を理解し、尊重して、ビジネスが

うまくいくような解決策を発案しなければならない」

「君がしかるべき自己学習をしているか、オーナーのように考えて行動しているか、プロダクトチームが安泰かどうかを、会社の上層部は絶えず判断している」

「なぜですか？」

「プロダクトチームがエンパワーされているなら、そのプロダクトマネジャーは『炭鉱のカナリア』のように、チーム全体の状況を表すからだ」

「うまくいかなかったときは自分が責任を取り、うまくいったときはチームの手柄にしなければならない」

「なぜですか？」

「優れたリーダーや優れたオーナーは、そうするものだからだ」

「チームのやる気を引き出し、メンバーにエバンジェリストになってもらうのは君の責任だ」

「なぜですか？」

「私たちが求めているのは伝道師のチームであって、傭兵のチームではないからだ」

最後に紹介するやり取りは、多くのプロダクト担当者が何度も聞かされているだろう。

「君には成功を確実なものにする責任はあるが、人を率いる権限はない」

「なぜですか？」

「イノベーションはデザイン担当者、エンジニアリング担当者との真なるコラボレーションによって生まれ、それは同僚の関係であって上司・部下の関係ではないからだ」（他の理由もあるが、その説明は別の章に譲ろう）


以上は一字一句正確に覚えているというわけではないが、そこそこ妥当な記憶なのではないかと思う。そして、「従業員ではなくオーナーの

ように考える」に関しては、私がコーチングしているプロダクト担当者に伝えようとしているのとほぼ同じメッセージである。

　一言でまとめるとしたら、次のようになるだろう。従業員ではなくオーナーのように考えるというのは主に、単なる行動ではなくアウトカムの責任を取るということである。

　ちなみに、私は卓越したデザイナーやエンジニアに、プロダクトマネジャーへの移行を検討するよう説得することがよくある。これは何度か成功を収めているが、私が断然よく聞く一般的な反論は、アウトカム（とそれが暗に意味するプレッシャー）を引き受ける気にならないというものである。

　その点については理解するし、本人の選択を尊重するが、私としてはジェフ・ベゾスと同意見で、オーナーとして考えるのは重要なマインドセットだと思う。プロダクトマネジャーにとっては、特にそれが言える。

Callout

# 株式の力

「オーナーのように考えること」について議論するときは、この議論全体が、株式報酬制度の話題に直接関連するという認識が重要である。

株式報酬制度は、従業員がオーナーのように考えるだけではなく、文字通りオーナーになるように設計されている。

世界でも一流のプロダクト企業が、ストックオプションや株式報酬の形で株式の力を使い、オーナーシップを広めているのは偶然でもなんでもないと思う。

株式報酬が、シリコンバレーの原動力となっているイノベーションのエンジンに大きく貢献する要素であるというのは秘密ではない。株式報酬の話題はスタートアップ企業にのみ当てはまると考える人も多いが、Amazon、Google、Netflix、Appleなど、最も大規模で優れたプロダクト企業を含む、あらゆる規模の企業に利用されている。

世界には現地の税制によって株式の付与が難しくなっている国や地域が多いことはあまり知られていない。こうした場所にある企業では「それは私の仕事ではありません」という忌まわしい決まり文句が多く聞かれることがどうしても気になってしまう。

株式以外にも、プロダクトの成功から得られた実際の報酬を主要な従業員と分かち合う方法はある。最もわかりやすいのは、会社の利益を分配するプランである。

しかし、CEOが主要な従業員にオーナーとして考え、行動してもらいたければ、オーナーらしい報酬を出すべきであると私は思う。一般社員のエンジニアが副社長と同等の株式をもらえるとは期待しないだろうが、実際に会社がうまくいっているのなら、一般社員が形のある報酬を望むようになるまでには時間がかからないだろう。

また、権利を定期的に付与することも重要だ。権利を完全に行使した

時点で従業員に離職されると痛手になるので、有能な従業員には、毎年権利を追加で付与すべきである。

　そうすれば、有能な従業員は、権利を完全に行使する前に離職したら大量の報酬を置いていくことになる、と常に感じるようになる。

　私から見ると、これは明確なWin-Winの例だ。従業員にとっても、会社にとっても、（それゆえに株主にとっても）素晴らしい。

　どのように株式報酬を実現するにしても、私はマネジャーとして、君もまた会社の一部のオーナーなのだ、と従業員に指摘できることの説得力を何度も実感してきた。私たちは、毎日の具体的な問題に集中するだけではなく、会社の長期的な価値創造について考える必要がある。

# 時間の管理

　私は長いこと、プロダクトマネジャーがやるべき非常に重要な仕事を
こなすには、1日4時間くらい集中的に取り組む必要があると主張して
きた。

　プロダクトデザイナーやテックリードが実際にクリエイティブな仕事
に1日のほとんどの時間をかけることができなかったら大問題だ。した
がって、これから話すのは主に、プロダクトマネジャーの問題である。

　誤解のないように説明すると、メール、Slack、ミーティングなどの
話はしていない。解決しようとしている難しい問題への解決策を思いつ
くために集中的に取り組む時間が求められる、ということだ。この仕事
を「プロダクトディスカバリー」（製品発見）という。

　あまり問題のある話には思えないかもしれない。だが、カレンダーを
確認すると、その4時間は午後6時から10時までしか取れなかったりす
る（したがって、あまりに多くのプロダクトマネジャーが週60時間労働
をすることになる）。

　取り乱したプロダクトマネジャーが、ミーティングからミーティング
へと駆け回り、「プロダクトに関する実際の仕事」をする時間がまった

く残っていないとしょっちゅう愚痴をこぼすのを、誰もが見たことがあるだろう。

このような状況なので、新任のプロダクトマネジャーに時間の管理について学んでもらうのは、当然、最も一般的で重要なコーチングの課題の1つになってくる。

この問題についてのコーチングに取り掛かる際に、私はまずプロダクトマネジャーの時間の使い方を観察するが、大半のケースで、ほとんどの時間をプロダクトマネジメントではなくプロジェクトマネジメントの仕事に使っている。

本人は必ずしもそう呼んでいないが、実際にはプロジェクトマネジメントなのだと指摘を試みることになる。

では、なぜそうなるのだろうか。

その仕事が（特に、緊急のときは）実際に必要で、プロダクトマネジャーが、その仕事を頼める人またはできる人が誰もいないと思っている、というのが一因だ。

多くのプロダクトマネジャーが、プロダクトマネジメントの仕事に関するトレーニングやコーチングを受けた経験がないので、今やっているプロジェクトマネジメントこそがその仕事であると思い込むのも一因だ。

しかし、もう1つ私が疑っているのが、そのほうが安心できる人が多いのはないか、という点だ。プロジェクトマネジメントはプロダクトマネジメントと比べて目に見えるし、ずっとシンプルだ。毎日多くの項目を作業済みにしていると、生産的な気分にもなるだろう。

ここで重要なのが、どんなリーダー職にも、ある程度のプロジェクトマネジメントはあるということだ。エンジニアリングマネジャー、マーケティングマネジャー、CEO……皆、ときには「群れを率いる」必要がある。しかし、群れの監督はこれらの職種の本質ではない。それはプロダクトマネジャーにとっても同じなのだ。

プロダクトマネジャーにとって最優先となる貢献事項と職責は、エンジニアが構築を依頼されているサービスが、本当に構築するだけの価値

があるかどうか、必要な結果を生むかどうかを確認することである。

　つまり、デザイナーやエンジニアと協力して、価値、ユーザビリティー、実現可能性、事業実現性を備えたソリューションを編み出すことだ。それがプロダクトディスカバリーであり、毎日４時間専念すべき仕事である。

　私はプロダクトマネジャーに、週単位でこの時間を確保し、その時間には他の業務が入らないように保護することを勧めている。それでも、他の業務のために半日は残る。

　もちろん、プロジェクトマネジメントの仕事はなくならない。この問題の解決策として勧めたいのが、プロジェクトマネジメントを担当するデリバリーマネジャーをチームに入れて、プロダクトマネジャーが本来業務に専念できるようにすることだ。

　しかし、多くのプロダクトマネジャーが、たとえ優秀な方であっても、この職責を他の人に任せると落ち着かないというのも知っている。

　就業時間中に何らかの形で１日４時間を確保できないのであれば、可能性は２つしかない。残業するか、結果を残せずに仕事で失敗するかだ。

　もっと頑張るかどうかではなく、もっと賢く仕事をするかどうかの問題であると主張する人もいる。これには全面的に賛成したい。実際、『INSPIRED』をお読みいただいた方は、もっと頑張るのではなくもっと賢く仕事をするコツは、仕事をシェアするテクニックである、とご存知のはずだ。私はこれまで、プロダクトマネジャーがもっと頑張るのではなく賢く仕事をする方法について、他の人に劣らず多くの文章を公開してきた。しかし、たとえ最新のテクニックに通じた熟練のプロダクトマネジャーであっても、１日４時間は必要になるのだ。

　別の議論もある。仕事は手持ち時間に合わせて膨らむものだというのだ。これは概して事実であり、プロダクトマネジメントの仕事にも当てはまるが、ここでは重要な問題ではない。プロダクトマネジャーが従業員ではなくオーナーのように考え、一連の作業ではなくアウトカムの達成に取り組んでいるのであれば、時間の確保は、結果を出すための本質

に関わることだ。

　ただし、以上の説明は、エンパワーされたプロダクトチームのプロダクトマネジャーにしか当てはまらない。同じ「プロダクトマネジメント」という名前でも、まったく違う仕事をしているごく一般的な状況がいくつかある。

・デリバリーチームのプロダクトオーナーには当てはまらない。
・機能開発チームのプロダクトマネジャーであれば、おそらく正確にはプロジェクトマネジャーまたはデリバリーマネジャーに分類される仕事をしているはずで、この場合も当てはまらない。
・正真正銘のスタートアップ企業で社員の人数が少ない場合、プロジェクトマネジメントの作業量は少なく、プロダクトマネジャーが対応すべき問題にはならない。

　時間の管理はかつてないほど難しいかもしれないが、かつてないほど重要でもある。プロダクトマネジャーのマネジメントまたはコーチングを担当する方は、この時間管理が、最も重要なコーチングの課題の1つになるだろう。

CHAPTER / **15**

# 考える力

　ここまでの章では、現在のプロダクト担当者またはその候補者を評価するツールを紹介した。続いてプロダクト担当者がまず求められる能力を満たしてからポテンシャルを引き出すことができるようにコーチングプランを作成する方法を、詳しい例を挙げて説明した。

　1on1の重要性と、ナラティブを作成するテクニックについて説明した。

　また、スキルとテクニックだけではなくマインドセット、つまり心構えをコーチングし、その中には「従業員ではなくオーナーのように考える」という内容が含まれていた。

　この章では、マインドセットの別の側面を取り上げたい。正直、扱いの難しい話題だが、有能なプロダクト担当者にとっておそらく最も重要な能力——「考える力」である。

　この点については、「頭がいい」人を探している、という簡潔な言い方をされることが多い。実を言うと、私も身に覚えがある。だが、「頭がいい」という言葉はあいまいで、本当の問題をわかりにくくしてしまうことがある。

「頭がいい」と言うとき、たいていの人は知能を指している。

まず、知能と「考える力」はまったく別物であることを認識する必要がある。

効率的に考えるためには（一般的に言えば、プロダクト開発のキャリアで成功するには）、ある程度の知能が備わっている必要があるとは思う。

しかし、明らかに高い知能を持っていながら、考えることで難しい問題を現実に解決する方法を知らない（または解決する気がない）ゆえに頭脳を無駄使いしている人を、私は数限りなく見てきた。

次に、知識を得ることと、知識を応用することは別物である、という点も認識する必要がある。

Googleと、そのおかげで簡単にアクセスできるようになった豊富なリソースによって、知識の獲得はかつてないほど楽になっているが、実際に考えて知識を応用することを学ぶことにはほとんど役立っていない。

なぜ、考えることがそれほど重要なのだろうか。それは、プロダクトチームの核心が、問題解決だからである。

私がデザイナーやエンジニアと一緒に働くのが好きな理由の1つであり、デザイナーやエンジニアをプロダクトマネジメントに積極的にスカウトしているわけは、考えることがこれらの職種の核心にあるからだ。

もちろん、デザイナーやエンジニアはつくり手である。しかし、ユーザー体験をデザインしたり、実装を練り上げたりするには、本質的に問題解決者にならなければいけない。デザイナーとエンジニアは、多くの制約を抱えた問題の解決に長けている。それが文字通り、毎日の仕事だ。

同様に、プロダクトマネジャーも問題解決者にならなければいけない。プロダクトマネジャーはユーザー体験をデザインしたり、拡張可能で障害に強いソリューションを構築したりするわけではない。顧客の事業、自社の業界、そして何より自社の事業に伴う制約を踏まえて、問題を解決する。「このプロダクトは、顧客にとって必要か？」「他のプロダクトに比べて大幅に優れているか？」「自社が効果的にマーケティングおよび販売可能で、製造可能な範囲内にコストが収まり、サービスとサポー

トを提供でき、法規制上の制約に適合しているか？」

　さらに、テクノロジープロダクトならではの特殊な課題もある。それは、プロダクト、デザイン、エンジニアリングという3種類の制約を同時に解決する必要があるというものだ。したがって、真のコラボレーションが必要になる（この点については、次の章の主題とする）。

　言うまでもなく、どんな職業でもある程度考え、問題解決をする必要がある。しかし、プロダクトマネジャー、デザイナー、エンジニアにとっては、それが核心だ。

　考えるのが不得意なプロダクト担当者を判別するのは難しくない。私は質問を積極的にしてもらうのが好きだが、その人がしかるべき自己学習をして、問題を検討するために実際に頭を使っていることが大前提だ。しかし、明らかにやっていない場合があまりに多い。

　優れたプロダクト企業は、面接の際に候補者の考える力と問題解決力がどれだけ優れているかを判断しようとする。論点は、候補者が問題の答えを実際に知っているかどうかではない。答えを知らないときに何をするかだ。

　だからこそ、クリティカルシンキングと問題解決のスキルが非常に重要になってくる。

　考える力を伸ばすために私が気に入っているテクニックは、CHAPTER 11のナラティブの作成である。その章では、難しい問題を実際に考えることに慣れていない人にとって、ナラティブの作成は痛みを伴うことがあると警告したが、そうした人にとってこそ、このテクニックが最も必要なのだ。そしてマネジャーはこの作業を通じて、プロダクト担当者に向いていない人もいるのだ、と気づくことになる。

　しかし、必要な知能を備え、知的な労力をつぎ込むのをいとわない人であれば、考える力と難しい問題を解決する力は育てられる、と私は信じている。そのためには、マネジャーの積極的なコーチングと、プロダクト担当者の真摯な努力が必要になる。

# CHAPTER 16

# チームのコラボレーション

　この章では、プロダクト担当者へのコーチングの話題を続けながら、よく誤解され、正当に評価されていない、きわめて重要なスキルについて説明する。それはチームコラボレーションだ。

　「コラボレーション」はあまりに頻繁に、さまざまな使い方をされているため、多くの人にとって無意味になってしまった言葉の1つである。もちろん、大半の人は自分がコラボレーティブ、つまり協力的だと思っている。自らを非協力的だと思っている人はあまりいない。

　しかし、エンパワーされた職能横断型プロダクトチームの文脈では、「コラボレーティブになること」にはきわめて具体的な意味がある。それは多くの人、特にプロダクトマネジャーがやりたがる働き方とは到底言えない。したがって、これはマネジャーがコーチングの際に取り組む重点領域になる場合が多い。

　また、チームにリモートワーカーがいる場合、このコラボレーションで苦労することが多くなるので、リモートワーカーに対してはコラボレーションのコーチングを手厚くする必要がある。

　『INSPIRED』では、利用しているプロセスを問わず、有能なプロダ

クトチームの３つの重要な特徴について話した。１つ目はリスクに早く対応すること、２つ目はコラボレーティブに問題を解決すること、３つ目は結果に対する説明責任を負うことだ。

２つ目の重要な特徴、つまりコラボレーティブな問題解決については、プロダクトマネジャーが要求事項を定義し、設計者（デザイナー）が要求事項に基づいた設計を考え、エンジニアが設計を実装する、という従来型のウォーターフォールプロセスは、もはや通用しない。

では、コラボレーションとは実のところ何だろうか。

まず、コラボレーションが何ではないか、というところから始めよう。

最初に、コラボレーションは意見の一致ではない。プロダクトチームが最も優れた計画に合意するのは望ましいが、私たちはそれを期待したり、強制したりすることはない。その代わりに、プロダクトチームの各メンバーの専門性を頼りにする。一般論として、テックリードが特定のアーキテクチャーの必要性を感じたら、テックリードに従う。デザイナーが特定のユーザー体験の必要性を感じたら、デザイナーに従う。意見が対立し、誰かが判断しなければならないこともある。このような場合は通常、テストを実施して解決する。

２番目に、コラボレーションは成果物の作成ではない。多くのプロダクトマネジャーは、「要求事項」を定義した何らかの文書の作成、あるいは少なくともユーザーストーリーの作成を自分の仕事だと思っている。こうした成果物が必要になる場合もあるが（特にチームメンバーが遠隔地にいる場合）、コラボレーションの方法にはならない。実際、成果物は往々にして実際のコラボレーションの障害になってしまう。

なぜだろうか。プロダクトマネジャーが「要求事項」を宣言してしまうと、そこで議論がほとんど終わってしまい、実装の話に移ってしまうからだ。この時点でデザイナーは自分の役割を、デザインが会社のスタイルガイド[16]に従っているかどうかを確認することだと思ってしまう。

---

16　訳注：デザイン、コード、文章などの基本的な仕様を統一するためのルール

エンジニアは自分をコーディング係だと思ってしまう。かくして、ウォーターフォールへと逆戻りするわけだ。

3番目に、コラボレーションは妥協でもない。ユーザー体験が平凡で、速度が遅く、拡張性も限られていて、顧客にとっての価値が疑わしいソフトウェアができあがってしまったら、チームとしての敗北である。

プロダクトチームは、機能するソリューションを見つけなければならない。機能するソリューションとは、価値が高く（対象顧客が実際に購入したり選定したりするほどの価値があり）、ユーザビリティーが高く（ユーザーがその価値を実際に味わうことができ）、実現可能であり（会社が実際にその価値を届けられ）、会社にとっての事業実現性がある（会社全体で効果的にソリューションをマーケティング、販売、サポートできる）ということだ。

これを実現するためには、会社として知りえないことを把握し、知らないことを認め、機能するソリューションの発見に注力しなければならない。

そのためには、真のコラボレーションが必要になる。

忘れないでほしい。プロダクト担当者の仕事は、顧客に愛されビジネスがうまくいく方法で、問題を解決することなのだ。それこそが、エンパワーされた職能横断型プロダクトチームの一員としての仕事であり、メンバーは皆、必要なスキルを提供できるからチームにいるのだ。

すべては、プロダクトマネジメント担当者、プロダクトデザイン担当者、エンジニアリング担当者の間の真のコラボレーションから始まる。

これを実現するために私がお勧めしたい方法は、プロトタイプ（通常はデザイナーが作成する）を囲んで打ち合わせ、提案されたソリューションをチームとして検討するというものである。デザイナーはユーザー体験を実現するためのさまざまなアプローチを検討し、エンジニアはそれぞれのアプローチによる影響やそれぞれの実現技術の可能性を検討し、プロダクトマネジャーは、考えられるそれぞれの方向性の影響や結果（プライバシーの侵害の有無や、会社の販売チャネルでうまくいきそう

なソリューションかどうかなど）を検討することができる。

　プロダクトディスカバリーの際にツールやテクニックを活用すると、コラボレーションを促進できるとともに、コラボレーションのアウトプットとしての成果物を入手することができる。特に一般的なツールの例が、プロトタイプとストーリーマップである。

　プロトタイプやストーリーマップを作成し、それをもとに打ち合わせるという行動自体が、真のコラボレーションを促進する。プロトタイプやストーリーマップを最新の内容に更新するために絶えず取り組んでいれば、これら自体が、プロダクトディスカバリー業務から得られた学びと判断をとらえた成果物になる。

　こうした成果物ができあがるのも副次的な効用といえるが、真に重要な利点と目的は、質の高いコラボレーションの促進である。

　プロダクトマネジャーとエンジニアは、デザイナーに仕事のやり方を指図しようとしていない。プロダクトマネジャーとデザイナーは、エンジニアに仕事のやり方を指図しようとしていない。そして、デザイナーとエンジニアは、プロダクトマネジャーに仕事のやり方を指図しようとしていない。

　健全で有能なチームでは、チームメンバー全員が自己学習を済ませ、必要なスキルを携えて打ち合わせに来てくれると互いを信頼している。

　しかし、この点をもって、デザイナーはユーザビリティーにしか責任を持たず、エンジニアは実現可能性にしか責任を持たないなどと誤解しないでほしい。それでは、コラボレーションの真の重点を見失ってしまう。

　有能なデザイナーは、ユーザーとその行動への深い理解に基づくインサイトを蓄えていることがあり、そのことが、取り組んでいる問題の方向性の変更や、問題へのアプローチの変更につながることがある。こうしたインサイトは、価値に大きな影響を与え、さらに性能面などでも間接的な影響を及ぼす場合がある。

　同様に、有能なエンジニアは、実現技術に関する深いインサイトを備

えていることで、託された問題に対してまったく異なるソリューション
を導き出す場合がある。それはしばしば、プロダクトマネジャー、デザ
イナー、そして何より顧客が想像できるどんなソリューションよりもは
るかに優れている。

　エンパワーされたプロダクトチームにおける真のコラボレーション感
覚で私が最も気に入っているところを挙げるとすれば、（a）やる気があ
り、（b）それぞれの担当分野に熟達しているチームメンバー（プロダ
クトマネジャー、プロダクトデザイナー、エンジニア）が、プロトタイ
プを囲んで会議をしたときや、ユーザーによるプロトタイプの操作を観
察したときに、魔法のような効果が生まれることだ。エンジニアは、新
たな可能性を指摘する。デザイナーは、さまざまなエクスペリエンスの
可能性を指摘する。プロダクトマネジャーは、販売、財務、プライバシ
ーなどに関わる影響について説明する。そうしてさまざまなアプローチ
を検討した結果、実際にプロダクトとして機能する、価値、ユーザビリ
ティー、実現可能性、事業実現性を兼ね備えたソリューションに落ち着
くのだ。

　経験上、コラボレーションがうまくいかない状況としてよくあるのは
次の2つである。

　まず、プロダクトマネジャーが自己学習をしていないために、販売、
マーケティング、財務、法務、プライバシーなど事業のさまざまな側面
や制約を理解していない状況だ。この場合、プロダクトチームは、割り
当てられた問題を解決するために必要な情報を実のところ持ち合わせて
いない（この場合、たいていはロードマップ上の機能を実装するだけの
チームに逆戻りしてしまう）。

　だからこそ、コーチングに関するこのPARTの最初に、マネジャーと
しての最優先事項はプロダクトマネジャーを評価し、求められる能力に
引き上げるためのプランを作成することだと述べた。

　2番目の状況は、驕りだ。プロダクトマネジャーが自分のソリューシ
ョンが明らかに最善だと固く信じている場合、たとえそれが正しかった

としてもコラボレーションは窒息し、伝道師ではなく傭兵のチームになってしまう。

　もう1つ重要な形のコラボレーションに、見込み顧客と協力して、開発中のプロダクトがニーズを満たすかどうかを判断する、というものがある。これは、直接型の法人営業部を持つ企業で特に大切である。

　見込み顧客が機能の要求事項を指定したくなるのは自然なことだが、プロダクトマネジャーの仕事は、顧客の背後にある問題や制約を理解し、見込み顧客とコラボレーティブに取り組み、顧客のニーズを満たす汎用のソリューションがあるかどうかを判断することである。このコラボレーション形式は、顧客発見プログラムテクニックの核心である[17]。

　コラボレーションとは、プロダクトマネジャー、プロダクトデザイナー、エンジニアが、顧客、ステークホルダー、経営幹部と協力して、あらゆる制約とリスクを踏まえたソリューションを考案することである。顧客に愛され、かつビジネスになるソリューションとは、そういうことだ。

　真のコラボレーションの上達は、有能なプロダクトチームによる仕事ぶりの核心にある。コラボレーションはスキルとマインドセットの組み合わせであり、新任のプロダクト担当者にこの能力を伸ばしてもらうには、マネジャーによる積極的なコーチングが必要になることが多い。

---

17　このテクニックは最も強力で有効なプロダクトディスカバリーのテクニックの1つで、『INSPIRED』で詳しく説明している。

# CHAPTER 17

# ステークホルダーとの
# コラボレーション

　機能開発チームのメンバー、特にプロダクトマネジャーとプロダクトデザイナーは、ステークホルダーの話題を嫌がる。ステークホルダーを最悪の場合は独裁者のように、最善の場合でも対処すべき障害のようにとらえる。

　これもまた、機能開発チームとエンパワーされたプロダクトチームの明確な違いである。

　機能開発チームモデルの会社では、機能はステークホルダーから提案されるため、ステークホルダーは自身を「クライアント」、プロダクトチームを「雇い入れたITリソース」と考えている。

　これは、機能開発チームが「中核事業に奉仕するために存在している」状態の言い換えである。

　しかし、優れたプロダクト企業では、プロダクトチームの目的は、「顧客に愛され、かつビジネスになるように、顧客に奉仕する」ということになる。

したがって、エンパワーされたプロダクトチームでも事業を無視することはできないが、関係性がまったく異なる。エンパワーされたプロダクトチームの仕事は、顧客と、会社のさまざまな部門にとってうまくいくソリューションを見つけることである。

プロダクトチームにとっての実際のコラボレーションの大半はプロダクトマネジャー、プロダクトデザイナー、エンジニアの間で行われるが、ステークホルダーとの健全な関係もまた、真のコラボレーションに基づく。

プロダクトマネジャーはステークホルダーから「要求事項を収集する」ために存在しているわけではないが、ステークホルダーにソリューションを押し付けるために存在しているわけでもない。そうではなく、有能なプロダクトマネジャーは、各ステークホルダーが事業の何らかの主要な側面に責任を負っていること、そして機能するソリューションを考案するために寄与する重要なパートナーであることを理解している。

よくある明らかな例は、チームが開発しようとしているプロダクトにプライバシーや法規制適合などの法的な問題が存在する場合である。法務部門のステークホルダーは、チームがこうした制約を理解し、さまざまなアプローチの適合性を評価するのを手助けするパートナーである。

繰り返しになるが、建設的でコラボレーティブな関係は、プロダクトマネジャーが自己学習をして、単なるファシリテーターやプロジェクトマネジャーの類ではなく、ステークホルダーの効果的なパートナーとしての能力を身につけていることが前提である。

ここまでの説明は、会社の経営幹部とのコラボレーションになると重要度が倍増する。一般的に、組織で上の地位にいるほど、経営幹部は顧客、ブランド、収益、コンプライアンスなど、あらゆることを気にかけるため、プロダクトマネジャーが自己学習しておくことがさらに重要になる。

ステークホルダーや経営幹部とのコラボレーションでは、制約の理解に努めるために注意深く傾聴し、顧客とビジネスにとって成り立つソリ

ューションについて知恵を絞る必要がある。

　プロダクト開発の優れた仕事は一筋縄ではいかないが、主要なステークホルダーと強固でコラボレーティブな関係を築いていれば、ずっと楽しくなる。

　これは、マネジャーがプロダクト担当者をコーチングして、各ステークホルダーの役割、関わっている理由、懸案、ステークホルダーにとってこのチームの仕事が成功しなければならない理由、そのためにやらなければいけないことを教えるところから始まる。

## Callout

# 信頼の基盤を築く

　現代のプロダクト開発業務はすべて関係性にかかっている。特に、プロダクトマネジャーにはこれが言える。

　納入業者、アナリスト、記者、顧客などの社外関係者を除いても、プロダクトマネジャーが協力する必要のある社内関係者は膨大な数にのぼる。関係者の種類も、プロダクトチームの協力者（エンジニア、デザイナー、データアナリスト、他のプロダクトマネジャーなど）から、あらゆる経営幹部とステークホルダー（販売、マーケティング、法務、リスク担当者、創業者、見込み顧客など）まで多岐にわたる。

　現代のプロダクト組織では、プロダクトマネジャーがどれほど成果を上げられるかは、幅広い性格の人々とうまくやっていく能力にかかっている。自分の課題を前に進めつつ、多くの人々の課題を理解しなければならない。

　信頼は必要となる前に築く方が簡単だ。これをプロダクトマネジャーに認識してもらうために、コーチングが必要になることがある。

　このコーチングには、意識的な取り組みが不可欠である。

　次の演習を試してみよう。

　（1）プロダクトマネジャーに、日ごろからコラボレーションしている人の名前の一覧を作ってもらう。

　（2）マネジャーはこのリストに、定期的に話を聞く必要のあるステークホルダーを加える。

　（3）リストの中から、仕事のアウトカムを成功させるために最も重要な3〜5人の人物に○をつける。

　（4）最後に、特に対応を苦手としている1人または2人の人物に○をつける。これで、このプロダクトマネジャーが注力すべき関係性のリストができあがる。

では、どのように取り組むべきだろうか。

まず、この人たちと1対1で知り合ってもらう。お茶やランチで直接会えるならそのようにし、難しければビデオ電話のアポを入れてもらおう。

相手について仕事以外の関心事を知り、差し支えなければ自分の関心事も話すように促そう。これは、素直になるための時間だ。信頼の基盤を築くための時間なのだ。

誰もがプライベートの話をスムーズにできるわけではないので、強制してはいけない。ただし、ここで少し頑張れば信頼の確立に向けて大きく前進できることについては気づかせてあげよう。

仕事のうえで特に重要な人物には、1〜2週間ごとに定期的な雑談の予定を入れてもいい。ただし、この雑談に仕事の打ち合わせを混ぜてはいけない。親密感と信頼を築くために時間を割くべきである。

もちろん、相手が別の都市や国にいる場合はずっと難しくなる。この場合は、仕事以外の話題に関する電話にさらに時間をかけ、信頼醸成に取り組むことが考えられる。

相互の信頼があれば、やりとりはぐっと円滑になる。双方が批判を個人攻撃ととらえることがなければ、専門的見地からの異論を述べやすくなる。大切に思う人と一緒に仕事をすれば、みんなの仕事がもっと楽しくなる。

CHAPTER **18**

# インポスター症候群

　私（マーティ）は、インポスター（詐欺師）症候群について、やや懐疑的な意見を持っている。

　この章に入る前に、精神疾患で衰弱している方を話題にしたいわけではないことをはっきりさせておきたい。このような状況にある知り合いもいるが、自分が対処している激しい不安を「インポスター症候群」という控えめな言葉で表している方はいない。

　とは言っても、ほとんどの方が使う意味での「インポスター症候群」はまぎれもなく現実であるとは思っている。実のところ、精神的に健康な方はほとんど（少なくとも、病的に自己中心的でなければ）自分を疑い、他人に対して自説を強く主張することに不安を感じる場合がある。私は、コーチング対象の方に、これは普通の健全な恐れであり、私自身もいまだに同じように感じていると話す。

　また、私は本物の詐欺師が実際に存在することを認識するのも大切だと思っている。プロダクト開発とデザインの領域において、どれほど多くのソーシャルメディアのアカウント、記事や本の著者、会議での講演者が、少なくとも私から見て無意味なものを推進しているか、苛立たし

いことこの上ない。

インポスター症候群はきわめて健全な、なくてはならない感情で、私たちの脳が発する重要なシグナルだと思う。しかし、ほとんどの人はそのシグナルを誤解する。誰にでも起こる自然な恐れであり不安であって、心配を克服して突き進めばいいと考える。

私はこのシグナルをまったく異なる形で解釈している。自己学習をせずに、真の意味での準備を怠った結果について、脳が警告していると考えている。無知に見えるのを恐れるからこそ、私はいつも夜遅くまで準備し、学習し、考え、書き、リハーサルをし、それらを繰り返すのだ。

さらに、無知に見えるのを恐れるからこそ、記事や講演やプレゼンテーションのリハーサルをやらざるを得ない。このリハーサルは、私が心から尊敬し、もし考えや伝え方にブレがあったら正直に教えてくれる人たちに協力をお願いする。

この心配に根拠があるとわかっている理由は、これらの人々に何度となく自分のミスを救ってもらったからだ。

大規模な会議に出ると、インポスター症候群による脳からの警告をまじめにとらえなかったと思しき講演をよく耳にする。

このような人に対しては、あがり症を克服して人前に出たから褒めるべきなのだろうか。

私に言わせれば、それは試合に参加しただけで子供にトロフィーをあげるようなものである。

もっと一般的には、私はこの状況もまた、コーチングに時間と労力を積極的につぎ込むくらい部下を大切にするマネジャーとリーダーが必要な例だと考えている。

経営幹部に向けて、あるいは大規模な会議で、プロダクト担当者が残念なプレゼンテーションをしたとすると、私の不満は主に担当者ではなく、そのマネジャーに向かう。

なぜ、プロダクト担当者の準備ができているかどうかを確認しなかったのか。適切かつ実行可能で正直なフィードバックを提供したのか。下

書きの確認やリハーサルは提案したのか。プレゼンテーションのトピックがマネジャーの専門外である場合、有用で誠実なフィードバックを当てにできる人にプロダクト担当者が連絡をとれることを確認したのか。プロダクトマネジャーが人前で話すことを不安に感じている場合（多くの人に当てはまる）、人前で話すことに慣れるための段階的な機会を設けたのか。あるいは、プレゼンテーションのトレーニングを受けさせたのか。

エンパワーされたプロダクトチームは、信頼を前提に成り立っている。特に、プロダクトマネジャーが経営幹部の信頼を勝ち取っていることが重要だ。経営幹部の前で、準備不足や世間知らずに見えたら、信頼に傷がつき、長い時間をかけなければ元に戻らない。

付け加えると、これはまた、プロダクト開発部門のマネジャーとリーダーに、「あなたの能力は一番能力の低い従業員と等価です」と伝える理由でもある。

プロダクト担当者であってもプロダクトリーダーであっても、詐欺師になる理由はない。準備不足の末路を警告してくれている脳の声に耳を傾け、誠実で専門的なフィードバックを当てにできる人を探し、間違いなく価値のあるプレゼンテーションだと合格点をもらえるまで、何度も繰り返し見てもらうようにしよう。

# CHAPTER 19

# 顧客中心主義

　この章では、顧客中心主義という重要な特性の育て方について取り上げる。

　CEOやプロダクト担当者に、顧客を大切にしているかと尋ねたら、だいたい憤慨したように「もちろんです」と答え、場合によっては、自分の身を守るかのように「大切にしていないと言いたいのですか」と付け加える。

　ほとんど誰もが、顧客をどれだけ大切にしているかを話題にする。しかし、会社と実際に深く関わるようになると、障害発生のような状況への対処や、プロダクトの変更によって顧客の混乱や不満が発生したときの対応、あるいは実際にユーザーや顧客と話し合う頻度といった面で、顧客中心主義が口だけになっている会社と、その思いを日々実践している会社の違いは手に取るようにわかる。

　この特性は社風に深く関連して、当然ながら会社のリーダーの言葉と行動によって強く影響を受ける。

　あらかじめ前置きすると、リーダーが心から顧客を大切にしているところを見せなければ、プロダクト担当者やその他の従業員についてこの

特性を育てるのはきわめて難しい。

　私が知る限り、会社が本当に顧客を大切にしているケースではいずれも、その発想がトップから伝わっているのが明らかだ。

　しかし、顧客中心主義を単なるリップサービスではなく会社の中核的価値と考えているのなら、プロダクト担当者のこの特性を育む方法について話す必要がある。

　もちろん、共感力が生まれつき他より高い人はいるが、私の経験上、人は知らない相手に対して、しばしば最悪の想定をしたがる。これが顕著に現れているのが、顧客をあまり賢くないと思いたがる大勢のプロダクト担当者だ。

　私が最初に主張したいのは、「顧客」という言葉について具体的に定義し、その定義を守るということだ。

　プロダクト担当者がさまざまな「顧客」を抱えていると思い込むのは、あまりによくある問題だ。実際にお金を払う顧客だけでなく、ステークホルダーも顧客、カスタマーサービスチームも顧客、CEOも顧客と考えるわけだ。

　この考えは、テクノロジーが「中核事業に奉仕する」という旧来の役割の遺物ではないかと思う。しかし、もっと重要だと個人的に強く思うのは、この考え方がステークホルダーとの関係を混乱させるだけでなく、真の顧客が持つ役割を著しく薄めてしまうのではないか、ということだ。

　したがって、私はプロダクト担当者と、プロダクトにまつわるさまざまな関係者について話す。顧客向けプロダクト（P.274参照）のユーザー、つまり真の意味での顧客以外に、顧客対応プロダクト（P.274参照）の社内ユーザーや、プラットフォームサービスを利用する開発者がいる場合もある。これらはすべて価値を提供するために必須で、したがって重要なのだが、真の顧客と同じウェイトや重要性があるわけではない。

　一般消費者向けインターネット企業にも、同様の問題が見てとれる。こうした企業では、広告パートナーを顧客ととらえる傾向があるが、やはり広告パートナーは真の顧客ではないという認識が重要である。私た

ちプロダクト企業は、広告パートナーと協力して、真の顧客のためのプロダクトを開発する。真の顧客は、プロダクトを気に入らなければ愛用してくれないので、私たちは失敗し、広告パートナーも同時に失敗する。

私は、「顧客」という言葉を神聖な存在に近い扱いとすることを好んでいる。この考え方によって、プロダクト担当者が、会社の行動や判断に顧客が必然的に果たす役割を理解できるようになると信じている。

顧客を大切にするということが実際にどのような意味なのかを伝えるために、私はストーリーテリングを大いに活用している。お気に入りは、フェデックス社が草創期にウェディングドレスをチャーター便で運んだ話[18]、映画『わたしに会うまでの1600キロ』でREI社が交換用のハイキングブーツを主人公の旅行先まで配達した話[19]、そして書籍『顧客が熱狂するネット靴店　ザッポス伝説』で読める、オンライン靴店ザッポス草創期のたくさんのエピソードだ[20]。

また、顧客と少なくとも週3回以上、1時間のやりとりをすることをお勧めしている。毎週の1 on 1でこれらのやりとりについて聞き、プロダクト担当者が学んだことを確認するのが、私のお気に入りのやり方だ。また、プロダクト担当者に、客先訪問で経験した内容を私に話し、その後社内で広く共有することを推奨している。目的は、このプロダクト担当者が、会社のユーザーと顧客を一人ひとりの人間として深く理解している、という評判を確立することである。

顧客中心主義の真のテストは、プロダクト担当者が難しい判断や特に苦しい判断をどのように扱うかという点で判別できる。顧客が当社のプロダクトの問題で行き詰まっている場合に、プロダクト担当者はどのように対応するだろうか。いつものことだと、適当に処理するだろうか。それとも、プロダクト担当者が（パニックではなく）緊張感をおぼえ、

---

18　https://www.informit.com/articles/article.aspx?p=28294&seqNum=4

19　https://time.com/3620359/the-true-story-behind-wild/

20　トニー・シェイ著、本荘修二・豊田早苗訳『顧客が熱狂するネット靴店　ザッポス伝説』（ダイヤモンド社、2010)

率先して効果的なソリューションを考案するだろうか。

　本当の意味で顧客中心主義の会社について私が好きな行動の１つは、リーダーが積極的にプロダクトチームに働きかけ、あらゆる方法で手助けを申し出ることである。リーダーのこうした振る舞いによって、マイクロマネジメントに陥らずに、チームの重要性を示す明確なメッセージをメンバーに伝えることができる。

　ただし、本物の顧客中心主義の会社では、プロダクトチームが経営幹部に匹敵する優先順位で顧客の問題の解決に取り組んでいない場合、幹部がプロダクトチームへの信頼を失い、介入してくることがある。エンパワーされたチームという概念そのものには前向きな幹部も、自分の考える顧客中心主義を十分に実現できないとなれば、容赦なく否定的な決断を下すだろう。

　最後に、プロダクト担当者には顧客に心からの好意と敬意を持ってほしいが、つくるべきプロダクトを顧客に聞くのが自分の仕事だとは思わないでほしい。有能なプロダクト担当者の仕事は顧客に代わってイノベーションを起こすことであって、顧客へのアンケートやインタビューを鵜呑みにすることではない。

　経験上、新任のプロダクト担当者の中で、誠実かつ一貫性のある顧客中心主義が育つには、しばらく——約１年か、あるいはそれ以上——かかる。その間には判断ミスも発生するが、積極的で建設的なコーチングを行えば、プロダクト担当者がこの特性を身につけ、プロダクトチームのメンバーに、そしてさらに広く、顧客中心主義の重要性を伝えることができるようになるだろう。

CHAPTER / **20**

# 誠実さ

　この章と次の章では、優秀なプロダクトチームが持つ２つの難しい、しかし非常に重要な側面に取り組む。

　この章では「誠実さ（インテグリティー）」、次の章では「意思決定」を扱う。この２つは異なるトピックだが、相互に関連している。最初に誠実さを取り上げるのは、誠実さが、エンパワーされたプロダクトチームにおける優れた意思決定の礎だからだ。

　特にエンパワーされたプロダクトチームのプロダクトマネジャーにとっては、誠実さは高尚で野心的なゴールのようなものではない。前述のとおり、エンパワーされたプロダクトチームは、経営幹部、ステークホルダー、顧客、そして自分のプロダクトチームとの信頼関係を前提に成り立っている。また、この信頼が能力と性格の両方に基づいていることも説明した。誠実さは、求められる性格の核心である。

　まず伝えたいが、誠実さを育て、示し、保つのは決して簡単ではない。

　誠実さを試す力が絶えずかかってくる。

　たとえば、つい先ほど終わったCEOとの打ち合わせで、あるプロダクトを今すぐ発売できることがどれほど決定的に重要かを力説されたが、

チームからは、明らかにまだ時間が必要だと説明された場合。

あるいは、打ち合わせ中の顧客が、チームの提供したプロダクトが想定していたものと違ったと不満を募らせて怒っている場合。

または、ステークホルダーの1人から、プロダクトチームから受けているレベルのサポートでは仕事にならないので退職しようと思っている、と打ち明けられた場合。

さらには、事業開発パートナーの1社が多額の投資をしてくれているのに、開発中のプロダクトが、パートナーの期待する価値を生み出す見込みが薄いとわかっている場合。

まだまだ挙げられるが、イメージはつかんでいただけたかと思う。ほとんどのプロダクト担当者はこうした状況を経験し、喫緊の問題に対応しつつ、長期的な取り組みを脱線させず、さらに誠実さも保つ行動指針を決めるのに苦労している。

経験豊富なマネジャーは、こうしたさまざまな状況についてプロダクト担当者をコーチングし、新任のプロダクト担当者のキャリアに大きな差をつけることができる。地雷を見つけて避け、優先順位と大枠のコンテキストを理解し、さまざまな人とうまくやっていくことを教える。

他の多くのトピックと同様、こうした課題への対応は、エンパワーされたプロダクトチームのプロダクトマネジャーをコーチングするか、機能開発チームのプロダクトマネジャーをコーチングするかで変わってくる。以前に説明したとおり、機能開発チームのプロダクトマネジャーは、プロジェクトマネジャーとしての側面のほうがはるかに大きい。

機能開発チームのプロダクトマネジャー（プロジェクトマネジャー）の役割も難しく、誠実さはやはり重要だが、この場合、プロダクトマネジャーは基本的にメッセンジャー役になる。要求事項、制約、日程をプロダクトチームに伝え、懸念、現状、悪い情報を経営幹部に報告する。

しかし、エンパワーされたプロダクトチームのプロダクトマネジャーをコーチングする場合、期待される仕事はずっと大きい。プロダクトマネジャーは、顧客にとってもビジネスとしても成り立つようなソリュー

ションを試行錯誤して見つけることが期待される。それが常に可能なわけではないが、少なくとも、ビジネスに関する一定の知識と理解、そして難しい問題に対してクリエイティブなソリューションを考えつく能力は期待される。

　これから伝えるのは、私自身と、私がコーチングした多くの人の間でうまくいった内容である。これが誠実さを実現する唯一の道だと主張するつもりはない。おそらく、会社や国の文化に由来する価値観によっても違いがあるだろう。しかし、もし次に挙げる項目が、会社で誠実さを常に示すうえで大切な要素について真剣に考えるきっかけになったのであれば、有用なアウトカムを実現したと思いたい。

　私がプロダクト担当者をコーチングするときに重点を置く、3つの本質的な行動がある。頼もしさ、会社の最善の利益、そして説明責任（アカウンタビリティ）である。

## 頼もしさ

　誠実さのコーチングは、プロダクト担当者たるもの、自分自身の言葉と取り組みを真剣に扱わなければならない、と強く印象づけるところから始まる。もし、プロダクト担当者が経営幹部、顧客、ステークホルダーをごまかしたら、（たとえ悪意がなかったとしても）社内での評価に回復できない傷がつき、有能なプロダクトチームに不可欠な信頼の確立が不可能になってしまう。

　誠実さを示し、保つための核心には、「ハイインテグリティーコミットメント（誠実性の高いコミットメント）」の概念がある（この概念については、PART Ⅶで詳しく説明する）。

　第一に、顧客、ステークホルダー、経営幹部、パートナー、チームに対して何かを約束する場合、まず約束が十分な情報による判断に基づいているかを確認する必要がある。第二に、プロダクトマネジャーとそのチームは、約束を達成するために可能なあらゆる手を尽くさなければな

らない。

　これは、プロダクトチームが、プロダクトディスカバリーを十分に実施して4つのリスク（価値、ユーザビリティー、実現可能性、事業実現性）を適切に検討するまで、約束をしないということを意味する。念のためにはっきりさせておくと、そのためにはデザイナーとエンジニアの専門性と経験に頼らなければならない。

　さらに、エンパワーされたプロダクトチームでは、約束したタイミングで出荷するだけでは十分ではない。出荷したものは機能しなければならない——顧客やビジネスの問題を解決しなければならないのだ。これははるかに難しい。

　こうしたハイインテグリティーコミットメントのマネジメントの上達は、チームが頼れるという評判を構築するための鍵となる。

## 会社の最善の利益

　プロダクトマネジャーは、本人とチームの利益を守るだけではなく、常に会社の最善の利益に基づいて行動していると認識されなければならない。

　大企業、特に政治色が強いようなところでは、社員が個人的利益を追求している、あるいは「聖域を作っている」と疑われることがままある。しかし、プロダクトチームが信頼され、エンパワーされるには、プロダクトチーム、特にプロダクトマネジャーが、会社の全体目標を理解しているだけではなく、会社が成功するために権限の許す限り全力を尽くしていると認識されなければならない（株式に基づくインセンティブや報酬計画がきわめて有効である理由はここにある。会社が勝利しない限り、社員は誰も勝利しないのだ。）。

　たった1つのチームのプロダクトマネジャーでしかないのに、会社の最善の利益を理解していることをどうやって示せばいいのだろう。新任のプロダクトマネジャーがそのように悩むことは珍しくない。しかし、

チャンスはたくさんある。別のプロダクトチームの重要な目標の達成を手助けしたり、顧客やステークホルダーのために期待以上の成果を上げたり、公の場で自分の功績を他の人に譲ったりするのがその例だ。そして最も一般的なのは、自分のプロダクトチームには必ずしも最適ではないが、顧客または会社にとって明らかにベターな判断を下すか、支持することである。

機能開発チームとエンパワーされたプロダクトチームのもう1つの違いは、チームのやる気と献身性の大きさだ。チームが会社のミッションと、それを達成するための役割に対してやる気と献身性を示しているかどうかを判断するのは、リーダーたちにとって難しくない。プロジェクトマネジャーは締め切りの設定に頼ることが多いが、エンパワーされた伝道師のチームを編成したいのであれば、プロダクトマネジャーは締め切りの代わりに仕事の総合的な目的を共有する必要がある。

## 説明責任

エンパワーされたプロダクトチームは、結果を出すことに合意する。エンパワーメントには必然的に、結果の説明責任が伴う。

しかし、説明責任とは実際のところどういう意味なのだろうか。幸い、通常は「結果が形にならなかったらクビになる」という意味ではない。

エンパワーされたプロダクトチームのプロダクトマネジャーにとって、説明責任とは、ミスの責任を積極的に取ることを意味する。

たとえ他の人に落ち度があったとしても、リスクマネジメントを改善するため、あるいはよりよいアウトカムを達成するために自分は何ができたかを常に自問する。

昔の格言を聞いたことがあるかもしれない。「プロダクトチームが成功したら、チームの全員がやるべきことをやったからである。失敗したら、プロダクトマネジャーのせいである」

ふざけた格言だと思う人もいるが、実のところそうでもない。

たとえば、エンジニアが何かを完成させるために想定よりずっと時間がかかったとする。プロダクトマネジャーは実現可能性のリスクを十分に認識していただろうか。エンジニアの懸念を明るみに出し、それに耳を傾けただろうか。この場合、プロダクトディスカバリープロセス中に実現可能性プロトタイプを簡単につくるだけで、真のコストが判明した可能性がきわめて高い。

　あるいは、法的に重大な障害があって、プロジェクトが頓挫したとする。法的な懸念は事業実現性の中心的構成要素であり、通常はプロダクトディスカバリー中にプロダクトマネジャーが検討し、対応しているはずである。

　誠実さが完璧さではないということを説明するのも重要である。ミスは起こる。しかし、約束を守るという面で頼れる存在であり、常に会社の最善の利益を目指して仕事をし、ミスの責任を取るプロダクトマネジャーであれば、キャリアの中でそうしたミスがあっても乗り越えていけるだろう。

# 21

# 意思決定

　前の章では、誠実さがいかに重要で、エンパワーされたプロダクトチームにおける優れた意思決定の礎となっているかを説明した。この章では、「優れた意思決定」を行えるようにプロダクトチームをコーチングする方法に焦点を当てたい。

　機能開発チームでは、意味のある決定のほとんどは、経営幹部やステークホルダーによって上流で行われたことを思い出してほしい。これに対し、エンパワーされたプロダクトチームで大切なのは、意思決定がプロダクトチームのレベルまで下りてくることである。

　ここで「優れた意思決定」と言っているのは、単に論理的でデータに基づいたビジネス上の意思決定ではない。プロダクトチームのメンバー、経営幹部、ステークホルダー、そして顧客が、たとえ賛成できないにしても支持し、理解できる意思決定のことである。

　なぜ、こうした関係者全員を気にかける必要があるのか、と不思議に思われるかもしれない。プロダクトと顧客にとって正しい意思決定なら、最後にはすべてうまくいくのではないか、と思われる向きもあるだろう。しかし、この考え方は、人と会社の現実と複雑さを無視している。傭兵

ではなく伝道者からなる、エンパワーされたチームを目指しているなら、なおさら無視できない側面だ。

エンパワーされたプロダクトチームは文字通り毎日意思決定を行っているが、意思決定のやり方には一流のチームとその他大勢の差が出ることがある。

まず、優れた意思決定は誠実さの礎の上に成り立つことを常に念頭に置く必要がある。約束を確実に守るチームとして頼られ、会社の最善の利益を目指して仕事をしていると信頼され、進んで結果の説明責任を取ってはじめて、優れた意思決定が可能になる。

次に、意思決定を行う際には、現在目指しているアウトカムを絶えず念頭に置く必要がある。もちろん、優れたアウトカムに貢献する、タイムリーで適切な意思決定だった、ということになってほしい。しかしそれだけではなく、リーダーとステークホルダーに、たとえ賛成できないとしてもその意思決定を下した理由を理解し、尊重してほしい。そして、こうした関係者には、たとえ意思決定の最終的な方向性が違ったとしても、心から耳を傾け、お互いの意見が尊重される場であったと思ってほしい。

これら2つの点を意識して、プロダクトチームには意思決定に関して次の5つの行動をコーチングしている。

## 意思決定の適正規模分析

すべての意思決定が平等に重要であったり、同等の結果をもたらしたりするわけではない。これを認識するのは重要である。私たちは毎日、意思決定を行っている。その内容は、修正するバグの選択から、困難な問題を解決するための最善のアプローチの選択までさまざまだ。

プロダクトチームには、リスクのレベルと、それに関連する結果のレベルを考慮するように勧めている。

結果とは、ミスをしたときにどのくらい大きな問題になるのかという

ことである。多くの場合、ミスからは文字通り数時間で立ち直れる。しかし、プロダクトを、さらには会社の未来をリスクにさらしてしまうような場合もある。

リスクと結果のレベルによって、意思決定を行う前に重要な情報を収集しておく必要があると感じる場合もあれば、手持ちの不完全な情報で安心して意思決定を行える場合もある。

また、結果の影響についても検討してみよう。収益、販売、あるいは法務に影響が出るかもしれない。経営幹部、ステークホルダー、顧客など他の重要人物の手助けが必要な場合、この人たちの懸念や制約も聞き出して、意思決定に反映させる必要がある。

優れた意思決定は、「着手計画」の作成から始まる。特に、リスクが高く、結果に影響を及ぼす状況においてはこれが重要になってくる。計画の作成は、私がコーチングの時間を多めに割く分野でもある。マネジャーとして、またコーチとしての私の経験が、プロダクトチームが適切な方向性で動き出すために役立つからである。

たとえば、経験の浅いプロダクトマネジャーが、リスクを深刻に過小評価または過大評価するのは普通である。その結果、影響のほとんどない項目のプロダクトディスカバリーに時間を使いすぎ、後で影響の大きいリスクにかける時間がなくなってしまうことがある。

# コラボレーションに基づく意思決定

私がコーチングしたほとんどのプロダクト担当者は、自分が当事者となる意思決定と、他の人が当事者となる意思決定を仕分ける問題に苦労している。このマインドセットを変えるには、相当の苦労が必要になる。

コラボレーションの真の意味についてプロダクトチームをコーチングするのがいかに重要かは前に述べた。

具体的な意思決定に関しては、プロダクトマネジャーにはチームの専門性と経験に頼り、その意見に従ってほしい。特に、デザインとユーザ

ビリティー、テクノロジーと実現可能性の面についてはこれが言える。

優れた意思決定とは、全員に賛成してもらうこと（コンセンサスモデル）でも、最も多くの人を満足させること（投票モデル）でも、すべての意思決定を1人にゆだねること（優しい独裁者モデル）でもない。

主に実現技術に関する意思決定であれば、テックリードに従う。ユーザーエクスペリエンスやカスタマーエクスペリエンスに関する意思決定であれば、プロダクトデザイナーに従う。そして、事業実現性に関する意思決定であれば、関連するステークホルダーと協力するプロダクトマネジャーに頼ることになる。

価値に関する意思決定はたいてい特に難しい。価値とは全体の働きのことだからである。

## 意見の不一致の解決

コラボレーションに基づく意思決定はほとんどの状況で有効だが、それでも意見の不一致が発生する状況に直面することはある。

たとえば、問題解決に向けた最善のアプローチについて、テックリードとプロダクトデザイナーの意見が食い違ったとする。あるいは、CEOなどの経営幹部がチームの意見に異を唱えたとする。

優れた企業に、仕事と顧客を心から大切に思っている有能でエンパワーされたプロダクトチームがあれば、こうした不一致は正常で健全である。このことを認識するのは重要だ。しかも、意思決定のための情報が不完全なのは珍しくないので、必然的に意見や判断で補うことになる。

たとえば、あるアプローチについてテックリードとデザイナーの意見が対立し、テックリードは実装するのが不必要に難しいデザインだと考えているが、デザイナーはユーザーエクスペリエンスに必須のデザインだと考えているとする。

ここで、プロダクトチームがテストを実施するタイミングと方法を知ることがきわめて重要になる。

また、この領域でも、経験豊富なマネジャーが、テストを実施して必要なデータを収集するために最も低コストで適切なプロダクトディスカバリーのテクニックをプロダクトチームに対してコーチングすることができる。

この手法では一般的に、ある種のプロトタイプを作成してからそれを用いてエビデンスを収集したり、しかるべき理由があれば統計的に有意な結果や証拠を集めたりする。

コラボレーションに基づく意思決定を行い、意見の不一致がある場合にはテストを実施することで、プロダクトマネジャーがチームの意見を覆したり、上級管理職に意思決定をゆだねたりする状況はほとんどなくなる。

## 透明性

チーム全員にもリーダーにもチームの意思決定の根拠を理解してもらう、というゴールを念頭に置くと、意思決定の透明化は重要である。十分な情報に基づいていない意思決定をしている、重要な懸案事項を無視している、あるいは個人的な利益を追求しているとは、誰にも思われたくない。

あまり重要でない意思決定については、意思決定を行った理由をメモの形で明確かつシンプルに説明するだけで十分な場合も多い。重要な意思決定については、前述のナラティブを強く推したい。想定される異論や懸念を挙げて対応するFAQがあると、なおよい。

これもまた、非常に優れたコーチングのチャンスである。多くのプロダクト担当者は当初、ナラティブを作成する苦しさに抵抗するが、このナラティブこそが重要な意思決定の根拠を支えてくれると、私はマネジャーに伝えるようにしている。

# 賛成できなくても全力を尽くす

前述のとおり、エンパワーされたチームを擁する優れた企業では、従業員の意見はしばしば食い違う。テストを実施してエビデンスを集めた後でも、激しく対立することがある。これは悪いことではなく、伝道師のチームの明確なサインであることは覚えておいてほしい。

ただし、意見の不一致と議論は必要で望ましいことだとはいえ、最終的には意見の相違を認めて争いをやめる必要があることを、チームに念押しするのも重要だ。ほとんどの人はこのことを理解している。自分の意見が伝わり、見解を検討してもらえたと素直に感じられれば、最終的に意見が通らなくても満足することが多い。しかし、これだけでは十分ではない。

チーム、特にプロダクトマネジャーにはもう一歩先に進み、たとえ賛成できなくても決定事項に全力を尽くすことに同意してもらわなければならない。

新任のプロダクトマネジャーがこの行動を身につけるのは難しい場合がある。無理もないが、自分自身が誠実さを保てないのではないかと懸念してしまうからだ。

しかし、もしプロダクトマネジャーがリーダーに、自分は決定に賛成できないがテックリードに妥協した、などと報告したり、プロダクトマネジャーがリーダーの重要な意思決定に賛成できず、その愚痴をプロダクトチームに漏らしたりしたら、チームにとってどれほど有害か想像してほしい。

プロダクトマネジャーが、検討されたさまざまな見解や意見を共有し、意思決定の理由を説明して、その決定を成功に導くための方法を詳しく述べる、という状況と比較してみてほしい。

プロダクトマネジャーは、もともと持っていた自分の意見を隠す必要こそないが、さまざまな選択肢と最終決定の理由を理解し、その決定を成功させるためにあらゆる手段を講ずることができ、実際にそうするの

だ、ということを、行動で示さなければならない。

　意思決定は、キャリアの中で成長を続けるスキルである。特にプロダクトマネジャーは、昇進を続けるうちに、次第により難しく、重要で、結果を左右する意思決定や判断の責任者になっていく。一般的にこのトピックだけでも、毎週の1 on 1を、建設的で優れた議論とコーチングで充実させることができる。

　意思決定について、最後にもう1つだけ話をしよう。Netscape Communications社の元CEO、ジム・バークスデールは、一緒に仕事をした多くの人（その中には私、マーティも含まれる）に絶大な影響を与えたが、意思決定に関する3つのルールを公言していた。

1．蛇を見つけたら殺せ[21]。
2．死んだ蛇を構ってはいけない。
3．どんなチャンスも最初は蛇のように見える。

---

21　アメリカ南部の口語になじみのない方のために説明すると、「蛇」とは重要な意思決定を指す。したがって、最初のルールは、問題を特定し、意思決定を行えということだ。次のルールは、前の意思決定に何度も戻ってはならないという意味だ（蛇は死んだ後でも人を噛むことがある）。最後に、チャンスは難しい問題や意思決定の形でよく現れることを覚えておいてほしい。

CHAPTER  22

# 効果的なミーティング

　あらかじめ白状すると、私はミーティングがもともとあまり好きではない。不十分な準備で不器用に運営され、ろくに話が進まない、時間の無駄としかいえない無数のミーティングに同席し、はるかに重要だと思う仕事ができなくなった経験は枚挙にいとまがないので、ミーティングには嫌な先入観がぬぐえない。

　ただし、まったく違うミーティングにも何度か出席したことがある。主催者は準備万端、情報が明確かつロジカル、しっかりした意思決定が行われ、同席した全員が、たとえ個人的には異論があったとしても決定を理解している（「賛成できなくても全力を尽くす」という重要な原則だ）。そんなミーティングだ。

　その結果、私はコーチングの際にミーティングの実施方法と、そもそもミーティングを開催する必要があるか否かの見極めを、かなり具体的に説明することにしている。というのも、ミーティングは、経営幹部がプロダクトチームのメンバー、特にプロダクトマネジャーの評価に使いやすい基準だからだ。

　本題に入る前に重要な注意を述べておきたい。

ここでは、プロダクトチームのメンバー同士のミーティング（スタンドアップミーティング、振り返りミーティングなど）や、毎日のやりとりは扱わない。プロダクトマネジャーとプロダクトデザイナーがビデオ電話で、あるいは直接会ってプロトタイプを検討する場合、それはたしかに「ミーティング」だが、単なる日常業務であり、この章では扱わない。ここでは、プロダクトチームの枠を超えたミーティングを取り上げる。ステークホルダーや経営幹部、パートナー、他のチームのメンバーなどが参加する可能性がある。

まず理解してほしいのは、ミーティングの最大のつらさは同期性にある、ということである。つまり、参加者はどこにいても全員仕事を中断して、対面、ビデオ会議、電話のいずれかで出席しなければいけない。これが楽であることはめったになく、そもそも歓迎されないため、主催者はこのことを常に念頭に置く必要がある。

非同期的に目的を達成する方法があるならば、一般的にそちらのほうが良いといえる。状況報告や、新リリースのお知らせなどは、わざわざミーティングをしなくても済む好例だ。

もちろん、ミーティングを開く理由は無限大だが、プロダクト組織では実際のところ大きく3つに分けられる。コミュニケーション、意思決定、問題解決だ。

## コミュニケーション

まず、メールなどの非同期的手段で送るには重要または複雑すぎると主催者が考える情報を伝えるためのミーティングだ。全社会議や、リーダーによるプロダクト戦略の説明セッションなどがこれにあたる。

## 意思決定

2つ目は、プロダクトチームの一存では決められない意思決定が必要

になるミーティングだ。影響が会社の他の部署に及ぶ、あるいは大きな
リスクがあるといった理由が挙げられる。

この場合、私はナラティブの作成を大いに推進したい。ミーティング
のはじめに各メンバーがナラティブを読み上げてから、議論をし、十分
な情報に基づいた意思決定を行うのだ。

## 問題解決

3つ目は、基本的に問題解決のために行うミーティングだ。最善の行
動はわからない（逆に何らかの案があるなら、ナラティブを書いて意思
決定に持ち込む）。だが、しかるべきメンバーが集まれば、特別に難し
い問題でも共同で解決できるかもしれないとは考えている。

機能停止後の振り返りミーティングで、同様の問題の再発を防ぐため
に変えられる点を検討するような例が挙げられる。

## 効果的なミーティングの主催

私がミーティングについてプロダクトチームにコーチングしている内
容を次に述べる。

・目的：まず、ミーティングの目的を明確にすることが、ミーティング
　主催者にとっての重要な出発点である。
・出席者：次に、出席者を決めるのが重要だ。私は主催者に、リストを
　2つつくることを勧めている。1つ目のリストは、絶対に出席しても
　らう必要のある人（ぎりぎりで出席できなくなった場合にミーティン
　グ自体を延期することになる人）、2つ目のリストには欠席されても
　問題のない人を入れる。
・準備：前述の3種類すべてのミーティングで、準備は不可欠だ。
　コミュニケーションを目的としたミーティングの場合は、内容が明確

か、内容を伝えるために適切な媒体（画像や図など）があるか、など が挙げられる。

　意思決定ミーティングの場合は、ナラティブを用意したか、専門分野 を理解する人にその内容を見てもらったか、といった点がある。

　問題解決ミーティングの場合は、出席者に状況や背景をどのように説 明するか、関連データは収集済みか、想定される質問に答える準備が できているか、などがポイントだ。

・ファシリテーション：準備をしっかりしたら、主催者としてミーティ ングの効果が上がるようなファシリテーション（進行）に努める。フ ァシリテーションの性質は、ミーティングの種類によって異なる。進 行役の仕事は、ミーティングの治安維持ではない。必要な意思決定や ソリューションに至るようにすることである。

・フォローアップ：ミーティングが結論に達した後も、フォローアップ が必要になるのが普通だ。これには、関係者に意思決定や次の段取り を知らせることなどが含まれるが、ともあれミーティングを完結させ るのが重要である。

　以上のように、ミーティングの基本は、（a）出席者全員が時間を割く 必要がある、本当に必要なミーティングを主催することと、（b）入念 に準備して、効率的、効果的に目的を達成するようなミーティングにす ることである。

CHAPTER / **23**

# 倫理

　この章では、非常にデリケートだが、最も重要になる可能性のあるトピック、倫理を扱う。以前にも述べたように、すべてのプロダクトチームは次の４大リスクを検討する必要がある。

1. 顧客はこのプロダクトを買うか、あるいは選ぶか？（価値のリスク）
2. ユーザーはこのプロダクトの使い方がわかるか？（ユーザビリティーのリスク）
3. 私たちはこのプロダクトを製造・構築できるか？（実現可能性のリスク）
4. ステークホルダーはソリューションを支持するか？（事業実現性のリスク）

　通常なら、倫理の問題は事業実現性の一部として考えるのが妥当と思われる。ソリューションが倫理的でなければ、まさに会社が深刻なトラブルに陥るおそれがあるからだ。

　しかし実践上は、２つの問題がある。

まず、事業実現性にはすでに多くの検討事項があるため——販売、マーケティング、財務、法務、コンプライアンス、プライバシーなど——倫理面はいともたやすく見過ごされてしまう。

　次に、事業実現性の他の検討事項と異なり、倫理に明確な責任を負っているステークホルダーがいることは珍しい。

　その結果、倫理面の配慮がなおざりになることがあまりに多い。私たちは皆、倫理面の過失が原因で、会社、環境、顧客、社会が損害を受けた事例を見たことがあるはずだ。

　そこで、私は5番目のリスクを追加することで倫理面の影響を明示的に検討することをお勧めしている。


　5．私たちはこのプロダクトを製造・構築すべきか？（倫理的リスク）


　倫理面の責任を負うステークホルダーを設けている先進的なテクノロジープロダクト企業がAirbnbだ。私の長年の友人、ロブ・チェスナットが最高倫理責任者を務めていた（現在は同社の相談役）。

　ロブは法科大学院を卒業し、連邦検察官を務めたのち、創業まもないeBayの顧問弁護士となった。私（マーティ）が知り合ったのはこの頃である。その後、数々の一流テクノロジー企業に勤務し助言を授ける素晴らしいキャリアを送り、現在のAirbnbに至る。

　ロブはシリコンバレーの中心部で数十年働き、倫理への配慮が不十分な企業がどのような目に遭ってきたかを見てきた。ロブは次のように説明する。「リーダーたちは、世界が根本的に変化していることを認識しなければならない。いまや、会社とそのリーダーは、倫理面での失敗の説明責任をますます負わされるようになっている」

　テクノロジー業界がいまや一大産業となっており、大規模な株式会社に長い間のしかかっていたものと同質のプレッシャーの多くを経験しているのは疑いない。

　ロブは次のように説く。

かつて、企業の唯一のステークホルダーは株主であった。「利益が上がることをしろ」。このアプローチのために、多くの企業があらゆることを短期的に考え、四半期ごとの数字の達成を追い求めるようになった。また、非倫理的と受け止められつつある多くの行動を取るようになり、ますます多くの人が企業への信頼を失った。「数字を達成しろ。顧客、パートナー、あるいは世界全体にとって本当に良いプロダクトを作っているかどうかは気にするな」。

企業にとっては、株主以外のステークホルダーを認識し、それぞれのプロダクトのソリューションが各ステークホルダーにどのような影響を与えるかを理解することが重要である。たとえばAirbnbでは、投資家の利益だけではなく、従業員、ゲスト（宿泊者）、ホスト（部屋提供者）、そして事業展開する地域といった、他の重要なステークホルダーについても検討する。もし、こうしたステークホルダーに悪影響が及ぶような意思決定を続ければ、ミッションは確実に失敗し、長い目で見ると事業に傷がつく。

さて、プロダクトチームの仕事には、倫理はどのように当てはまるのだろうか。

倫理は会社の全構成員を対象とするが、プロダクトチームが新しいプロダクトやサービスを考案、開発、展開する最先端にいるのは確かである。したがってプロダクトチームには、自分たちの仕事が及ぼす影響を考える特別な責任がある。

ロブは次のように説く。

優れたプロダクトチームは、収益だけではなく、より広い意味でのステークホルダーについて、設計中のソリューションが与える影響を理解する必要がある。

次のようなシグナルに気をつけよう。ソリューションは最終顧客の役に立つだろうか。環境、または地域の第三者に悪影響を与えないだろう

か。仮に、プロダクトにまつわるメール、文書、議論がすべてオンラインで公開されたら、恥をかくだろうか。もし政府の規制担当者があらゆる情報に通じていたら、どのように行動するだろうか。プロダクトは、自分の個人ブランドの一部として誇りを持てるものになるだろうか。

リーダーがプロダクトチームをコーチングしていく際には、こうした問いについて話し合う必要がある。より一般的には、次の議題を取り上げるのが重要だ。「皆さんは、不安になるような質問を安心してできる会社にしたいわけですよね。それが、倫理面での壊滅的な失敗から会社を守るのに役立ちますから」

では、倫理的な問題を発見したら、どうすればよいのだろうか。

プロダクト担当者にとって最も困難な状況の1つは、倫理的問題が起こりかけているのを発見したものの、どうやって状況に対応してよいかわからないというものだ。この問題は明らかにデリケートで、人を傷つけるおそれもある。最善の答えは、倫理的懸念が解消されたソリューションを発見することだが、場合によってはそうしたソリューションを発見できなかったり、そもそも時間がなかったりする。

ロブは次のように助言する。

思慮深く懸案事項を挙げよう。ただし、聖人ぶった態度や、なじるような態度はよくない。会社の最善の利益を守ろうとしているのだと明確にわかる形で説明しよう。

経済について世間知らずで無知だと見られないように、会社の事業の仕組を深く理解することが大切だということを、私は発見した。これもまた、マネジャーの手助けが必要になる可能性のある状況といえる。

では、倫理に根本的に興味がないと思われる会社で働いている場合はどうすればよいだろうか。

私はめったに退職を勧めないが、仕事の倫理的影響を明らかに無視し

ている会社については、今もこれからも辞めることを勧めていく。

　ロブの答えは次のようなものだ。


　今の職場に誇りが持てなかったり、会社が世界に与える影響に胸を張れなかったり、経営陣が誠実さを気にしていなかったりしたら、おそらく次の仕事を探すべきタイミングが来ている。


　幸いなことに、経験上、ほとんどのテクノロジー企業は倫理を大切にしており、何らかの意味のある形で純粋に世界をよくする手助けをしようとしている。しかし、善意でさえ、意図しない結果を招くことがある。

　プロダクトリーダーにとっては、プロダクト担当者に対してこの倫理面のコーチングを行うことがますます大切になっている。まずは、「プロダクトをつくるべきかどうか」という問いを明示的に検討するように促そう[22]。

---

22　ロブ・チェスナットの素晴らしい本『Intentional Integrity: How Smart Companies Can Lead an Ethical Revolution』（New York: St. Martin's Press, 2020）をお勧めしたい。

# 24

# 幸せ

　このトピックは奇妙に感じるかもしれない。チームの幸せに責任を持つのはマネジャーの仕事ではない、と思っているかもしれない。

　しかし、テクノロジー業界で少しでも働いたことのある人なら、マネジャーのせいでプロダクト担当者がいともたやすく不幸になりうると知っているだろう。「人は会社に入社するが、マネジャーから去る」という古い格言の実例が、残念ながら毎日示されている。

　たしかに私は、このトピックについて「幸せのコーチング」とはあまり言わない。ただし、チームのプロダクト担当者それぞれが、意味のある仕事をしている、キャリアの中で前進している、そしてチームおよび経営幹部と必要な関係を築いていると感じているかどうかは、マネジャーが少なくとも週1回は確認する必要がある。これによって、エンパワーされたプロダクトチームをうまく効果的に率いることが可能になる。

　世の中に同じ人は1人としておらず、マネジャーとして最も重要なのは、一人ひとりのメンバーがどのようなことに意義と幸せを感じるかを理解することだ。それを大前提としたうえで、幸せをコーチングするための普遍的に近い真実があることを発見したので、ここで紹介したい。

## 有意義な仕事

　プロダクト開発業界に属するほとんどの人は、自分の仕事が意義深いものであってほしいと考えている。

　実際、マネジャーの質が悪くない限り（その場合はそれが最大の要素になるが）、経験上はこれが報酬をも上回る幸せの最大要素であることが多い。

　しかし、自分の仕事がどのように、あるいはなぜ有意義なのか、また自分が属する小さなチームが有意義な形でどのように貢献しているかは、必ずしもプロダクト担当者にとって自明ではない。したがって、公の場でも個人的にも、この点を何度もはっきりと明確に話し合い、補強していくことが重要である。

## 個人的関係

　白状すると、私はいつでも、部下に私を好きになってもらいたいと思ってきた。ただ、これには特別な理由がある。その部下が職業人として、そして個人として成功するのを手助けするために、私が全力を尽くしていると信じてほしい。腹を割って、成長に不可欠なフィードバックができるように、私を信頼してほしい。キャリアの中で、私と一緒に働いた時期をよい時期だったと振り返れるようになってほしい。そう考えているからだ。

　こうした仕事上の関係は、個人的関係の上に築かれるものである。私は、仕事から離れた家族や友人や関心事の話をして、相手を人として知ることを心がけている。部下にも同じようにするよう勧めている。

　相手の志と、モチベーションの源がわかれば、マネジャーとしてもコーチとしてもずっと役に立てると常に信じている。

## 個人的評価

　評価は求めていない、と多くの人は言うが、私はめったに信じない。この人たちが言わんとしているのは、特定の形の社会的評価を受けると決まりが悪くなるということだと思う。しかし私の経験上、ほとんどの人は、評価されているという実感を得たがっている。尊敬する人からの評価であれば、なお嬉しい。

　昇進、給与、株式報酬は、人を評価するためのわかりやすい方法だが、私はそれらを越えて、もっと頻繁かつ個人的に評価する方法を大いに推している。関心の対象が判明した後ならなおよい。

・素敵なワインのボトル
・楽しんでくれそうな本
・業界のカンファレンスやイベントのチケット
・おいしい地元のレストランのギフト券
・週末の休暇旅行（2人分）

　ほとんどの会社では、こうした支出専用に十分な予算が支給されていたが、何社かでは自腹を切らざるを得なかった。だが、優れたマネジャーなら、マネジャーの能力は部下で決まることを知っている。だから、評価されていると部下が感じることは、私のためにもなるのだ。

## 仕事の習慣

　プロダクト開発業界に属する人が非常識な勤務時間で働くことがあるのは、秘密にもならない。しかしここでは、長時間労働には2つのまったく異なる理由があることを指摘したい。「やりたいから働く」か、「仕方なく働く」かだ。この2つの状況は、コーチングの際に大きな違いになる。

　多くの会社の従業員は、非常識な勤務時間で働くように圧力をかけら

れていると感じているか、実際に強制されている。これが貴社の状況であれば、おそらく伝道師ではなく傭兵のチームであって、部下の幸せについて考えるというトピック自体がおそらく余計なお世話だろう。

私が話題にしたいのは、もう1つの状況だ。真にエンパワーされたプロダクトチームがあって、チームメンバーが特別に有意義で重要な仕事をしていると信じている場合である。仕事に没頭するあまり、コンピューターから顔を上げると夜遅くなっている。あるいは、1年があっという間に過ぎてしまったが、まったく休暇を取っていない（多くの地域では問題視されないが、アメリカと中国では特に大きな問題となっている）。

優れたマネジャーはこれに気がつき、1on1での議題にする。燃え尽き症候群にどれほどたやすく陥るか、長い目で見ることがいかに重要かを説明し、仕事の本質が創造的な問題解決であり、それを行うには充電期間が必要であることを説く。これが継続的な問題であれば、真剣かつ積極的なコーチングが必要になる可能性がかなり高い。

一方、きわめて重要な大仕事が来たことで、チームのやる気が大幅に高まる場合があるのも事実である。モチベーションがチームの中から湧き出ているのであれば、こうした状況はメンバーにとって最も誇らしい業績になる可能性を秘めている。働きすぎが常に悪いわけではない。

しかし、このようなことが平常運転にならないようにすることが、マネージャーの役目だ。

## 行動の模範となる

世の中には、自分はさんざん長時間労働をしていながら、部下にはそうしなくてよいと言うマネジャーであふれている。「私のやることを見るのではなく、言うことを聞きなさい」というアプローチだ。

だが当然ながら、たいていの人は少なくともマネジャーと同じくらいは勤勉に働かなければいけないというプレッシャーを感じている。言う

までもなく、これが早朝出勤、深夜退社、24時間メール返信の馬鹿げたスパイラルを招いている。

繰り返しになるが、もし部下の幸せが本当に大切なら、言葉より行動が多くを語るのはわかっているはずだ。

マネジャーはこのことに敏感にならなければいけない。そして、一手間をかけ、自分自身の充電の方法やタイミングを部下と共有し、メールを送る時間や自分自身の時間管理に気をつける必要がある。

## キャリアプラン

もう1つ重要な指摘をすると、場合によっては、プロダクト担当者が本当に幸せな人生を送れるようにするために、転職やキャリアの変更を手助けすることになる。仕事ができないプロダクト担当者の場合は、気まずいかもしれないが内容としては単純な話だ。しかし、まったく問題にすらならない場合もある。

個人的に最もつらかった状況の1つを紹介しよう。私（マーティ）の部下に、抜きんでたプロダクトマネジャーがいた。彼女は、私がスカウトとコーチングに全力で取り組んでいる人物の理想像に近かった。とても賢く、人当たりも良く、仕事をあっという間に覚えるので、前途洋々であることを疑いもしなかった。

だが、彼女から十分な信頼を得た頃に、1 on 1で告白された。仕事は十分にできていて、強い影響を与えられているとも感じているが、今の仕事は自分の人生でやりたかったことではなかった、と気づいたのだという。これほどの人材を失うのはつらかったが、自分の求める道を進むように勧めた。彼女は狭き門をくぐり抜け、みごと小説家になることができた。

もっと一般的な話をすると、私はマネジャーに、自分が従業員の生活でどれほど重要な役割を果たしているかを認識し、受け入れるように促している。マネジャー次第で、従業員の人生を憂鬱にすることも、職業人あるいは個人としてのゴールの達成を後押しすることもできるのだ。

Callout

# 最も偉大なコーチ

　本書の冒頭で、Appleのスティーブ・ジョブズ、Googleのラリー・ペイジとセルゲイ・ブリン、そしてAmazonのジェフ・ベゾスが全員、同人物のコーチングを受けていた話を知って驚かれた方もいるかもしれない。「シリコンバレーのコーチ」として知られるビル・キャンベルだ。

　シリコンバレーの外にいるほとんどの人はこれを知らない。大きな理由は、本人が脚光を浴びるのを避けるためにあらゆる手段を尽くしていたからだ。ビルとしては、コーチングの対象に注目を向けたかったのだ。

　実際、2007年にビルについて書こうと思ったが、注目されたくないので公開しないでほしいと言われた。その後、断られたのは私だけではなかったと判明した。

　はっきりさせておくと、私はビルのコーチングを受ける僥倖に恵まれなかった。受けたかったと心から思う。しかし、コーチングを受けた人と一緒に働く機会には恵まれたので、本人には何度か会っている。

　ビルは数年前に亡くなったが、彼のコーチングを受けた人を今でも新しく知ることがある。

　つい最近、彼のコーチングを受けた2人の著者（元Google会長兼CEOのエリック・シュミットと、元Googleのプロダクト担当上級副社長のジョナサン・ローゼンバーグ）が、他にコーチングを受けた多くの人にインタビューし、リーダーシップとコーチングの原則を『１兆ドルコーチ――シリコンバレーのレジェンド　ビル・キャンベルの成功の教え』という書籍にまとめている[23]。

　ビルについて語るのは常に難しい。与えた影響の大部分が彼の性格に

---

23　『１兆ドルコーチ――シリコンバレーのレジェンド　ビル・キャンベルの成功の教え』（エリック・シュミット、ジョナサン・ローゼンバーグ、アラン・イーグル共著、櫻井祐子訳、ダイヤモンド社、2019）

よるものだからだ。しかし、『1兆ドルコーチ』はうまく語られている。

本書でも、ビルの言葉をいくつか紹介している。

Apple、Amazon、Googleは企業文化が大きく異なるが、どの会社もプロダクトが持つ本質的な役割を理解しており、プロダクトチームに素晴らしい仕事ができるようにエンパワーすることが鍵だとわかっている。

ビル・キャンベルの本はおもしろかったが、個人的な敗北感も味わった。私はあまりに長いことプロダクト開発業界にいたので、何を他の人から学び、何を自分で編み出したのか、だんだん思い出せなくなっている。しかし、私が最も重要性を感じているポイントのかなり多くが『1兆ドルコーチ』に書かれているのを見るうちに、自分で思っていたよりもはるかに多くの部分をビル・キャンベルに負っていたと悟った。こうしたポイントが、ビル・キャンベルからコーチングを受けた人たちに受け継がれ、それがまたコーチングを通じて私に受け継がれたのが明らかになったのだ。とはいえ、その事実を知ればきっと「シリコンバレーのコーチ」は喜んでくれるだろう。

『1兆ドルコーチ』から、個人的に響いた部分をもう1つ引用する。

ビルは自分の影響力を測る別の「ものさし」があるからだと答えた。自分のために働いてくれた人や、自分が何らかのかたちで助けた人のうち、すぐれたリーダーになった人は何人いるだろうかと考える。それが自分の成功を測るものさしなのだと。

これだけ長年にわたって、そして今に至ってもプロダクト担当者のコーチングを行っているのはなぜか、とよく聞かれる。間違いなくビル・キャンベルと肩を並べるには至っていないが、自分が訓練やコーチングに時間を割いた人々が、やがて優れたチームと優れたプロダクトを生み出せるようになると、やはり同じような誇らしさを感じるのである。

CHAPTER **25**

# リサ・カヴァノー

## リーダーシップへの道

リサに初めて会ったのは、彼女がAsk.com[24]のエンジニアリング担当副社長を務めていたときだった。

カリフォルニア大学サンタバーバラ校でコンピューターサイエンスを専攻し、テクノロジー業界における長いキャリアのスタートを切った。当初はHPのエンジニアとして入社したが、すぐに創業まもないAsk.comに参加した（Ask.comを当初運営していたAsk Jeeves社を覚えているだろうか）。

その後12年間にわたってエンジニアリング部門で昇進を重ね、CTOに就任したときには、同社は超大手のグローバルなエンジニアリング企業に成長していた。

リサを常に際立たせているのは、コーチングへの情熱と、自分自身と部下をレベルアップさせるための継続的な取り組みである。

---

24　訳注：アメリカのQ&Aおよび検索サービス提供企業。

ここ数年間は、自らのキャリアをコーチングに注ぎ、テクノロジー業界のリーダーたちを、会社に求められるリーダーへと育て上げている。

# リーダーシップの実践

　テクノロジーリーダーを、エンパワーされたチームや企業の熟練のリーダーに育てる際に、どう取り組んでいるかをリサに聞いてみた。
　すると、次のような答えが返ってきた。

　コーチングを求めるモチベーションは、リーダーによって違います。大幅な昇進を求める人、ゴールの邪魔をする障害に直面している人、チームや同僚との仕事の関係を良くしたい人など、さまざまです。全員が、届かないように思えるアウトカムを求めています。
　どのような場合でも、有能で、自信があり、人を刺激するリーダーへの変革を遂げるには、本人の努力と勇気と、次の4つの重要なスキルが必要になります。

## ▍自覚

　まずは自分に正直になり、自分自身またはチームの邪魔になっている可能性のある振る舞いや性格を理解することから始まります。キャリアの前半では強みだったはずなのに、もはや強みではなくなっている振る舞いにはどんなものがあるか、自問してみましょう。
　とてもありがちな例を挙げます。私は、絶対的に頼れる実行力によって評判を築いてきたテクノロジー業界の経営幹部によくお会いします。いつでも全力で取り組み、約束どおりのプロダクトを届けてきました。山を動かすような努力の末になんとか成功したようなケースもたくさん経験しました。信頼される実行力に定評があり、それがアイデンティティの大きな部分を占めていました。
　しかし、個人の努力で追いつけない階級まで昇進してしまうと、チー

ムはいちいち指図（マイクロマネジメント）してくる上司だと感じるようになりました。ここでは、今までの昇進を支えてきたスキルでは、次のレベルに到達できないという自覚が必要になります。

## ▌勇気

ある行動特性に基づいてキャリアとアイデンティティを築いてから、変わる必要があると気づいた場合、特に他の人にも影響するような形で変わらなければいけない場合には、本物の勇気が欠かせません。

チームが学び、ミスをするための余地をつくるには、勇気が要ります。有意義で正直なフィードバックをするには、勇気が要ります。自分自身を信頼するだけではなく、チームを信頼することでより良い成果を上げられるという考え方を思い切って受け入れるには、勇気が要ります。戦術的スキルを捨てて、戦略の世界に足を踏み入れるには、勇気が要ります。自分の弱さを認めるには、勇気が要ります。

たとえば、私が担当したあるテクノロジー企業の経営幹部は、ある同僚との協力関係をうまく結べなくなっていました。かつて共同で進めたプロジェクトが失敗したからです。この同僚に評価されていないと確信していたので、反射的に避けてしまっていました。それでも、関係が必要なのはわかっていたので、勇気を奮って連絡し、本当につらい対話を行いました。相手を避けていた事実とその理由を告白し、協力関係を結ぶために望むことを述べたのです。勇気を出して自分の弱さを認めたからこそ行動できた。それが2人の関係のターニングポイントになりました。

勇気のあるリーダーシップは、心地が悪くても前に進むことができるのです。

## ▌エンゲージメントのルール

多くのリーダーにとって、チームを信頼することを学ぶには、大きな一歩を踏み出す必要があります。アウトカムの達成の最終的責任は結局自分が負うことがわかっているのだから、なおさらです。

エンゲージメントのルールとは、チームが仕事をしやすい職場にするために、リーダーがどのような情報を可視化すればよいかをチームと合意したものです。信頼するためには、リーダーはどんな情報が必要でしょうか。チームが成功するためには、どのようなコンテキストを理解する必要があるでしょうか。安心してリスクや問題を早い段階で表面化させたり、助けを求めたりできるようにするには、チームに何が必要でしょうか。

これらのエンゲージメントのルールは通常、時間の経過とともに信頼と学びが構築されるにつれて発展していくものですが、どんなタイミングでどんな情報をやりとりするかについて合意しておけば、リーダーとチームの両方が、ニーズを満たすために有効な方法について検討できるようになります。

## ▍自分自身の創造的破壊

リーダーに自覚があり、必要な変化を起こすための勇気が備わっていて、エンゲージメントのルールに合意していても、長年の自らの習慣を打ち壊すのが難しいのは周知のとおりです。その人のアイデンティティと自尊心の核心にあるような習慣や振る舞いであれば、なおさらです。

つまり、リーダーに、自らを創造的に破壊してもらいたいのです。変化することに全力を尽くしてください。ミスや手戻りが発生するが、それらが起こるたびに原因を特定して、対応方法を改善すれば良いのです。最初の数日、数週間が最も難しいことはわかっています。しかし、1日が過ぎるたびに、リーダーは新たな方法で振る舞うのがもっと楽になるでしょう。

リーダーのたどる道は一人ひとり違いますが、長年の経験から発見したことがあります。そのリーダーが本気で向上を目指していて、かつ他人を信頼することを学ぶために一歩を踏み出す勇気があれば、自らを創造的に破壊して、会社が求め、従業員にふさわしいリーダーになることができるでしょう。

# PART III STAFFING

# 人事

ここから数章は、人事に関するマネジャーの職責に注目する。

　ここまでの章では、部下をコーチングして育てる重要性について重点的に取り上げてきたが、人材をどうやって探すかについてはまだ話していなかった。

　もちろん、人事と採用については、すでに多くの著者によって語られている[25]。

　しかしここでは、エンパワーされたプロダクトチーム、特にプロダクトマネジャー、プロダクトデザイナー、シニアエンジニア/テックリードの人事について特筆すべき点に注目する。

　まずスカウトから始め、面接、採用、オンボーディング、年間パフォーマンスレビュー、雇用契約の終了、昇進の順に説明する。

　人事は、読者の方にとって重要と感じられず、あまり関心を持てないトピックかもしれない。私自身もプロダクトリーダーになった当初はあまり大切に思っていなかった。ここでは、そのような意識を変えていけたらと考えている。なぜなら人事は、優れたプロダクト企業とその他大勢の明確で重要な違いの1つだからだ。

　人事に関して、私が企業に感じる問題は大きく分けて3つある。

　まず、有能なプロダクト担当者を採用する際に求める資質について、きわめて根本的な勘違いがある、ということ。GoogleやAmazonのような企業に対抗するには、抜きんでて有能な人を採用しなければいけないと考えがちだ。これは、危険な思い違いだ。

　はっきりさせておこう。一流のプロダクト企業は、人格が十分に優れた人を採用し、コーチングによって卓越したチームのメンバーに育てている。

　だからこそ、人事とコーチングは密接に関連しているのだ。

　2番目に、あまりに多くの企業で、リーダーは人事と採用を同一視し

---

25　私のお気に入りは『ワーク・ルールズ！─君の生き方とリーダーシップを変える』（東洋経済新報社、2015年）だ。

ている、ということ。人事は単なる採用よりもずっと大きな課題だ。実際、採用のみに集中すると、必要な組織を作れる可能性が大幅に低下してしまう。

3番目に、人事の責任は採用担当のマネジャーにある、ということ。

採用担当のマネジャーが、採用を人事部の責任だと思っている場合があまりに多い。履歴書や職務経歴書を確認したり、面接に参加したりはするものの、採用という旅における客であって運転手ではないと考えているのだ。

人事部は補助的な事務や管理業務では力になってくれるだろう（求人の掲示、履歴書・職務経歴書の受け渡し、内定レターの準備など）。しかし、採用担当のマネジャーが採用の責任を進んで負うことが、アウトカムの達成に不可欠である。その認識から、効果的な人事が始まる。

ここからの数章で、その理由を明確にすることができれば幸いである。

一般的に、一流のプロダクト企業は人事面でもまた、ほとんどの企業より劇的に優れている。

Amazonにおける最も重要な意思決定は、今もこれからも、適切な人材の採用だ。

——ジェフ・ベゾス

そしてこれは少なからず、優れた企業がエンパワーされたチームのモデルを採用していることから直接導かれた結果である。なぜだろうか。エンパワーされたチームのモデルが、真の人材優先モデルだからである。有能な人材を採用し、素晴らしい仕事をするための権限を持たせる。

いまだに機能開発チームモデルを採用している企業にとって、人材は傭兵である。代わりはいつでも補充できると考えている。業者に依頼して仕事をアウトソーシングすることさえある。

しかし、エンパワーされたチームのモデルに力を入れている会社では、すべては価値観を共有し、プロダクトビジョンを情熱的に追求できる能

力を備えた人材を採用できるかどうかにかかっている。つまり、人事という仕事を、避けられない作業から戦略的なスキルへと移行しなければならない。

機能開発チームに基づく会社から転職してきた人はたいてい、スカウトや面接プロセスの真剣さ、新入社員のオンボーディングにつぎ込む時間、そして人材をコーチングしてポテンシャルを引き出す継続的な取り組みといった違いを見てびっくりする。

人事を扱う優れた道が1つしかないと示唆しているわけではないが、ほとんどの会社と採用担当のマネジャーがしているよりも、ずっと多くの労力をかけるべきだと言いたい。

さらに一歩踏み込むと、人事のスキルは会社のスキルの指標として、最も重要かつ有効な指標の1つであると伝えたい。

CHAPTER

# 26

# 能力と人格

　プロダクトチームのメンバーを信頼していない経営幹部やマネジャーと話をすると、スカウト・採用すべき人物像について、とても古い、私に言わせれば有害な見方をしていることが多い。

　そこで、これらのリーダーに、人事についてまったく異なるアプローチを検討するように勧めることになる。

　まず、「優れたプロダクトチームは『普通の人々』で構成される」と言うとき、私は誰でもいいから採用して、卓越したチームのメンバーにできると言いたいわけではない。成功するために必要なスキルを備えている必要はある。

　しかし、候補者の学歴や、「カルチャーフィット」というあいまいな概念、候補者がいわゆる「10倍の成果を上げる人材」かどうか、あるいは該当分野の深い知識を持っているかといったことよりも、これから説明する資質に重点を置くことを勧めたい。

　はっきりさせておきたいが、「10倍の成果を上げる人材」は実在する。同僚よりも10倍貢献できる能力を実際に示してきた人はいる。

　しかし、10倍の成果を上げる従業員がいても、必ずしも10倍の結果を

生み出せるとは限らない。なぜなら、プロダクト企業の結果はプロダクトチームから来るものであり、もし10倍有能な従業員の態度が有害なら、会社にとっては益より害のほうがはるかに大きい可能性が高いからだ。

　人材をスカウトし、エンパワーされた職能横断型プロダクトチームを編成するために検討すべき性質について説明しよう。

## 能力

　『7つの習慣』などを著したスティーブン・コヴィーは次のように説明している。

　「信頼は、能力と人格という2つの要素の相関関係である」能力には、できること、スキル、実績が含まれる。人格には、誠実さ、やる気、善意が含まれる。どちらも欠くことはできない。

　人格については次の章で論じるが、エンパワーされたプロダクトチームに採用する最低条件は、該当する職種に求められる能力が備わっていることである。エンジニア、プロダクトデザイナー、またはプロダクトマネジャーに必要とされるスキルを備えた人を採用しなければならない。
　ここで、あまりに多くの会社が、後々の苦労の種を蒔いてしまう。
　「Aクラスの人はAクラスの人を採用するが、Bクラスの人はCクラスの人を採用する」という古い格言を聞いたことがあるかもしれない。採用担当となるマネジャー本人が熟練のプロダクトマネジャー、デザイナー、またはエンジニアでなければ、候補者を審査する能力が不十分なので、その仕事をする能力のない人を採用してしまう可能性があるのは、簡単に想像がつく。そして、本人に十分な経験がなければ、採用した人が必要な能力を得るまでコーチングして育てることなど到底できない[26]。
　たいていの場合は能力ベースで採用を行うが、ポテンシャルベースで採用することには何の問題もない。ただし、採用担当マネジャーがその

人を積極的にコーチングし、必要な能力まで引き上げ、それがかなわなければ、その人のために別の仕事を探すことに尽力できる場合に限る。採用担当マネジャーにとっては、まとまった時間と労力の両方が必要になってくる。

人事はマネジャーにとっての3つの重要な責務の1つだが、ここで明確にしておくと、該当する職種に求められる能力を確保するのは決定的に重要である。能力が足りなければ、該当するメンバーとチームは、マネジメントや経営陣の信頼を得ることを期待できないだろう。能力なくして持続的なエンパワーメントは不可能だ。

## 人格

必要な能力が候補者に備わっていることがわかると、ほとんどの会社はいわゆる「カルチャーフィット」に注目する。

これは、優れた組織を構築する取り組みにとってとりわけ有害な概念の1つかもしれない。

企業は世界中の膨大な人口から、「カルチャーフィット」していないほとんどすべての候補者を除外する。言うまでもなく、この「カルチャーフィット」は雑に定義された概念である。

あまりに多くの企業で、「カルチャーフィット」とはすなわち、「自分たちと同じような外見で、同じような考えを持った人を採用する」の政治的に正しい言い換えになってしまっている。

われらがテクノロジー業界ではだいたい、「一流大学の技術系学位を持った男性を採用する」という意味になる。経験上、これは意識的あるいは意図的にやっているわけではないが、結果は明らかだ。

ここでは、「カルチャーフィット」は間違った目標であるとの説得を

---

26　繰り返しになるが、もしあなたがこの状況に陥っていたら、プロダクトリーダーシップをコーチングしてくれる経験豊富な人を探すことが不可欠だ。

試みたい。

　あまり知られていないが、歴史上最も成功したプロスポーツチームは、ニューヨーク・ヤンキースでも、シカゴ・ブルズでも、マンチェスター・ユナイテッドでもない。ラグビーのニュージーランド代表、オールブラックスだ。100年以上にわたって最強チームとして君臨してきたという、並ぶもののない記録を持つ。

　オールブラックスは、人格の重要性をはるか昔に学んだ。そこで、選手やコーチを評価するときに、明確かつあいまいさのないポリシーを導入している。それは、「イヤな奴お断り」ルールだ[27]。

　選手やコーチの能力がどれほど高くても、イヤな奴であれば、総合的にチームに悪影響を及ぼすと理解しているのだ。

　したがって私も、膨大な候補者のプールを「カルチャーフィット」でごくわずかな数に絞り込むのではなく、プールを大きく保ったまま、比較的少ない「イヤな奴」を除外することを主張したい。

　皮肉なのは、必要な信頼を築くために能力と人格の両方がきわめて重要であるとわかっているにもかかわらず、あまりに多くの企業とマネジャーが、「カルチャーフィット」には該当するが能力の足りない人を採用したり、抜きんでたスキルの高さに目がくらんで「イヤな奴」を採用したりしてしまうことだ。

　自分たちに似た人を採用する、想定外の有害な結果の1つは、考え方が似通ってしまうことだ。

　自分たちの考え方が間違っているというのではない。考え方の異なる人材こそ、本当に必要だからだ。これは、チームの多様性を向上させる、最も明確ですぐわかる利点の1つである。難しい問題に複数の視点から

---

27　オールブラックスのファンならご存知かもしれないが、実際にはもっと下品な言葉が使われている。しかし、彼らの用語は人によっては不快感を覚えるため、私はそれなりに生々しい「イヤな奴」に言い換えた。この用語は、スタンフォード大学の優秀な教授、ボブ・サットンが著した『あなたの職場のイヤな奴』（ボブ・サットン著、矢口誠訳、講談社、2008年）から借りている。

アプローチできれば、問題を解決できる可能性は格段に跳ね上がる。

　したがって、自分たちと似た人材ではなく、異なる人材を探すことを意図的なポイントにしよう。異なる環境出身の人。異なる教育を受けた人。経験してきた仕事のタイプが異なる人。人生経験が異なる人。

　このレンズを通して候補者を見ると、優れた候補者が世界中にたくさんいるとわかる。自社のありふれた風景に隠れていることもある。ただし、必要な能力が備わっていて、イヤな奴でないことだけは確認しよう。

# 27

# スカウト

　ほとんどの人は、人事は候補者集めから始まると考えるが、これから見ていくように、優れたプロダクト企業の人事は、積極的なスカウトから始まる。

　人事部主導の採用アプローチでは、採用担当マネジャーが職務内容を提供する場合もあるものの、人事部から履歴書・職務経歴書が回ってくるまで、状況は動かない。質の良い履歴書・職務経歴書が十分に届かない、と採用担当マネジャーが文句を言うのは、人事部主導のアプローチによる弊害のわかりやすい現れといえる。

　しかし、有能なマネジャーは逆だ。自ら必要な人材を見つけ、自ら出向いてスカウトする。

　その行動原理は、大学やプロのスポーツチームに似ている。スポーツチームでは、指名なしで選抜試験を受ける人（履歴書・職務経歴書を会社に送付してくる人に近い）を採ることもまれにあるが、ほとんどの場合はコーチが必要な人材を積極的にスカウトする。有望な候補者に会い、人となりを知り、チームに加わってもらえるように説得する。

　私の知る限り、書類選考ではなくスカウトこそが、多様性を向上させる近道であることは、指摘する価値があるだろう。メンバー一人ひとり

の価値観が異なるチームでこそイノベーションが生まれると採用担当マネジャーが理解している場合はなおさらだ。一般的に、同じような人は何人も欲しくないし、必要もない。受けてきた教育、問題解決へのアプローチ、人生経験、強みの異なる人たちが必要なのだ。

真に有能なマネジャーは、スカウトを通じて、単なる人間の集団ではないプロダクトチームをつくり上げているのだと熟知している。

では、そのような人材はどこで見つかるのだろう。

スカウトできそうな人材のネットワークの構築は継続的な取り組みであって、欠員が出てから取り掛かることではない。業界の会議や専門分野のミーティング、競合企業、パートナーや顧客への訪問、紹介、さらには社交の場まで、人と会う機会はさまざまだ。

さらに関係を深めたいときは、電話やお茶の予定を組む。メンタリングの関係を結ぶチャンスが生まれ、うまくいけば機が熟したときにコーチングの関係に発展する。

また、候補者を惹きつけ、会社のイメージアップに寄与する、業界でも選り抜きの講演者を呼んで、自社のオフィスで講演会を開催する方法もお勧めしたい。

会社のブログを書いて、素晴らしいプロダクトの開発に尽力していることを示すのも、優れたテクニックだ[28]。

大企業で働いている場合、社内に適任の人材がいることもままある。並外れて賢いと評価され、しかも問題解決の方法を絶えず発見しているにもかかわらず、プロダクト担当者に向いているとは思ってもみなかった、という人材を、私は実にさまざまな職種で見てきた。

私は採用担当のマネジャーに対して、プロダクト開発部門の優れた人材を探すときには網を大きく広げるように推奨している。エンジニアリング、財務、マーケティング、営業、法務、あるいはビジネスオーナー

---

28　この方法が際立った効果を発揮している例として、素晴らしいCode as Craftブログ（www.codeascraft.com）を見てほしい。

やステークホルダーといった役割で、絶好の人材を見てきた。

ただし、社内の他の部署に対しては、とりわけ慎重に接しなければならない。あなたは人材をむやみに引き抜こうとしているのではく、誰もが自分の才能を活かせることを確認しようとしているだけなのだ。

また、スカウト対象のネットワークをつくるときには、忍耐力も必要になる。私は何人かの人材をスカウトするために、文字通り数年を費やした。まず人となりや仕事上の目標を知ってから、プロダクト開発の仕事に関する記事を送ったり、書籍の情報を共有したり、仕事上の目標やそこに達するためのステップについて雑談をしたりした。

たとえば、プロダクトマネジャーをスカウトするとき、私は起業家精神にあふれた人材を探す。求めるタイプの人材の多くは、いつの日か自ら起業したいという志を抱いている。そこで私は、プロダクトマネジメントという職種がスタートアップ企業の創業者やCEOの腕試しの場と考えられていることと、その理由を説明する。

ところで、あなたが部下の成長のために真摯かつ継続的に努力する有能なマネジャーとしての評判を確立したら、仕事を求めて連絡してくる人も増えるだろう。それは素晴らしいことだ。しかし、あなた自身が必要な人材とチームをスカウトすることの代替にはならない。しかも、個人としてそのようなブランドを築くには、何年もかかることもある。

スカウトを、すべてのマネジャーが攻めの姿勢で一貫して取り組む業務にすることが不可欠である。部下の成長を心から気にかけていれば、驚くほど多くの人材を紹介してもらえることも知っておきたい。

さらに、プロダクト開発部門の人材に対しては、プロダクトビジョンが最も有効なスカウトツールになり得るし、そうすべきであることにも着目してほしい。そしてもちろん、開発したプロダクトが成功すれば注目が集まる。

スカウトを優先順位の高い継続的な活動にすれば、ほどなく多くの有望な候補者からなる健全なネットワークとファネルができあがるだろう。会社が新しい求人を掲示したときに、候補者のキャリアがちょうどいい転換点であれば、入社してもらうために最善の位置取りができるだろう。

## Callout

# スカウトを優先事項にする

　私（クリス）は、初めての仕事でスタートアップ企業のプロダクトマネジャーとして働いていたときに、コーチングの真の力を経験した。部下のいない一般社員として仕事を任されていたが、いずれはプロダクトマネジメントチームを編成することを期待されていた。会社は急成長しており、私の担当するプロダクトも勢いに乗り、顧客を獲得しつつあった。ありえないくらい忙しかったが、ついに仕事を手伝ってもらうプロダクトマネジャーを採用する許可を得た。

　一般社員として要求される仕事は変わらなかったので、採用プロセスの進行は小さな人事部に大きく頼ることにした。進捗を週１、２回確認し、履歴書・職務経歴書を確認し、電話による予備面接を行ったが、それ以外はとても受動的だった。仕事は他にたくさんあったし、そもそも人事部はそのためにある、と思ったのだ。

　当時は、マネジャーと定期的に１on１を行っていた。採用活動の進捗について聞かれると、有望な履歴書・職務経歴書や電話面接について報告した。そして、プロダクトや事業内容に話題を移し、皮肉でもなんでもなく、どれほど自分が順調に仕事をこなしているかを語った。

　２週間後、面接に進める候補者は１人も見つかっていなかった。１on１で、マネジャーは話題を変えさせなかった。一切の迷いなく、新しいプロダクトマネジャーの採用こそが、現時点で一番重要な仕事なのだと話した。そして、それが本来業務であり、君が時間をかけているその他あらゆることは違うのだと説いた。重要性を強調するため、採用者が決まるまで少なくとも５割の時間を採用業務に使って、他はすべて二の次にするように指示した。

　大ショックだった。今の仕事さえこなせていないのに、どうやってそんなに時間を空けられるのだろうか。マネジャーと２人で私の仕事を全

部確認し、優先順位を下げられるもの、社内で引き継げるもの、マネジャー本人に引き取ってもらえるものについて話し合った。

　採用活動のための時間を空けたところで、ある事実を悟って衝撃を受けた。それほどの時間をどうやって採用に使うのか、考えもつかなかったのだ。するとマネジャーは、一連のプロセスを通じて私を導いてくれた。戦略のブレインストーミングを行い、個人的なネットワークを開拓、拡大し、積極的に候補者を探し、職務内容を見直した。全体としては、人事部主導の採用プロセスに送り込むのではなく、採用活動でもっと積極的な役割を果たすための方法を確立していった。

　たった1回のこの面談が、私のキャリアの中でも最も印象深い1on1の1つとなった。

　この経験が、自分の仕事に対する私の視野を大幅に広げてくれた。マネジャーと新たなレベルの信頼関係を構築させてくれた。成長の必要のある領域に光を当ててくれた。そして、本物のリーダーシップの姿を、ほんの少しだけ私に見せてくれた。私は新たな刺激を受け、採用活動にのめり込んだ。

　そのとき起こったのは、私の考え方の枠組みの変化だ。新たなツールやスキルを学ぶことはその一部だが、それだけではない。コーチングするマネジャーのマインドセットを垣間見て、初めて部下を持つことになった私も、そのマインドセットを取り入れなければいけないと自覚したのだった。

## Callout

# アウトソーシング

ここまで読んだ方なら、アウトソーシングの成功の公算について私が何を言おうとしているか、予想がついているだろう。

その前に、ちょっとした注意を述べておこう。ここから述べる内容は、テクノロジープロダクト組織の中核となる役割、つまりプロダクトマネジャー、プロダクトデザイナー、エンジニア、データアナリスト、データサイエンティスト、ユーザーリサーチャー、そしてこの人たちのマネジャーのアウトソーシングに関するものである。プロダクトは会社の生命の源であり、彼らのスキルはコアコンピテンシーでなければならない。

顧客はこれらのプロダクトとサービスに頼っている。こうした職種をアウトソーシングすると、伝道師のチームを編成するチャンスはほぼ確実に失われてしまう。逆に、文字通り傭兵のチームが誕生してしまう。

必要なスキルを備えた人員が社内にいない、と言うかもしれない。それなら、そうした人たちを採用するか、既存の社員に投資して、主にコーチングやトレーニングを通じてスキルを学び、身につけてもらおう。

低コストのオフショア企業に発注することでコストダウンになると考えるかもしれない。それではコストがかさむ割に得られるものははるかに少なくなってしまうと断言したい。時間とコミュニケーションの面での大量の無駄、そしてさらに重要な点としてイノベーションを起こす可能性の喪失により、アウトソーシングは非常に悪い投資となっている。

時折、テスト自動化や大規模な移行などの作業で、一時的に大量の業務が発生するといった状況で下請け企業を使うことは問題ではない。

ただし、伝道師の小さなグループは常に傭兵の大きなグループにパフォーマンスで勝ることだけは覚えておいてほしい。プロダクトの発見とデリバリーの両方のニーズを考えれば、なおさらこれが言える。

# 28

# 面接

　人事に関する一連の章の中で、この章では面接プロセスについて説明する。

　スカウトと同様に、採用担当マネジャーは、面接チームにとっての面接の有効性と、候補者にとっての面接の体験に責任を負う必要がある。

　採用担当マネジャーは、管理部門や人事部門の助力を多少は得るかもしれないが、このプロセスに対して当事者意識を持ち、積極的にマネジメントする必要がある。

　全体にわたるゴールは、性格の優れた人材を採用し、採用するすべての人が——少なくともプロダクトマネジャー、プロダクトデザイナー、テックリードに関しては——チームの平均レベルを押し上げるようにすることである。

　ここで留意してほしいのだが、エンジニアはプロダクトチームに複数在籍しているため、経験と能力レベルに幅があることは問題ではない。しかし、プロダクトマネジャー、プロダクトデザイナー、テックリードについては、それぞれチームに１人しかいないので、高い水準の能力を備えていることがきわめて重要になる。これらは「新人向け」の役割で

はないのだ。

　私が見かける最も一般的な問題は、面接チームの選定にある。インクルーシブであること、そして意見のある人が全員発言できるようにすることを第一に考えてしまうケースがあまりに多い。しかし、このアプローチで水準が上がることはめったになく、しばしば平均能力レベルが着実かつ徐々に下がっていく事態につながってしまう。

　したがって、採用担当マネジャーは面接チームのメンバーをきわめて慎重に選び出し、編成しなければならない。各メンバーは、能力と人格の両方に基づいて選ばなければならない。有望な候補者が一緒に仕事をするのが誇らしくなり、また一緒にビールを飲み交わせるような人でなければならない。

　面接チームのメンバーが全員、求められるスキルや経験（採用を目指している職種によって異なる）を具体的に理解していることと、きちんと準備ができていることを確認しよう。

　比較的大規模な企業では面接ガイドラインを整備し、適切な質問や不適切な質問に言及しているが、面接の内容そのものについて有意義な指針となっていることはめったにない。

　一連の面接における採用担当マネジャーの目標は、面接日の終わりまでにその場で答えられなかった質問を必ず解決するということである。通常は、各面接担当者がその場で答えられなかった質問を次の面接担当者に引き継ぎ、その担当者が調べるようにする。そして、採用担当マネジャー、あるいは最終面接担当者になった人は、必要なだけ時間を延長して、それまでに答えられなかった質問を解決しなければならない。

　同様に、採用担当マネジャーが、候補者が明らかに当社に合わないと指摘するフィードバックを面接担当者からもらった場合は、その日の面接を早めに打ち切ってしまって構わない。

　特筆すべきポイントが3つある。

　まず、能力に基づく採用と、ポテンシャルに基づく採用には違いがあるということ。通常は、必要な職務を遂行できる能力を示している人材

を探す[29]。

　しかし、場合によっては、ポテンシャルに基づいて採用することもある。つまり、その職種で成功できるだけの資質はまだ示していないが、会社として賭けてみたいと思える人材の採用である。新卒採用は一般的な例だろう。ポテンシャル採用の場合、採用担当マネジャーがこの点を面接チームにはっきりと伝えることと、マネジャー本人が必要な時間とエネルギーを割いて採用者をコーチングし、求められる能力まで引き上げることが重要である。

　この場合、通常の週次 1 on 1 だけでなく、毎日のコーチングが数カ月間続くことも少なくない。しかも、採用した人が妥当な期間内に必要な能力に達しなかった場合、採用担当マネジャーは失敗を是正する責任を負わなければならない。

　第二に、会社は現在のメンバーと同じような人を求めているわけではないという点について、面接チームに絶えず念を押す必要がある。異なる考えを持った人たちがいてこそ、イノベーションは栄える。したがって、異なる教育、異なる人生経験、異なる文化、異なる問題解決アプローチを持つ候補者が大いに求められる。

　第三に、多くの採用担当マネジャーは、当該分野の知識を重視して採用するという間違いを犯している。しかし、ほとんどの職種に関しては、適切なスキルを備えた適切な人材を採用すれば、分野に関する知識は後から身につけることができる。そのスピードは、分野の知識を備えた人がプロダクトに関するスキルを身につけるよりもはるかに速い。実のところ、分野に詳しすぎるとかえって足かせになる場合が多い（そうした人は、自分が顧客だという勘違いを犯すことがある）。

---

29　面接中に能力の有無を判断する方法を学べる優れた書籍が、『社長の悩みがすべて解消する「右腕採用力」養成講座』（ジェフ・スマート、ランディ・ストリート著、ダイレクト出版、2014）である。

# 私が気に入っている面接の質問

　この質問は、面接の後半になって登場し、次のような設定になっている。

　あなたのことが少しわかってきたところで、仕事に関する４つの大まかな資質を挙げます。プロダクト担当者ですので、私としてはどれも優れていることを期待しています。ただおそらく、４つの資質がすべて同じレベルにあると考えているわけではないでしょう。そこで、ご自分が最も高いと思う資質から低いと思う資質の順に挙げていただけないでしょうか。

　この設定は、緊張をほぐすような形で説明しよう。候補者に、正しい答えはなく、正直な対話が望まれていると理解してもらわなければならない。

　では、４つの資質を順不同で述べよう。私（クリス）は通常、次のように説明している。

　１．実行力──どのくらいうまくものごとをやり遂げ、言われなくても正しいことを実行し、複数の目標を同時に追求できるか。

　２．創造力──その場にいる人の中で、あなたが一番多くのアイデア、または最も優れたアイデアを提案できたケースはどの程度頻繁にあるか。

　３．戦略──現在取り組んでいる内容を俯瞰的に、より広いマーケットやビジョンのコンテキストでとらえ、それを他の人たちに対して明確に提示することが、どのくらいうまくできるか。

　４．成長──プロセスの賢い使い方やチームマネジメントなどを通じて取り組みの成果を倍増させる能力に、どのくらい優れているか。

この質問の価値は、自ら認識する弱みをさらけ出すような対話に候補者がどのように関わるかが現れるところにある。

　私は、プロダクト担当者の自己認識のレベルと、成長が必要な領域を自ら見つけて認める能力を非常に重視する（この質問は、従来の「あなたの弱点について教えてください」の、わざとらしさを抑え、より効果的にしたものと考えることができる）。

　この会話にあまり乗り気でない、あるいは会話を続けられない候補者、あるいは自己評価が面接の他の質問ですでに見てきた内容と大幅に異なる候補者には、私は懐疑的である。

　あなたが採用担当マネジャーであれば、この質問は別の面でも役に立つだろう。つまり、自分自身のバイアスをチェックし、（たいていは自分の）クローンを大量に採用する事態に陥らないようにするのだ。

CHAPTER **29**

# 採用

　面接が終わると、うまくいけば会社にとって大きなプラスになる候補
者が見つかっているだろう。ここで内定通知を出し、候補者と雇用契約
を締結する必要がある。

　採用プロセスの大半は、人事部のコンプライアンスと報酬によって左
右されるが、採用担当マネジャーにもいくつかの重要なポイントがある。

　まず、本当に有能な候補者を見つけたら、すばやく動くことがきわめ
て重要である。24時間から48時間以内に内定通知を出せるように努めよ
う。それ以上かかると、優秀な候補者を逃してしまう可能性がある。た
とえ逃さなくても、候補者から会社が判断に迷っているように見えてし
まうのは印象が良くない。

　２番目に、リファレンスチェック[30]には真剣に取り組み、他人に任せ
ずに自ら担当するべきである。前職の関係者に、この候補者をまた採用
するかどうかを必ず確認しよう。

　リファレンスチェックの最も重要なゴールの１つは、性格に起因する

---

30　訳注：経歴照会ともいう。前職の関係者に能力などを問い合わせること

有害な候補者を見分けることである。そのような人のほとんどは、面接の際には性格的な問題を隠すことができるが、前職の雇用主はよく知っている。

リファレンスチェックでは、ネガティブな情報を共有するのをためらう人も多いため、相手が共有をいとわない情報をすべて出してくれるように、言い出すきっかけを与えよう。この理由から、メールによるリファレンスチェックはめったに用をなさない。電話または喫茶店でのミーティングのほうが、有用なフィードバックを得られる可能性がはるかに高い。

また、リファレンスチェックをさらに一歩先に進めよう。現代において、性格に問題のある人物を見つける確実な方法の1つは、ソーシャルメディアにおける候補者の行動を調べることだ。候補者のプロフィールを見つけ、他の人とのやりとりをチェックしよう[31]。思慮深く、敬意のあるやりとりをしているだろうか。それとも、性悪説に立ち、よく考えずに返信するようなタイプだろうか。

ソーシャルメディアの場で常に失礼な候補者は、やがて職場でも同じように振る舞う可能性が非常に高い。

正式な内定通知は人事部から出すことも、採用担当マネジャーから出すこともあるが、いずれの場合でも最も重要なのは採用担当マネジャーが候補者に電話し、もし入社してしっかりと努力してくれれば、自らコーチングに時間をかけ、ポテンシャルを引き出すように育てると約束することだ。

候補者が特に優秀であれば、複数の内定通知が届くこともある。このような場合に私がよく使うのが、CEOまたはその他の重要なリーダーに、候補者と直接話してほしいと依頼する方法だ。これは候補者に非常に価値あるメッセージを送るだけでなく、会社との関係をスムーズにスタートさせるために役立つ。

---

31　国によっては、あらかじめ候補者の許可を得る必要がある。

認識してほしいのは、内定通知は会社の名前で出すものだが、採用は個人が行うということだ。つまり、マネジャーは個人として内定者の人間的、職業人的成長を約束し、内定者は個人として会社のビジョンと成功への貢献を約束する。

　ほとんどの候補者にとっては、徹底的に自分の側についてくれ、自分が職業人として成長するために積極的に尽くしてくれる人がいることは、どんな要素よりも重要だ。そしてもちろん、採用担当マネジャーはその誓いを守らなければならない。

# スパン・オブ・コントロール

　スパン・オブ・コントロール（管理の幅）とは、マネジャーが担当する直属の部下の人数である。

　ほとんどの会社には標準的な幅があるが、会社がコーチングとプロダクト戦略に真剣に投資するならば、その点はマネジャーが責任を負う部下の数に影響を与える。

　部下を持つすべてのマネジャーにとって第一の責任は、部下をコーチングして育てることである。しかし、管理対象となる人のタイプによって、コーチングに必要となる時間は大幅に変わってくる場合がある。

　検討すべき主な要素を次に挙げる。

## 業務責任レベル

　あなたの職務に、プロダクト戦略、デザイン戦略、アーキテクチャーや技術負債戦略などの重要な業務責任が伴う場合、それらは大いに時間を消費する。

## 従業員の経験レベル

　多くの会社では、求める職務の経験が浅い人を採用し、コーチングして成功に結びつけるほかに選択肢がほとんどない。人材獲得競争があまりに激しいため、桁外れの給与を支払うか、証明済みの実績ではなくポテンシャルに基づいて採用するしかないことは多い。

　これは非常にうまくいくことも多いが、2つの重要な注意点がある。まず、採用担当マネジャーがコーチングのスキルを備えていて、必要な時間と労力をつぎ込むことをいとわず、またそれが可能であること。次に、この場合は直属の部下の数を少なくする必要があること。たとえば、通常は6人から8人を担当しているマネジャーでも、4人から5人にす

るなどである。

## ▌マネジャーの経験レベル

同様に、マネジャーの経験レベルも、適切なスパン・オブ・コントロールの重要な要素となる。あらゆるスキルと同様に、コーチングスキルは育てることができる。そして、コーチングに誇りを持っている経験豊富なマネジャーは、そうでないマネジャーより部下の教育を大幅に効率的かつ効果的に行うことができる。

## ▌組織の複雑さ

組織が大きくなると、全体像をつかむことや、幅広い世代や職域をマネジメントすることが大幅に難しくなる。

その理由の一端は、依存関係、相互作用、結果として生じるコミュニケーションの多さによるものだが、大企業特有の対人力学（社内政治）による部分もある。

## ▌比率

では、マネジャーは直属の部下を何人持つべきなのだろうか。

一般的に、ある程度の規模を持つテクノロジープロダクト組織でスパン・オブ・コントロールが最小なのは、グループプロダクトマネジャーである。これは選手兼任コーチのような役職で、最大2〜3人の部下に責任を負う。

最大のスパン・オブ・コントロールを持つのはたいていエンジニアリングマネジャーで、レベルもさまざまな10人から15人の一般エンジニアを担当することも珍しくない。

ほとんどのマネジャーはその間のどこかに落ち着き、だいたい5人から7人の直属の部下を持つ。

一部の企業は、組織が非常にフラットであることに誇りを持ち、スパン・オブ・コントロールが大きくなっているが、個人的な経験から言う

と、こうした組織は人材を育てるコストがかなり余計にかかっている。これは一般社員のレベルでも例外ではない。あるいは、そのような会社は人材のコーチングと育成にまったく気を使っていないかのどちらかだ。

CHAPTER / **30**

# リモートワーカー

　私がふだん自分の仕事や著述で重視する問いは、「自分たちが継続的なイノベーションを起こす可能性を最大限に高めるために、超一流企業のベストプラクティス（最良の方法）をどのように活用するか」というものである。

　この点に貢献する重要な慣行は多いが、その中で私は、プロダクトチームを１カ所に集めるという手法の力を長年にわたって支持してきた。

　ジェフ・ベゾスによる次の言葉が、私の経験をうまく言い表してくれている。

　Amazonのプロダクトチームには明確なミッションと具体的なゴールがあり、職能横断型かつ献身的で１カ所にまとまっている必要がある。なぜだろうか。創造力は人と人との相互作用から生まれる。インスピレーションは、強い集中から生まれる。スタートアップ企業と同じように、チームはガレージに集まって、実験し、反復し、話し合い、議論し、何度も何度も試行錯誤する。

Amazonが最も革新的な企業であり続けていることを、私は偶然と思っていない。

　しかし、多くの企業にとっては、問い自体が変化している。

　いまや、私に寄せられる問いは、「プロダクトチームが分散し、一部または全体がリモートワークに従事しているという前提で、自分たちが継続的なイノベーションを起こす可能性を最大限に高めるために、ベストプラクティス（最良の方法）をどのように活用するか」に変質している。

　この重要な問いに対応するのが、この章の主題である。

　分散型チームが仕事のやりとりや管理のために採用している有名なツールや手法については、ここでは触れない。幅広いクラウドベースのコラボレーションツールや、動画ベースのコミュニケーションサービスなどについては、すでになじみがあるものと仮定する。

　その代わり、職能横断型プロダクトチームの本質に深く斬り込み、チームとして前進を続けるために注意すべきことについて説明する。

　まず、すべてのエンパワーされたプロダクトチームには、発見とデリバリーという2種類の主な活動がある。

　1カ所に集まることの素晴らしい効用について主に言われるのは、前述したベゾスの言葉のように、ディスカバリーの段階だ。

　それに比べると、デリバリーの段階ではトレードオフに近くなる。1カ所で働いていたほうがコミュニケーションは取りやすいが、そのぶん無駄な中断も多くなる。総合的には、デリバリー段階においてはリモートワーカーのいるチームも健闘しており、チームが1カ所に集まっている場合よりうまくいくこともある。

　リモートワーカーにとって本当に大変なのは、ディスカバリー業務について検討するときである。

　リモートチームでも1カ所に集まったチームでも、ディスカバリーの全体的な手法や仕組みはそれほど変わらない。

　リモートでも対面と同様に、プロダクトに関する多くのアイデアを集

め、それらをすばやく試していく。そのためには、通常、プロトタイプを作成してから、実際のユーザーを対象に定性的または定量的なテストを実施する。

もちろん、定性的なテストを実際に対面で行う可能性は低いが、動画ベースのテストを増やすことで、対面テストができない不利を補うことができる。

しかし、リモートならではの重要な違いが、プロダクトマネジャー、プロダクトデザイナー、テックリードが構築に足るソリューションを発見すべく協力する際の力関係に影響を与える。

よく見かける重大な問題は次の3つだ。いずれも、イノベーション能力にかなりの害を及ぼす。

## 成果物

プロダクトマネジャー、プロダクトデザイナー、テックリードを引き離したとたん、きわめてありふれたアンチパターンが出現する。

3人が集まって「この問題をどうやって解決するか」という問いについて話し合う代わりに、互いに提出する成果物の作成を始めてしまう、重力にも近い誘惑がある。

プロダクトデザイナーはプロダクトマネジャーに、「ブリーフィング」あるいは要求事項と制約を書くように依頼する。

テックリードは、エンジニアたちがプランニングを始められるように、ワイヤーフレームをいつ頃までに作成できるかをデザイナーに問い合わせる。

プロダクトマネジャーはエンジニアに見積もりを求める。

たちまち、新しいリモートワークのプロセスは、成果物を順々に渡すというウォーターフォールのようなプロセスに逆戻りしてしまう。イノベーションが損なわれるだけではなく、議論全体がアウトカムではなくアウトプットに戻ってしまう。

この傾向とは、常に闘わなければいけない。こうしたトピックについて三者の間でビデオ通話をするのは、あまり効率的ではないように感じるかもしれない。しかし、「この問題をどうやって解決するか」についての議論に立ち戻ることが不可欠なのである。

プロダクトディスカバリー段階のあいだは、主な成果物はプロトタイプであるべきである。

デリバリー段階で何かを構築する判断をした場合、リモートになっているエンジニアは、1カ所に集まっているエンジニアと比べて、最新のプロトタイプに通じているとはいえない可能性が高いのは事実だ。したがって、エンジニアが構築し、品質保証テストを実施すべき内容については、時間をかけて十分に詳しく説明する必要がある。しかし、それは価値、ユーザビリティー、実現可能性、事業実現性を備えたソリューションが手元にあると確信できてからである。

## 信頼

プロダクトディスカバリー全般、特にイノベーションは、心理的安全性の概念に左右される[32]。心理的安全性とは、プロダクトチームのメンバーが、自分たちは敬意を払われており、自分たちの貢献が価値あるものとして歓迎されていると感じている状態である。

プロダクトチームに1人でも「イヤな奴」がいると、この力学が崩れる、という点は前に述べた。幸い、ほとんどの人は、少なくとも直接会えば「イヤな奴」ではない。しかし、互いに離れた場所にいて、面と向かって話していないときは、いつもは働いているフィルターと感受性が衰えてしまうことがある。

少なからぬ人が、同僚の裏の顔を見たと私に教えてくれた。それは必ずしも良い顔ではない。

---

32　https://rework.withgoogle.com/blog/five-keys-to-a-successful-google-team/

ここでコーチングが非常に大切になってくる。私の経験上、ほとんどの人は冷酷や鈍感に振る舞いたいわけではない。ただ、オンラインではオフラインほど、話を続けられるだけのソーシャルキュー[33]がないだけだ。優れたマネジャーは、チームメンバーとのオンラインでのやりとりについて対象の人物をコーチングして、改善できる点の認識を促すことができる。

メールやSlackのメッセージを送信した方が効率的に思えるかもしれない。しかし、下手に書かれたメッセージによって信頼が崩れ、ダメージコントロールに何時間も必要になったら、結局のところ効率的とはいえないかもしれない。

リモート勤務を採用する場合は、センシティブと解釈されうる内容は常にビデオ通話を介して扱うほうがよい。面と向かっての会話ほど優れてはいないが、表情、声のトーン、ボディランゲージなどが含まれるほうがずっとよい。それらはコミュニケーションに欠かせない部分であり、信頼を培い維持するのにきわめて重要だからである。

## 時間

一部の人は、ほとんど邪魔されない在宅勤務環境を確立している。そのような人は、難しい問題についてじっくり考える時間があり、自分がこれまでで最も生産的になっていると感じている。

しかし、その他大勢、特に子育てなどの家事を抱えている人は、家庭生活の負担から逃れ、仕事ができるようになるために、出勤の気楽さを切実に求める。

現実的には、プロダクトチームのメンバーが全員、意義ある貢献ができるだけの切れ目ない良質な時間を同じだけ確保できる可能性は低い。

---

33 訳注：身振り手振り、表情など、相手の雰囲気から読み取れるコミュニケーションのヒント

100パーセント仕事につぎ込める時間を1日1時間確保するだけでも非常に難しい場合がある。

そこで、柔軟になることをお勧めしたい。たとえば、プロダクトデザイナーに小さな子供がいて、集中できる時間を早朝か深夜に1時間しか取れないとする。もし、プロダクトマネジャーとテックリードが都合をつけられるなら、そうする価値がある。

成果物、信頼、時間。この3つをうまく扱うのは、どれも一筋縄ではいかないことはわかっている。

もし、チームが分散したことで以前ほどの成果を上げられなくなったのであれば、そこが重点的なコーチングのテーマとなるだろう。

プロダクトチームのメンバーが、これらの諸問題の潜在的な可能性を認識し、マネジャーが問題を回避、あるいはそれらに対処するためのコーチングを行えば、リモート勤務環境でも、優れたプロダクトディスカバリー業務をやり遂げることができる。

CHAPTER / 31

# オンボーディング

　職種に求められる能力と優れた人格を備えた人材がめでたく入社することになった。プロダクトチームのメンバーとして貢献する準備は万端だ。

　だが、残念ながら採用担当マネジャーとしての仕事は始まったばかりだ。

　チームの新たなメンバーにとって最初の3カ月はきわめて重要で、そのメンバーの在籍期間全体を方向づける決め手になる可能性が非常に高い。

　この過程でのチェックポイントをいくつか挙げてみたい。

・1日目の終わり——新人は、チームに少なくとも1人、今後の友達になりそうな人ができたか？　新人は、自分に期待されていることがわかっているか？

・1週目の終わり——新人の第1週目はどうだったか？　プロダクトチームのすべてのメンバーと個人的に知り合いになる機会があったか？

・初回の給料日後——新人はこのあたりで、入社という自分の選択を無意識に振り返るのが普通である。

・1カ月後——この時点で、新人は会社と、そこでの本人の可能性につ

いてそれなりのイメージができあがっている。

・60日後——新人は、自分の価値を会社に認めさせる対外的な成功を収めたか？

　マネジャーは、この期間中に新人の第一印象が決まることを認識してほしい。特に会社のさまざまな部署の上級管理職の面々や多くの経営幹部に対しては、第一印象が良くなかった場合、修正するチャンスはほとんどない。

　新人がどれほど有能でも、能力が急上昇する機会はある。会社の顧客、従業員、仕事、文化、テクノロジー、そして会社が属する業界について学ぶことはすべて、新人が周りに追いつくためにきわめて重要である。

　採用担当マネジャーとして最初に確立したいのは、コーチングに対する新人の快い受け入れである。たいていの人は、自分の成功に尽くしてくれるマネジャーの存在を心からありがたく思う。しかし、コーチングによって自分が脅かされる気がしたり、混乱したりする人もいる。

　コーチングが必要ということは自分に何か問題があるはずで、ひょっとしたら自分は新しい職場ですでにリスク対象とみなされているかもしれない、と思い込む人もいる。私は心理学者ではないが、新人が防衛的に振る舞っているときや、不安定さの片鱗を見せているときに、それを認識し、率直に対処することは難しくない。私のやり方は、自分のたどってきた道と、その過程でどのように人々に助けられてきたかを共有するというものだ。

　何らかの方法で、信頼に基づく関係を確立する必要がある。採用担当マネジャーは新人が仕事に最善を尽くすことを信頼し、新人は採用担当マネジャーが自分の成功のために何でもしてくれると信頼する。

　私は採用担当マネジャーとして、新人のオンボーディングをきちんとやっておけば、悲しみとダメージコントロールのための数えきれない時間を節約できる、ということを早いうちに学んだ。実際、マネジャーとして特に後悔の大きかった何回かのケースは、必要な時間と労力を割か

なかったときであった。

　まず、新人を評価し、その評価に基づいてコーチングプランを作成しよう。必要な知識とスキルを培うための十分な時間とチャンスを与え、新人に十分な能力が備わっていることを、マネジャーとして保証しよう。

　このオンボーディング期間には、能力の確立だけでなく、揺るぎない関係の確立にも重きを置くべきである。最初に採用担当マネジャーとプロダクトチーム、その後は会社の経営幹部とステークホルダーとの関係を築くことになる。プロダクトマネジャーにとっては、関係を築けるかどうかは、主に顧客と自社の事業に対する深い知識を得ることにかかってくる。すべては、この基礎の上に築かれる。

　プロダクトマネジャーの場合、一般的には一連の顧客訪問と、その後に学んだ内容の詳しい報告がこの基礎に含まれる。報告には顧客だけでなく、市場参入の仕組み（特に営業とマーケティング）と、顧客サービスの対応方法も盛り込まれる。また、オンボーディングには、重要なKPIについて財務部門から学ぶ時間も含まれる。事業にとってのKPIの意味や、その計算方法などだ。

　どのようなオンボーディングプログラムに決定しても、私はその基礎部分に、本物のユーザーや顧客との深い触れ合いを据えることを強く勧める。これは、エンジニアを含む、プロダクトチームのすべてのメンバーに当てはまる。

　必要なことを学んだと採用担当マネジャーが確信した新人には、主要なリーダーとステークホルダーを、1人ずつ個人的に紹介しよう。新人がしてきた準備と、真のパートナーとして協力したいという意志を彼らに強調して伝えるようにしよう。

　この後少なくとも数カ月間は、これらのリーダーやステークホルダーに連絡し、新人との関係がどのように進展しているか確認し、さらに伸ばしてほしい領域を追跡するようにしよう。

　思い出してほしい。リーダーとしての評価は、最も能力の低い従業員と同等である。従業員こそが、あなたのプロダクトなのである。

# APMプログラム

　現在操業中の優れたテクノロジープロダクト企業のほとんどは、さらに多くの有能なプロダクトマネジャーを常に探し求めている。

　私は何度もさまざまな方法で、プロダクトマネジャー職にきわめて有能な人材を配属するのがいかに重要かを書いてきたが、それでも、さらに人材が必要だという経営幹部の声が毎週のように耳に入る。

　このことをずっと前に認識した会社が、Googleである。最初に採用したプロダクトマネジャー、マリッサ・メイヤーのおかげでハードルが非常に高くなった同社では、長年にわたる取り組みにより、非常に競争力の高いプロダクトマネジャーをスカウトし、育て上げた。同社が抜きんでたエンジニアをたくさん擁していることはほとんどの人が知っているが、これらのエンジニアにふさわしいプロダクトマネジャーやプロダクトデザイナーたちを育成してきたことは比較的知られていない。

　Googleはごく早期に、有能なプロダクトマネジャーが不足していることに気づいた。それに対応すべく行ったことの1つが、APM（アソシエイトプロダクトマネジャー）プログラムだ。

　この名前は混乱を招くことがある。というのも、シリコンバレーの外にある多くの会社、特に機能開発チームを擁する会社では、「アソシエイトプロダクトマネジャー」はこのプログラムではなく、経験の浅い駆け出しのプロダクトマネジャーにつける名前だからだ。これから見ていくように、このプログラムはその正反対といえるので、名前に騙されないでほしい。

　Googleは、社内外から絶対的に有能で賢い人材を見つけるべくこれに取り組んだ。APMプログラムに入ると、志ある幸運なプロダクトマネジャーは、卓越したプロダクトマネジャー、さらにはプロダクトリーダーになるための、2年間にわたるコーチングプログラムを受けること

ができる。

このプログラムの目的は、他の領域（ビジネスや教育など）で実績を上げている、または上げつつある、好成績または高ポテンシャルの人材を選抜し、コーチングを通じて際立って能力の高いプロダクトマネジャーに育成することにある。

このプログラムにはマリッサの貢献が非常に大きい。彼女は、有望なプロダクトリーダーのコーチングに惜しみなく大量の時間をつぎ込んだ。プログラムはまさに、抜きんでた人材を何人も輩出した。大半の参加者がGoogleの優れたプロダクトやサービスを担い、その多くがやがて自らの会社を率いるようになった。

同じ精神から、私は長年にわたってスカウトしコーチングしてきたプロダクト担当者に誇りを持っているし、この人たちが業界のあちこちを占め、世界有数のプロダクト組織の多くを率いていることを、大いに嬉しく思っている。

私は、部下を持つマネジャーそしてリーダーの最も重要な仕事は、人を育てることだと教わった。

したがって、中規模以上の会社には、自社のきわめて有望なプロダクトマネジャー向けにAPMプログラムを準備するよう勧めることがよくある。

今日、APMプログラムの概念はGoogle 1 社の枠を超え、Facebook、Twitter、LinkedIn、Uber、Salesforce.com、AtlassianをはじめとするAPMが多くの一流テクノロジー企業に広がった。一部の企業では、毎年、新人のAPMがまとまって入ってくるたびにプログラムを開始している。他の企業では、プログラムをローテーション的に構成して、APMがさまざまな種類のプロダクトに触れられるようにしている。こうしたプログラムの準備にただ 1 つの正解は存在しないが、いくつかの原則を共有しておきたい。

第一に、プログラムを実施するには、コーチングに十分な時間を割く意思と能力がある、非常に有能かつ実績豊富なプロダクトリーダーが不

可欠である。リーダーが副社長格で、通常は他のマネジャーをマネジメントする立場だったとしても、そのリーダーが卓越した能力を備えていて、人を育てることの重要さを信じている場合、新人のコーチングに直接参加してもらえるように協力を求めよう。

そのようなリーダーがいない場合、あるいは必要な集中的コーチングを提供するのに必要な余裕がない場合、このコーチングを提供できる、実績豊富な外部のプロダクトリーダーと契約することも検討できる。この外部コーチには、結果を示すまで少なくとも1年の猶予を与えよう。

第二に、プログラムへの加入には非常に高いハードルを設定しよう。特に賢く、ポテンシャルが高いと認識されている人のみを受け入れるべきだ。どんな会話にも価値をもたらし、さまざまなことを起こして結果を出すのに突き動かされているような種類の人材だ。

第三に、プログラムの各参加者について徹底的なアセスメントを行い、スキルを育てる必要のある領域を特定しよう。このアセスメントは年間を通じて最新の内容に更新していこう。

第四に、参加者が自らのポテンシャルを引き出すことができるように、個人に合わせた1年から2年のコーチングプランを導入しよう。実績が証明されているリーダーと、週1回以上の1on1を行うべきである。

もちろん、優れたプロダクトをつくる方法を学ぶ主な手段は、実地で優れたプロダクトを発見してデリバリーすることなので、このような人材は重要なプロダクトチームの中心に配属したい。ただし、それは集中的かつ継続的なコーチングを実施してから、はじめてやるべきことだ。

このプログラムには、企業文化に沿った準備が必要なさまざまな点がある。たとえば、どれくらいプログラムを目立たせて広く宣伝するか、どれくらい受講者に期待するかといった点だ。私は一般的に、黒子となって諸々を目立たない形で進めることを好む。同僚の尊敬は、参加者に向けさせ、プログラムの効果は、そのメリットのみにとどめておこう。

このプログラムが、私の経験上、プロダクト組織のダイバーシティを上げる非常に効果的な方法であることは、言及しておく価値があるだろ

う。ほとんどの採用業務と異なり、このプログラムの参加者の選定は、経験ではなくポテンシャルに基づいて行うからだ。

　重要なのは、すべてのテクノロジープロダクト企業には有能なプロダクトマネジャーが必要だということであり、また企業のリーダーはそのような人材を常に探し求め、最も有望な人材がポテンシャルを引き出せるように育てる必要がある、ということである。

# CHAPTER 32

# 新人向けブートキャンプ

　SVPGパートナーのクリスチャン・イディオディは、非常に有能なプロダクトチームの育成について、長年の間に揺るぎない実績を築いた。過去に勤めたさまざまな企業で、クリスチャンは自ら新人向けブートキャンプを立ち上げた。これは、普通の人々をコーチングによって卓越したチームに育てる格好の例となっている。この章では、クリスチャンに自らのプログラムについて説明するように依頼した。

　プロダクト担当者の採用は難しい。プロダクトマネジャー、プロダクトデザイナー、テックリードについてはなおさらだ。

　世界有数のプロダクト担当者が在籍する企業は、このような人材を手放したがらない。有意義な問題に取り組み、革新的なソリューションをつくっているからだ。

　一般的に、企業は前職のプロダクト企業で成功している人材を好んで採用する。他社でうまくやっていたなら自社でもやってくれるだろう、といった根拠だ。○○社（任意の立派な大企業）で優れたプロダクト××を立ち上げたのだから、当社でも同じような結果を出してくれるだろ

う、というわけだ。

しかし、ここに問題が発生する。あるプロダクト担当者が過去にどれほど実績を上げていたとしても、成功に必要な要素をすべて備えてスタートできるわけではない。

新人向けオリエンテーションは、新人が歓迎され、会社の一員になったと感じるようにするためには役立つが、プロダクト担当者が担う重要な業務への準備としては、はるかに内容不足である。これはたとえば、難しい意思決定を下す、同僚たちから高いレベルの信頼を得る、といった点である。

たとえば、プロダクトマネジャーは顧客、事業、業界、プロダクトの深い知識で貢献する必要がある。しかし、はっきりとした意図をもって会社に迎え入れられた人でもなければ、入社初日、あるいは1カ月後でさえも、この種の知識は得られていないだろう。

したがって、プロダクト担当者の業務における貢献や成功の水準は、オンボーディングによって決まる。

私は、このギャップを埋め、プロダクト担当者を成功に導くために、「新人向けブートキャンプ」を開発した。

私は10年前に、CPOとして重要なプロダクト担当者の採用と教育を任されていた時期に、このプログラムを開始した。その会社でうまくいかなかったプロダクト担当者を何人も見てきて、能力は完全に足りていたことに気づいた。しかし、能力があるにもかかわらず、その会社で成功するには何かが欠けていたのだ。

この問題を見ながら、私はプロダクト担当者が直面する最大の問題と、成功するための要素について考えた。


・意思決定はどのように行うのか。過去にはどのように行われていたのか。
・現在、会社にとって重要なことは何か。現在目指している目標は何か。
・どのようにすれば、信頼を得られるか。
・今すぐにやるべき最も重要なことは何か。

これらの問いを念頭に置いて、私はプロダクト開発者が入社１週目に参加する、５日間の集中的なブートキャンププログラムを開発した。

　毎日の最初は、人間的成長を後押しする内容から始まる。ここでプロダクト担当者は、内面を見つめ、来たるべき仕事に備えて自らを整える。

　コミュニケーション、人格テスト、対人スキルといった演習に参加し、自分自身のキャリアパスを構築する。このように、新人本人の人間的成長に重きを置くことは、会社が新人の人格と成長を大切にしていることを示している。また、俗に言う「自分自身の酸素マスクをつけてから他の乗客を手伝う」という原則にも従っている。健全なリーダーとなるようにトレーニングすれば、直属の部下も健全になる可能性が高い。

　人間的成長のプログラムが終わったら、プロダクト開発トレーニングのトピックを日替わりで実施する。私たちはこれを「戦略的コンテキスト」と呼んでいる。

　これらは、プロダクト担当者が社内で理解する必要のある、特に重要なトピックである。

　初日には、顧客を理解することについて話す。ほとんどのプロダクト担当者は一般論としての「顧客を理解する」方法について理解しているが、ここでは自社の歴史をひと通り説明し、あらゆる要素をコンテキストの中に関連付ける。

　ビジョンや財務モデルを共有し、顧客発見のプロセスを通じて説明し、過去にどのような顧客を抱えており、将来的にはどのような顧客を得たいかについて話す。残りの日は、検証、プロダクトの構築や優先順位付け、学習と効果測定、市場参入といったテーマについて話す。

　これらはすべて、会社のゴールと「仕事のやり遂げ方」に具体的に関連するトピックであり、プロダクト担当者が会社にどうやって貢献していけるのかを実際に理解できるような背景情報となっている。

　トピックの内容は、会社が重視する要素や掲げる価値観に基づいて変わるが、各トピックを詳しく分析し、プロダクト担当者本人に探求の余地を与えることは重要であり、成功曲線に変化をもたらすことができる。

戦略的コンテキストの直後には、社内のプロダクト担当者を招き、それぞれのトピックについて個人の経験から語ってもらう。これは小さな一歩に思えるかもしれないが、他のプロダクト担当者との関係と信頼を築き始めるために重要である。招待されたプロダクト担当者は、チームで働くとは、顧客に対して責任を負うとは、ステークホルダーと協力するとは、複雑さを伴うこともある会社の環境の中で前進するとはどのようなことかを、新人に直接伝えることができる。

ランチをはさんで、次はプロダクト開発ワークショップに移る。ここで、参加者は午前中に学んだことを、本物の仕事のように実践的に応用していく。

これから一緒に仕事をするチームメンバーを紹介し、リーダーの指導に従って演習を行うための安全な場所を手に入れる。他のメンバーの仕事のやり方を学ぶための学習曲線を短縮し、あらかじめ済ませておくことで、全員の時間を節約し、混乱を防ぐ。

ブートキャンプは、学習と成長の文化を補強する。プロダクト担当者がブートキャンプを卒業すると、「今日は何をしますか？」と聞いてくることはなくなる。次にやるべきことがすでにわかっているのだ。すばやく判断する能力が備わっているうえに、すでに築いている関係を活用して、迅速に結論に達することができるようになっている。

これが、私たちがプロダクト担当者をエンパワーするやり方だ。つまり、成功に必要な情報を提供したうえで、正しい行動を取ってくれると信じることだ。

忘れないでほしい。私たちが賢いプロダクト担当者を採用しているのは、作業を指示するためではない。顧客に愛されビジネスがうまくいく形で、難しい問題を解決してもらうためだ。

プロダクト担当者の教育には、一般的なオリエンテーション以上に投資しなければならない。

新人の成功を後押しし、仕事に意義を感じてもらうために、ブートキャンプの導入をぜひ検討してほしい。

# CHAPTER 33

# パフォーマンスレビュー

　私が決めて構わないのなら、年間パフォーマンスレビューという儀式は完全に廃止する。

　だが、戦場は選ばなければならない。世界中のほとんどの企業は、法的コンプライアンスと報酬管理を重視することになっている。そこで私はいつも我慢して、必要なことをやってきた。

　とはいえ、採用担当マネジャーは、年間パフォーマンスレビューを決して中心的なフィードバックツールにしてはならないと理解するのが不可欠である。もし、年間パフォーマンスレビューが中心的なフィードバックツールになっていたとしたら、個人的な意見ではマネジャーとして完全に失格である。

　年間レビューはあまりに量が少なすぎるうえに、あまりに遅すぎる。中心的なフィードバックツールは、毎日のやりとり、そして毎週の1on1である。1on1は主にマネジャーのためではなく従業員のために実施することを忘れないでほしい。

　したがって、年間レビューでパフォーマンスに関するサプライズがあってはならない。あるなら、マネジャー失格である。

　ありがちなのが、マネジャーが対立を嫌い、本来必要なはずの建設的な批判を避けてしまうというケースだ。しばらくしてマネジャーはこの従業員の能力が十分でないと考え、それを人事部に話す。人事部は、パフォーマンスレビューで問題をマネジャーに文書化させる。そして、自分が期待に応えられていないとわかった従業員が、驚き、混乱するのである。

　これは従業員にとって不公平であり、ほとんどの場合には完全に避けられる。

　私は、自分の部下であるマネジャーがこのような行動に出ていることを知ると、これを従業員ではなくマネジャーのパフォーマンスに関する重大な問題と考え、そのように扱ってきた。その場合はたいてい、今後予定されている週次1 on 1の準備メモを見せてもらい、私が直接、従業員とパフォーマンスの問題について話し合うことになる（フィードバックがきちんと伝わっていることを確認するためだ）。

　この状況でもう1つ明らかになることがある。誰もがマネジャーに向いているわけではない、ということだ。十分な能力を備えたマネジャーに必要とされる最も基本的なスキルは、正直で、タイミングが良く、建設的なフィードバックを従業員に提供することである。

　遠回しな言い方をうまく理解できない人がいることを覚えておくのも重要だ。マネジャーは従業員に注意したつもりでいたのに、従業員は注意の重要性や意義がわからなかったと言い張っているようなケースは、たいていの人が経験しているだろう。明確にしておくと、この場合は、マネジャーが誤解のないように問題をはっきりさせるべきだったのである。問題について毎週話していれば、最初の週にはネガティブなフィードバックが見逃されても、翌週には見逃されることはないだろう。

　コンプライアンスのために必要な範囲で対応し、中心的なフィードバックは必ず週次の1 on 1で行おう。これが、パフォーマンスレビューに関する私の結論である。

CHAPTER / **34**

# 解雇

　部下を持つマネジャーにとって特に嫌な仕事が解雇であるということには、疑問の余地はあまりないだろう。

　もちろん、解雇を避ける最善の道は、効果的なスカウト、面接、採用、オンボーディング、そして何より継続的なコーチングのスキルを磨くことだ。それは必ずやるべきだ。

　しかし、時にはうまくいかないこともある。

　最初に認識してほしいのは、マネジャーは問題のある従業員のことだけを考えるべきではない、ということだ。さまざまな問題に対応したり、負担を抱えたりする、プロダクトチームの他のメンバーのことも考えなければならないし、問題を是正しないことによってチーム、プロダクト組織全体、特にリーダーやステークホルダーに送るメッセージについても検討しなければならない。

　思いやりのある雇用主になることと、責任を持って迅速に行動することの間にはバランスがある。その一部は企業文化によって、一部は会社が所在する国の雇用関連法規によって決まる。

　コンプライアンス関連の責任を理解し、準拠する方法については、人

事部が助けてくれるだろう。

　採用ミスの是正が必要になる２つの主な状況を、私は頭の中で常に区別している。

　第一の状況は最も一般的で、真剣で継続的なコーチングを実施しているにもかかわらず、従業員が会社に求められるレベルの能力で仕事をすることができないという状況である。通常、私は３カ月から６カ月にわたって真摯に最善を尽くすが、コーチングによってその期間までに求められる能力に引き上げることができなければ、うまくいっていないことを自分で認めるようにする。週次の１on１では、進歩がないことを、少しずつ緊迫感を増しつつはっきりと伝えるようにしている。

　それでも、うまくいかない場合があるのだ。私はいつも、このような状況には自分にも責任がある（自分が採用担当マネジャーではない場合は、会社にも責任がある）と感じてきた。採用したのは私であり、仕事をする能力をもっと正確に判断すべきだったからである。このような場合、私は常に、本人にもっと適した仕事を自社または他社で探す手助けをする責任を感じている。

　第二の、ありがたいことにより一般的ではない状況は、有害な従業員を排除するケースである。ここで「有害」というのは、会社の信用に傷をつけ、他の従業員を尊厳が傷つけられた気持ち、あるいはそれよりひどい気持ちに陥らせる、深刻な態度の問題がある従業員である。

　こうした状況について難しいのは、誰にでも気分の悪い日や、私生活がうまくいっていない日があるということだ。したがってマネジャーは、従業員の態度の問題が一時的な状態なのか慢性的な問題なのか、そして本人に態度をコントロールする気と能力があるかどうかを見極める必要がある。

　繰り返しになるが、是正に３カ月から６カ月かかるのは、まあ普通である。しかし問題が長引くようなら、チームや他の従業員の心理的安全性を守る段階に移るときである。

　この場合、私はその人の別の仕事を自社や他社で探そうとはしないが、

本人の態度と、それがチームの信頼と文化にもたらす悪影響については率直に話す。

　この第二の状況が特に難しいのは、有害な態度の人には抜きんでて強力なスキルが伴っていることがあり、会社はそのスキルを失うのが不安になる場合がある、ということである。実際、他の人に同じ仕事ができるようになるまでには、しばらく苦労する場合がある。

　しかし、どのケースでも、有害な人を排除するのが正解で、他の社員がうまく穴を埋め、会社全体としては職場の雰囲気の向上を喜ぶという結果になっている。

　きれいごとを言うつもりはない。採用ミスに対処するのはいつだって気持ちのいいものではない。私もやむを得ず解雇した状況を思い出すと、胸がうずく。だが、有能なプロダクト組織を本気で編成したいのなら、これは本当に重要なことなのだ。

CHAPTER / **35**

# 昇進

　私にとって人事の業務で一番気が進まないのはおそらく解雇だが、お気に入りが昇進なのは疑いの余地がない。

　初めて部下を持つマネジャーになったとき、マネジャーとしての成功が最も目に見える形となるのは、部下の昇進であると教えられた。

　ほとんどの企業にはキャリアラダーがあり、従業員がキャリアの中で下位から上位の職種に昇格することができる。ほとんどの昇進は、職階の中（エンジニア→シニアエンジニア→テックリード→主席エンジニアなど）で行われる。

　しかし、職階をまたいだ昇進もある（シニアプロダクトデザイナー→プロダクトデザインマネジャーなど）。

　昇進の判断は、言うまでもなく従業員のキャリア上の志を理解するところから始まる。

　エンジニアやデザイナーなど、専門職としての働き方を続けながら、能力を高め、重い責任を引き受け、尊敬される上位職に昇進することを望む人もいる。リーダー職を志す人や、いつか起業しようと考える人もいる。そして、はっきりと決めていないので、さまざまな選択肢が開か

れていてほしいと思う人もいる。

　私はキャリアに関するこうした話し合いをいつも心から楽しんできた。その人を知り、どんな仕事をしているか、どんなことが得意かがわかれば、どんなチャンスがあると思うかを惜しみなく共有している。

　目指すキャリアゴールにかかわらず、本人が進んで努力すれば、そのゴールに到達できるように可能な限り手伝うと約束している。付け足せば、それが私の仕事なのだ。

　私は、それぞれの人に、次のキャリアゴールへの明確な道を示すようにしている。そのために、本人の現在の知識とスキルを、新しい職種に求められる能力に照らして評価している。

　そうすると必ず、不足している能力のリストができあがるので、必要なスキルを学ぶ方法と行動で示す方法について話し合う。また、従業員に自己評価をさせて、マネジャーであるあなたの評価と比べるのも有用だ。

　本人が新しい職種に適任であることを示したら、私はその人を昇進させるためにあらゆる手を尽くす。

　昇進には他の人の承認も必要になる場合があるし、ある職位・職種の空きがすぐに出るとは限らない。それでも、チャンスが訪れたときにすぐ活かせるように、準備を整えておくことはできる。そうしたことをいつも本人に率直に伝えておく。

　さらに、スキルが上がるほど、会社にとって有用な人材になるので、昇進させるのは会社の利益に間違いなく適っている、とも伝える。

　ここで1つの特殊なケースを挙げるべきだろう。それは、専門職の人を、部下を持つマネジャーの地位に昇進させる場合だ。これはもちろん単なる上位職ではなく、根本的に異なる仕事であり、必要なスキルと能力もまったく異なる。したがって、本人がその職務に必要とされるスキルや能力を理解していること、そして妥当な理由でその職務に就きたがっていることがきわめて重要である。

　テクノロジープロダクト企業が2種類のキャリアラダーを設けている

のは、お金のためにこのキャリアの変更を行うのは賢明ではないからである。

　私はリーダーとして、過去に採用した人が素晴らしいリーダーになること以上に誇りに思うことはない。

　『エクセレント・カンパニー』などを著したトム・ピーターズのセリフを借りれば、「リーダーは追随者（フォロワー）を生むのではない。さらなるリーダーを生むのだ」。

# リテンション（引き留め）

　ここで、古い格言を繰り返そう。「人は会社に入り、マネジャーから去る」。

　私（マーティ）は、心からこの格言を信じている。私自身も、残念なマネジャーのために会社を去った経験があるし、他の人に同じことが起こったのも数限りなく見てきた。

　ある程度の従業員が退職するのは自然なことであり、健全であるともいえる。これには、配偶者が他の場所で大きなキャリアアップの機会を得たための退職、数年間勤めた後で起業するための退職、定年退職などが挙げられる。

　しかし、失いたくない人材がどんどん辞めているのなら、マネジメントに潜む問題を示す真のサインかもしれない。

　私は、組織の中で数階級下の方であっても、退職する人には面談をお願いすることにしている。なぜその人が去るのかを自分の目で確かめたいから、そしてマネジャーに伝えられるフィードバックを求めているからだ。

　しかし、個人的な経験からは、従業員のキャリアについて心から考え、絶えずコーチングを行い、正当な昇進を得られるように働きかけるマネジャーには、リテンションの問題はめったに発生しない。社内の評価がたちまち高まり、その人のもとで働きたいという希望が集まりすぎる問題が発生するくらいである。

CHAPTER **36**

# エイプリル・アンダーウッド

## リーダーシップへの道

　エイプリルは情報システムとビジネスを専攻し、開発者としてキャリアをスタートした。コーディングに数年間従事した後、Travelocityにソフトウェアエンジニアとして入社すると、すぐにYahoo! とAOLという当時のインターネット最大手企業とのパートナーシップの最前線に配属された。

　エンジニアとして働くうち、テクノロジーの選択とビジネス戦略の間につながりを見いだすようになり、プロダクトマネジメントこそが、両者の方向性を揃える手助けができる役割であると悟った。

　プロダクトマネジャーになりたいという志を一貫して打ち出していたことと、エンジニアと（自社、他社の）ビジネスピープル間の翻訳者としての手腕の高さから、2005年に初めてプロダクトマネジャーに抜擢された。

　私がエイプリルに初めて会ったのは2007年で、彼女がMBAを取得し、Appleでのインターンシップを終え、Googleに入社し、パートナー向け

プロダクトを重視する技術系企業でリーダーシップ経験の幅を広げていたところだった。

Google退社後はTwitterに入社し、プラットフォーム担当プロダクトマネジャーを務めた。5年間で、同社は社員150人から4000人まで成長した。その間に、エイプリルの能力の幅はさらに広がり、プロダクトマネジャーのチームだけではなく、ビジネス開発チームとプロダクトマーケティングチームも率いるようになった。Twitterで過ごした期間に、自身の専門領域であるプロダクト分野を越えてチームを率いる能力を磨いたことで、さらに上級のリーダー職への道が開かれた。

2015年、Slackに最高プラットフォーム責任者として入社すると、4年間、売上と従業員数が急上昇する中で、プロダクト開発担当副社長からCPOまでとんとん拍子で昇進した。

プラットフォームとSlack製品のあらゆる側面、さらにSlackを法人向けソフトウェア部門で競合他社から抜きんでた存在にした2つの決定的機能、デザインとリサーチも監督した。

現在は、Twitter時代の仕事仲間と2015年に共同で設立した#Angelsというグループに投資し、スタートアップ企業に投資とアドバイスを行っている。

## リーダーシップの実践

エイプリルのキャリアは、プロダクトマネジメントへの道は多様であること、そしてプロダクトマネジメントという職種自体のバリエーションも無限大であることをはっきりと示している。

本人の言葉を借りてみよう。

駆け出しの頃は、ドットコムバブルの直後であり、かつシリコンバレーから地理的に離れていたので、プロダクトマネジャーの形として私の中に刷り込まれていたのは1種類だけでした。それはビジネスマインド

の強いMBA取得者で、技術的な選択やエンジニアリングとは遠い存在
でした。

　初めてプロダクトマネジメントへの関心を伝えたところ、そのために
はMBAが必要だと言われました。ビジネススクールに合格した直後に、
当初の望みもかなってしまいました。当時勤めていたTravelocityでプロ
ダクトマネジャーへ異動する機会を与えられたのです。

　プロダクトマネジャー職に就きつつ、結局MBAもそのまま取得しま
した。2007年に卒業すると、状況は一変していました。市場が動き、
テクノロジーに強いプロダクトマネジャーの重要性が高まっていたので
す。エンジニア出身という経歴から、十分に資格は満たしていると思っ
ていたのですが、2007年にGoogleに入社すると、コンピューターサイ
エンス専攻ではないのでプロダクトマネジャーにはなれないことがわか
りました（その頃から増えてきた方針です）。私にとってゴールポスト
は常に動き続けました。

　それ以来、プロダクトリーダーとしての13年間で、私にとっていく
つかのパターンが明らかになりました。

## ・プロダクトマネジャーの形は、マーケットのニーズにあわせて進化する

　イノベーションとチャンスを主に牽引しているのが技術であれば、よ
り技術に強いプロダクトマネジャーが好まれます。モバイルが次のフロ
ンティアとして出現したら、乗り換えコストの低いApp Storeでも他社
に乗り換えられないようなアプリを構築できる、デザインセンスの高い
プロダクトマネジャーが賞賛を浴びました。イノベーションの最前線が
オペレーション（交通、不動産、おもてなし、食料雑貨配達など）に移
ると、一周回ってゼネラルマネジャーのようなビジネス意識を持つプロ
ダクトマネジャーが重宝されるようになりました。

## ・どのプロダクトマネジャーのモデルも明らかに優れているわけではな

いが、特定の役割に向いているプロダクトマネジャーはおそらく存在
する

　Slackの仕事では、5年間で5倍の成長を遂げているプロダクトマネ
ジメント組織を編成するため、最も重要な点を意識しながらそれぞれの
採用を行いました。プロダクトマネジャーとしての業務経験のスタイル、
これまで構築してきたプロダクトで培われた当該分野の専門知識、前職
の企業の成長段階などです。最適な組織にするために最も大切な要素を
自ら判断することで、候補者を絞り込み、それぞれの役割に最適なプロ
ダクトマネジャーを採用することができました。

**・職能の幅広さは、プロダクトのリーダーから会社のリーダーへと移行
　するための前提条件である**

　一流のプロダクトリーダーは、プロダクトの定義と構築に優れている
だけではありません。プロダクトの優秀さはターゲット顧客によるプロ
ダクトの必要性の理解と同等でしかないこと、プラットフォームは、そ
のプラットフォーム上でプロダクトを構築する開発者とその顧客に価値
をもたらしてはじめて有用であること、プロダクトは、ビジネスの健全
性を維持する一連の制約のもとに構築しなければならないことを理解し
ています。
　こうしたインサイト——マーケティング、パートナーシップ、財務、
その他多くの職種の範囲にわたるインサイトが、プロダクトを構築する
ための重要な情報になります。
　私は自身のキャリアを通じて、さまざまな職種を経験してきました。
新しいスキルセットを学ぶために選び取った職種もあれば、希望するプ
ロダクトマネジャー職に、私のコントロールの及ばない理由で手が届か
なかったから就いた職種もありました。
　プロダクト担当の経営幹部としての経験を積んだ今、こうした回り道

が、実のところ私にとって最も価値のある資産になっている気がします。それは、さまざまな職務を果たすリーダーを採用し、育てる方法を理解するために役立っています。組織の縦割り構造に橋をかけるのに役立っています。そして、プロダクトは会社全体のミッションに尽くすためのもので、その逆ではないということを、常に思い出させてくれるのです。

# プロダクトビジョン
# と原則

ほとんどの会社には、事業の目的の要点を示した何らかのミッションステートメントがある（たとえば「世界中の情報を整理する」）。しかし、ミッションステートメントは通常、ミッションを達成するためにどのように計画するかは何も語ってくれない。

　これが、プロダクトビジョンの重要な役割である[34]。

　刺激的で説得力のあるプロダクトビジョンは、次のようにたくさんの重要な目的を果たすため、ビジョン以上に重要な、あるいは影響力の大きい製品成果物を思いつくのは難しい。

・優れたプロダクトビジョンがあれば、顧客に集中できる。
・優れたプロダクトビジョンは、プロダクト組織にとって「北極星」の役割を果たし、それにより、社員一丸となって達成を目指す目標の共通理解が得られる。

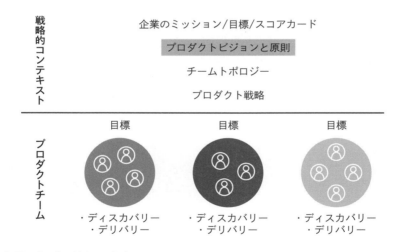

| 図2 | プロダクトビジョンと原則

34　プロダクトビジョンについては『INSPIRED』でも述べたが、優れた意思決定を行うためにプロダクトチームに何か必要か、という観点からであった。本書では、プロダクトリーダーの観点からプロダクトビジョンについて議論したい。

・優れたプロダクトビジョンによって、普通の人が刺激を受け、並外れたプロダクトをつくり出せるようになる。
・優れたプロダクトビジョンは、仕事を有意義なものにする。ロードマップに記載された機能の羅列には意味はない。ユーザーや顧客の生活にどのようにプラスの影響を与えるか、ということに意味があるのだ。
・優れたプロダクトビジョンは、顧客の問題を解決するために役立つと思われる、関連する業界トレンドとテクノロジーを、今ようやくできるようになった形で活用する。
・優れたプロダクトビジョンは、エンジニアリング組織に対し、ニーズに対応できるアーキテクチャーを確実に用意できるように、これから数年間に何が起こるかの指針を与える。
・プロダクトビジョンは、チームトポロジーの主要な推進力である。

　これらの理由から、優れたプロダクトビジョンは、有能なプロダクト担当者をスカウトするための最もパワフルなツールの1つとなる。さらに、経営幹部から投資家、営業・マーケティング担当者に至るまで、会社全体から必要な手助けやサポートを得るための最もパワフルなエバンジェリズムツールとしても機能する。

　実のところ、プロダクトビジョンは基本的に説得のためのツールなので、優れたプロダクトビジョンは一種の芸術様式である。しかし、詳細すぎたり具体的すぎたりしないことも重要である。そうすると、プロダクトチームがビジョンを仕様と混同してしまうリスクがある。

　うまくいけば、プロダクトビジョンは説得力があり、刺激的で、力を与えてくれるものになり、プロダクトチームが、このビジョンを現実にする難しい仕事に、高揚感をもって取り掛かることができるようになる。

# CHAPTER 37

# 説得力のあるビジョンをつくる

　では、強力で説得力のあるプロダクトビジョンの構成要素はどのようなものだろうか。

## 顧客中心主義

　プロダクトビジョンは、顧客が大切に思っていることに、会社が真の意味での集中を維持するために用いる、主要なツールの1つである。

　会社の全体目標（どのように事業を成長させたり、運営コストを削減したりするかを記述する場合が多い）、会社のスコアカード（事業の健全性のさまざまな指標を示す）、チームの目標（解決すべき会社または顧客の問題を各プロダクトチームに示す）は、すでに定義されている。

　したがって、私たちは自分の仕事がどのように会社のためになるかを大まかには認識している。しかし、顧客のために問題を解決しなければ、これらのいずれもおそらく発生しないこともわかっている。

　会社への影響を理解する必要がある一方で、あらゆる利益は、顧客に真の価値を届けることから生じるということを、決して忘れてはならない。

　実際の顧客にとって価値があるようになってさえいれば会社に真の利益をもたらしたであろう失敗製品を、私は数限りなく見てきた。

　プロダクトビジョンのストーリーは、ユーザーと顧客の観点から語る。ユーザーや顧客の生活が、意義ある形でどのように改善されるかを示すのが肝だ。

　プロダクトビジョン作成業務で会社と協力するとき、私がごく初期に取り掛かるのは、協力してくれるきわめて有能なプロダクトデザイナーを探すことだ。シニアプロダクトデザイナーでも、デザイン組織のリーダーであっても構わない。あるいは、もしこのプロダクトデザイン組織に、十分な経験を積んでいる人材がまだいない場合は、私としては珍しく、プロダクトリーダーに他社とのコラボレーションを勧める。プロダクトビジョンをつくるために経験豊富なプロダクトデザイン企業と協力関係を結び、後述する「ビジョンタイプ」をつくるのだ。

　その後、プロダクト組織全体として、ビジョンが掲げる約束を達成する方法を考えることになる。このためには、計画的なプロダクト戦略と、数年間にわたる継続的な発見とデリバリーが必要になる。

## 北極星

　優れたプロダクトビジョンは、プロダクト組織の「北極星（ノーススター）」として機能する。

　地球のあちらこちらに散らばっている人々を、北極星が目的地に導いてくれるように、プロダクトビジョンはすべてのプロダクトチームを、社内の所属や現在取り組んでいる製品にかかわらず、一定の方向に導いてくれる。

　会社が成長して複数のプロダクトチームが生まれ、ニーズを常に抱えた多くの顧客を支えるようになると、それぞれのチームはいともたやすく自らの問題にとらわれ、会社全体のゴールを見失ってしまう。

　プロダクトビジョンは共通のゴールを示し、より大きな目的をいつで

も思い起こさせてくれる。地球温暖化に対応するために世界初の量産型電気自動車を製造する、といった内容が説明されているわけだ。

　あるチームがプロダクトビジョンの1つの要素に対して責任を負っていたとしても、全体像を理解するためには、すべてのプロダクトチームが必要になる。

・最終的に、どのような状態を実現したいのか。
・自分のチームの仕事は、この全体像にどのように貢献するか。

　担当するプロダクトチームのすべてのメンバーが、これら2つの重要な問いへの答えを理解するようにしよう。

　また、ここではっきりさせておきたいのは、各プロダクトチームが独自のプロダクトビジョンを持つのは意味がない、ということである。そうすると、ピントが完全にずれてしまう。プロダクトビジョンは、共通のゴールでなければならない。

## 範囲とスケジュール

　多くの企業は、十分に野心的あるいは有意義でないプロダクトビジョンを作成してしまうミスを犯す。特に、機能のロードマップのように読めてしまうプロダクトビジョンは失敗作である。

　プロダクトビジョンが単なる機能群の問題だとプロダクトチームに思われてしまうと、説得力や意義があるものと受け止められる可能性は低くなる。

　プロダクトビジョンは、会社がつくろうとしている未来を語る。どのような形で、顧客の生活を向上させようとしているのだろうか。

　その目標にどのように達するかは説明しない。それは、プロダクト戦略とプロダクトディスカバリーの役目だ。今は、最終的な状態と、それが望ましい理由を表現しようとするだけだ。

ロードマップは、目標にたどりつくために役立つだろうと作成者が考える機能とプロジェクトの羅列にすぎない。

　一般的にプロダクトビジョンの期間は、３年後から10年後を見据えた内容となっている。非常に複雑なプロダクトやデバイスでは、比較的長い期間になる。

## 業界のトレンドを活用する

　新たなトレンドは途切れることなく現れる。一般的には新たなテクノロジーによって実現されるものである。

　また、一定期間話題をさらってから消えていく一時的流行もある。

　プロダクトリーダーは、トレンドと一時的流行を区別する必要がある。さらに重要なこととして、どのトレンドが自社の顧客に革新的なソリューションを届けるために大いに役に立つかを見極めなければならない。

　ほとんどの場合、プロダクトビジョンは、主要な業界トレンドを１つまたは複数活用している。

　本書執筆時の主要な業界トレンドとしては、モバイル、クラウドコンピューティング、ビッグデータ、機械学習、AR（拡張現実）、IoT（モノのインターネット）、エッジコンピューティング、大企業の消費者化などが挙げられる。

　業界トレンドは、テクノロジー関係のトレンドとは限らない。きわめて重要なトレンドは他にもある。たとえば、ユーザー群の行動の変化や、購入パターンの変化などだ。

　５年後、10年後の主要なトレンドは推測することしかできないが、このリストにいくつか追加することになるのは間違いないだろう。

　興味深いことだが、私はここに挙げた現在のトレンドリストの全部とはいかなくてもほとんどが、５年後から10年後にもまだ重要性を保っていると強く確信している。真のトレンドは、そう簡単に廃れない。

　覚えていてほしい。顧客にとって、私たちのテクノロジーはどうでも

よい。私たちがどのくらいうまく問題を解決するかが大切なのだ。つまり、特定のテクノロジーに賭けることはできるが、そのテクノロジーの目的は、顧客に愛される方法で問題を解決することであるのを、常に念頭に置いておかなければならない。

# プロダクトビジョンのオーナー

会社として説得力のあるプロダクトビジョンと、そのビジョンを達成できるプロダクト戦略を確立する責任者は、CPOである。

しかし、実態はそれよりもずっとあいまいである。

まず、説得力のあるプロダクトビジョンを考案するには、CPOはCDO（最高デザイン責任者）、CTO（最高テクノロジー責任者）と緊密に協力する必要がある。

プロダクトビジョンは、カスタマーエクスペリエンス、実現技術、ビジネスニーズの間の、決定的なコラボレーションであるといえる。おそらく、3人全員の才能と最善の努力が求められる。

2番目に、成功するためには、CEO（大企業の場合は、事業部門のゼネラルマネジャー）が、このプロダクトビジョンについてきわめて現実的なオーナーシップの感覚を持つ必要がある。

多くのスタートアップ企業では、CEOが実質的にCPOを兼ねているので、これが自然に起こる。しかし、それ以外の会社では、CPOがCEOに十分に関わってもらい、ビジョンとの真のつながりを感じてもらうようにしなければならない。

CEOがこのビジョンを、投資家、記者、他のビジネスリーダー、数えきれない見込み顧客に、文字通り何千回も「売り込まなければ」ならないことに気づいてほしい。CEOは売り込みのたびに、自身の仕事と評判をこの文言に賭けるも同然なのだ。

これは、CEOがビジョンをつくるべきという意味ではない。しかし、CEOを仲間に引き込む必要はある。そして、プロダクトリーダーは、CEOの懸念に確実に対処しなければならない。優れたプロダクトリーダーは、他の人が共同のオーナーシップを感じられるようにする名人である。

# 38

# プロダクトビジョンの共有

　説得力のあるプロダクトビジョンは、与え続けることのできる贈り物である。

## プロダクトビジョンを伝える

　プロダクトビジョンを伝える最善の方法を求めて、ある程度のまとまった時間と労力をつぎ込む価値はある。ビジョンの目的は刺激を与えることだと忘れないでほしい。PowerPointプレゼンテーションが人々に刺激を与えることはめったにない。

　少なくとも、ビジョンタイプを作成することが求められる。ビジョンタイプとは、コンセプチュアルなプロトタイプである。忠実度の高いユーザープロトタイプで、見かけはリアルだが、単なるハリボテだ。そのため、非常につくりやすく、さらに重要なことに私たちがつくり方を知っているものに限定されない。私たちは、こうしたビジョンタイプの動画を作成することが多い。

　ビジョンタイプとして使う高忠実度ユーザープロトタイプと、プロダ

クトディスカバリーで使う高忠実度ユーザープロトタイプの違いは、プロトタイプで表される範囲である。

ビジョンタイプは、ビジョンが現実になったときの世界を描写する。それは3年から10年先の未来かもしれない。

プロダクトディスカバリープロトタイプは、今後数週間で開発する可能性の高い新しい機能やユーザー体験を描写する。

ビジョンタイプができたら、誰にでも見せる（デモを実施する）ことができる。しかし、現代の多くの企業は、少し余分に時間と労力を割いて、ビジョンタイプをできるだけきれいな照明の下で見せるために、台本付きビデオを製作する。

これには、さまざまなユーザーがプロダクトを体験する様子を見せる、音楽と練り上げられた台本がもたらす感情の力を活用して、インパクトを増大させるといった方法が考えられる。

プロダクトビジョンを伝えるもう1つの方法はストーリーボードで、これは映画のあらすじを共有する手法によく似ている。

ビジョンタイプの動画と同様に、ストーリーボードも細かい部分ではなく感情と顧客体験に重点を置く。

ストーリーボードの主な目的はプロダクトビジョンの伝達であり、プロダクトビジョンはユーザーの視点で語るべきものである。したがって、プロダクトデザイナーが中心になって、ストーリーボードの体験を練り、その体験を伝えるための最善の手法を判断する必要がある。

## プロダクトビジョンを検証する

『INSPIRED』では、最新のプロダクトディスカバリーのテクニックを用いてプロダクトのアイデアを検証し、プロダクトが構築に値するかどうかを判断する方法について詳しく説明した。

それ以来よくいただくようになった質問が、「このテクニックはプロダクトビジョンの検証に使えますか？」というものだ。

説明が少し難しいが、きわめて重要なポイントなので理解してほしい。

　答えは「はい」でもあり、「いいえ」でもある。

　ビジョンに対する需要を検証することはできる。言い換えると、ビジョンがすでに手元にあるとして、私たちが問題だと考えることを、人々は問題だと考えているかどうか、ということだ。問題が十分に深刻かどうか、現在の対処法の選択肢では明らかに力不足で、新しい方法を導入する余地があるかどうか、といった点である。

　検証できないのはソリューションだ。理由は簡単で、ソリューションはまだわからないからだ。たいていの場合、ソリューションの構成要素を発見するのに何年もの取り組みが必要になる。

　もちろん、価値のある問題に取り組んでいることがわかるのは良いことだが、それだけでは十分ではない。プロダクトを乗り換えるのに十分なほどうまく問題を解決しているとユーザーが信じなければ、プロダクトは売れない。

　だからこそ、プロダクトビジョンを追求するには、思い切って賭けに出る必要がある、と私たちは説明している。自分たちが、ビジョンの約束を果たすソリューションを発見できることに賭けるのだ。

## スカウトツールとしてのプロダクトビジョン

　有能なプロダクト担当者は、有意義な仕事をしたがっている。自分自身の能力より大きな仕事に取り組みたい。傭兵ではなく、伝道師になりたい。

　もちろん、魅力的な福利厚生プログラムについて説明したり、従業員をテーブルサッカー台に案内したりしても構わないが、抜きんでて有能なプロダクト担当者は、何よりもプロダクトビジョンを重視する。

　以前の章で、有能なプロダクトマネジャー、プロダクトデザイナー、エンジニアの確保に重点的に投資することがいかに重要かを説明した。

　リーダーとして、プロダクトビジョンは最もパワフルなツールの1つ

である。ビジョンは説得力を備える必要があるが、従業員のスカウトを担当するリーダーには、まさに説得力が必要なのである。

## エバンジェリズムツールとしての
## プロダクトビジョン

　説得する必要があるのは、従業員候補だけではない。

　会社の経営幹部、投資家、ステークホルダー、販売およびマーケティングスタッフ、カスタマーサービスおよびカスタマーサクセススタッフ、社内外の重要なインフルエンサー——これらすべての人々に、これからつくろうとしている未来を理解してもらわなければならない。

　なぜだろうか。ビジョンのポテンシャルを引き出すには、多かれ少なかれこの人たちの助力が必要だからである。

　もう1つの、特にプロダクトリーダーにとって非常に重要なポイントは、エバンジェリズムには終わりがない、ということである。メッセージを同じ人々に何度も伝えるように計画しなければならない。それを想定する必要があるのは、今回納得した人が、次回も納得するとは限らないからという理由に尽きる。

# プロダクトビジョンの共有とロードマップの共有

　大企業向けの直販営業部隊を持つ会社の場合、営業部隊が現在の顧客または見込み顧客からプロダクトロードマップを共有してほしいという要望を受けることは珍しくない。

　このような要望が、どのような顧客層から上がっているかを理解することが重要だ。こうした顧客または見込み顧客は、あなたの会社に大きな賭けをしている。一度購入を決めたら、今だけでなく何年間にもわたって買い続けることになるのがわかっているのだ。したがって、あなたの会社の方向性が顧客の信じる方向性と一致しているかどうかをはっきりさせておきたいと考えるのは、まったくもって筋が通っている。

　方向性を確認するための標準的な方法は、プロダクトロードマップを要求するというものだ。一般的には、それが唯一の方法だからである。

　経験豊富なプロダクト担当者ならわかるように、この方法にはある問題が潜んでいる。具体的なプロダクト機能のほとんどと言わずとも大半が、現時点では価値を生み出すと予想されていても、後になってみると根本的な問題解決の役に立たない。したがって必要な価値を生み出さない機能であることが判明するのだ。問題の解決にならない機能を盛り込みリリースする無駄はなんとかして避けたい。

　そこで、プロダクトロードマップよりもプロダクトビジョンを共有することを強くお勧めしたい。

　顧客はあまりこの用語を使わないが、本当に求めているものはプロダクトビジョンである場合が多い。

　プロダクトマネジャーの視点からは、プロダクトロードマップよりもプロダクトビジョンを共有したい。というのも、ロードマップは、新たなインサイトに基づいて頻繁に変えていきたいものだからである。ただし、ロードマップで約束された機能に基づいて顧客の購入判断がなされ

た場合は、戦術を転換するのがはるかに難しくなる。

　プロダクトビジョンを社外秘にして共有したがらない会社もあるが、私はロードマップよりも、断然ビジョンの共有を選ぶ。共有することで、ビジョンの検証にも役立つ。

　一方で、プロダクトロードマップの共有が許可されていない企業も多い。これは、ロードマップが将来の見通しに関する声明と解釈される可能性があり、約束した機能が完成しなかった場合に法的な問題が発生するおそれがあるためである。

　また、当然ながら具体的な質問を受けることもある。「弊社は顧客管理システムのSalesforceを導入しています。そこで、購入の前に、貴社のソリューションがSalesforceのプラットフォームと統合される予定があるかどうかと、ある場合はその時期を教えていただけますか」といったものだ。これが妥当な質問であると理解するのは難しくないだろう。統合を行うかどうかは、プロダクトに関する戦略的な意思決定となる。求められている統合の性質と目的を理解し、1回限りの特別な要望ではなく、プロダクト・サービスの標準機能として重要と思われるかを検討して初めて、質問に答えることができる。時期に関する質問は、プロダクトマネジャーとして必要だと思う場合、ハイインテグリティーコミットメントとして扱う。この概念については、PART VIIで詳しく説明する。

　忘れないでほしい。ビジョンにはこだわり、ディテールについては柔軟になろう。ビジョンを共有するのは良いが、ロードマップを共有するのはきわめて危険である。

# プロダクトビジョンとアーキテクチャー

　プロダクトビジョンからは、多くのことを導ける。

　エンジニアリング組織にプロダクトビジョンが必要になるのは、アーキテクチャーに関する意思決定において、そのプロダクトビジョンのニーズを確実に満たすようにしたいからである。

　エンジニアは、プロダクトビジョンに必要なアーキテクチャー全体を一気に構築する必要はないし、そのようなやり方は一般的に望ましくない。しかし、最終的に実現したい状態をエンジニアが理解していることは重要だ。それにより、開発中に適切な選択をし、リエンジニアリングを、場合によっては複数回避けることができる。

　たとえばプロダクトビジョンに、このプロダクトは将来的にユーザー体験のパーソナライズ方法について非常に正確な予測ができるようになる必要がある、と示唆されているとする。機械学習機能が喫緊のニーズに挙がっていなかったとしても、将来的な姿がわかっているだけで、エンジニアリングチームによるアーキテクチャー設計方法が大きな影響を受けることになるだろう。

　同様に、チームトポロジー（PART Vで詳述）も、プロダクトビジョンとアーキテクチャーの大きな影響を受ける。特に、基礎となるサービスをカプセル化するプラットフォームチームにとっては影響が大きい。

　ビジョンによる情報が十分に反映されたアーキテクチャーは、深刻な技術的負債を抱えている組織にとって、特に重要になる。

　深刻な技術的負債に苦しんでいる組織が、リーダーたちの支持と資金をついに得て、大幅なリプラットフォーミングを実施しようとしたにもかかわらず、新しいプラットフォームアーキテクチャーのベースとなるプロダクトビジョンがない。これほど私を苛立たせる状況はそうそうない。この場合、エンジニアリング組織は、今後のニーズについて当て推

量をするか、さもなければ、将来的に必要になる内容ではなく、過去数年間に構築した内容を継続できる新しいプラットフォームを構築するしかなくなる。

# 39

# プロダクト原則と倫理

　プロダクト原則はプロダクトビジョンを補うもので、価値観や信条を規定することで、プロダクトに関して今後必要になる多くの意思決定に必要な情報を与える。

　プロダクトチームをエンパワーするときには、解決すべき問題を与えるとともに、優れた意思決定に必要なコンテキストを提供する。プロダクトビジョンはコンテキストの重要な部分だが、プロダクトディスカバリーとデリバリーの業務中に発生する問題は必ずある。

　特に重要な一部の問題については、プロダクトチームが、より広いプロダクトリーダーのグループと、影響を受けるステークホルダーに、エスカレーション（問題の昇格）を行う。しかし、プロダクトに関する通常の意思決定の大半については、必要な情報を会社からチームに提供することができる。プロダクト原則は、このために重要な役割を果たす。

　あまりに多くの場合、意思決定は必然的にトレードオフを伴う。プロダクト原則は、トレードオフについて妥協するときに会社として優先する価値に光を当ててくれる。

　プロダクトチームは各原則と、その背景にある根拠を理解する必要が

ある。

　非常に一般的な例を挙げよう。ほとんどのプロダクトについては、使いやすさとセキュリティの間にトレードオフがある。使いやすさとセキュリティの両方がユーザーにとって重要なメリットなのは明らかだし、これら2つのゴールが必ずしも対立するとは限らない。だが、対立したときには、プロダクト原則が役に立つ。この例をさらに続けると、こうした対立は、全力で急成長しているときによく現れる。

　会社が成長に全力を挙げていると、チームは使いやすさに重点的に取り組み、摩擦を避けるためにセキュリティの重要度を下げてしまう可能性が高い。

　プロダクトリーダーにとって、多くのプロダクトチームがこうした妥協を伴う意思決定に直面すると想定するのは難しくない。あらゆる状況を想定することは不可能でも、重要な原則を検討し、規定することは不可能ではない。

　倫理に関する意思決定は、もう1つの重要な例だ。倫理が問題になるあらゆる状況を予測することはできなくても、倫理が問題になったときに会社として重視する原則について検討することはできる。

　たとえば、あるプロダクトのソリューションは、想定通りに使われれば、あるユーザー群に真の価値を提供する。しかしプロダクトチームは、プロダクトが悪意を持って使われた場合に、別のユーザー群を何らかの面で傷つけてしまうおそれがあると気づいた。想定外の使い方を防ぐために、チームとしてどのような責任が生じるだろうか。

　プロダクトリーダーがプロダクトビジョンを作成する際に、私はプロダクト原則を用意してビジョンを補うことと、倫理に関してじっくり考え、プロダクトチームにできるだけ多くの指針を提供することを勧めている[35]。

---

35　プロダクト原則については、『INSPIRED』でさらに詳しく説明している。プロダクトチームからは次のような報告をよく聞くようになっている。すなわち、プロダクト原則は日々のプロダクトディスカバリー業務で最もよく使う戦略的コンテキストの一部である。これらの原則、特に倫理の問題は、機械学習をはじめとした新しいテクノロジーの到来に伴い、ますます重要度を増している。

# オードリー・クレイン

## リーダーシップへの道

　初めてオードリーに会ったのは1996年、彼女がNetscapeに在籍していた頃である。彼女はその当時すでに、大変頭の切れる、どうやって仕事をやり遂げるかを熟知している人物との評価を確立していた。その独特な発想に衝撃を受けたのをよく覚えている。オードリーは、大学で純粋数学と演劇を専攻したのだと教えてくれた。

　インターネットの大部分がまだ生まれたばかりだったころに、彼女はすでにプロダクトとデザインの交差点で仕事をしていたのだ。

　幸いにもオードリーは、現代のプロダクトデザインのパイオニアの1人、ヒュー・ダバリーの教えを受けることができた（当時ヒューはNetscapeのデザイン部門を率いていたが、その前はAppleのデザイン部門のトップだった）。

　Netscape退社後は、ヒューのデザイン会社に加わり、業界でも指折りのデザイン上の難題に最前線で取り組んだ。

　ここ10年は、デザイン会社Design-Mapのパートナーとして、数百人

のプロダクトデザイナーを採用し、コーチングして、共同で難題に取り組んでいる。文字通り数百種に及ぶ、あらゆる種類のアプリケーションのデザインに協力している。

先日、著書『What CEOs Need to Know about Design』（Sense & Respond Press,2019）を上梓している[36]。

# リーダーシップの実践

オードリーのリーダーシップのスタイルは、本人の言葉で語ってもらうのが最善だろう。

初めてマネジメントを行い、またマネジメントを受けたのは、演劇の世界でした。私のマネジメントスタイルの大半はそこから育っています。

ほとんどの人は15歳になるまで夏休みのアルバイトに出ることもできませんが、私は10歳前後で劇に出るようになり、大学卒業から数年後に、Netscapeでデザインと出会うまで、演劇を続けました。

キャリアと言うには程遠いのですが、何年もの時間を舞台の上や衣装店、舞台裏で過ごし、若干ですが演出もしました。その経験が、リーダーシップへのアプローチに有用な情報を与えてくれたと確信しています。

## ▍演劇からの類推

舞台演出の基本的な教えの中には、職場にうまく適応できるものがあります。言うまでもなく、共通のゴールに向かうメンバーからなるチームがあります。メンバーは経験、スキル、ポテンシャルと、他のチームメンバーと一緒に仕事をする能力に基づいて選ばれます。

---

36　Audrey Crane, What CEOs Need to Know about Design（New York: Sense & Respond Press, 2019）

## ビジョン

　チームは多様なスキルを備えた人の集まりなので（俳優だけではなく、照明、大道具、音声、衣装デザイナー、衣装係、舞台監督など）、共通のゴールと未来へのビジョンを設定することが、演出家の仕事になります。

　ゴール設定には芸術的な志もありますが、戦略的、さらには実用的な内容も含まれます。

・観客は何に反応するか？
・予算の規模から、どの程度の衣装とセットを用意できるか？
・俳優は何人使うか？
・どのような演出なら、会場が埋まるほどの観客を迎えられるか？

　同様に、私はビジョンを設定し、ゴールを明確にするように試みます。メンバーと協力してゴールを決めてから、自分自身とチームに向けてゴールを提示します。

　私は、こうした全体像のパズルを解くのがとても好きで、チームと一緒にする仕事の中でも特に気に入っています。制約を測定して明らかにし、社内や顧客とのさまざまなゴールを重みづけし、能力を評価し、これらすべてを解決する方法のビジョンをつくります。

## 演出家は主役ではない

　演出家が俳優に役を割り当てるのは、その俳優がその役を演じたら素晴らしいだろうと信じるからです。演出には１つ、非常に古く揺るぎないルールがあります。それが「ラインリーディングするべからず」というものです。ラインリーティングとは、演出家が俳優のセリフを読み上げて俳優に真似をさせようとする指示方法です。

　これは絶対に許されません。演出家が俳優の演技をうまく引き出せていないか、俳優の能力として演出家のモノマネが限界だったということ

になります。今のは限定的な例ですが、俳優と裏方が全員、演出家の才能の限界に縛られることを想像してみてください。さぞつまらない作品になることでしょう。

同様に、俳優と裏方も、全体像を見て作品の質を上げるという面で、演出家を信頼します。もし、俳優と裏方が演出家を思い切って信頼するのであれば、必然的に、演出家は何かがうまくいかなかったときに責任を取らなければいけなくなります。また一般的に、演出家はカーテンコールで舞台にいません。この、責任は引き受け、功績は人に譲る哲学は、マネジメントとしては目新しくありませんが、演劇の例はうまく表してくれます。

## ▌全力を引き出す

このゴールに基づくと、演出家の最も重要な責任は、共通のゴールに奉仕するために各チームメンバーが持てる最高のものを引き出すことになります。各チームメンバーが担う仕事を演出家が最もうまくこなせることはめったにありません。もちろん、チームメンバーを高く評価し、サポートし、育てるための知識は必要ですが、演出家本人が最も能力が高いわけではありません。ある意味でそこがポイントになります。

同様にマネジャーとして、私はチームのすべてのメンバーが、いろいろな面で自分よりずっと能力が高いと確信しています。私がやってほしいことをメンバーにやらせようとはしませんし、私のやり方そのままでやらせることは絶対にありません。そうではなく、一人ひとりのメンバーが情熱を傾けていること、優れていること、豊富な知識を持っていることを見極めます。そして、事業とその顧客の大枠のゴールを支える共通のゴールに向かう、素晴らしい才能にふさわしいチームを編成します。

私のキャリアの中でもとりわけ報われる経験は、本人が気づいていない才能や適性を見いだし、絶対向いているとその人を説得できたときです。

それぞれのメンバーが情熱を燃やせる仕事や得意な仕事を担うチームは、どんなに有能な個人よりもはるかに大きな存在になれます。そうしたチームには、メンバーの帰属意識の面でも、成し遂げられる仕事の面

でも、変革を起こす力があります。

　その流れで行くと、一般社員として最も刺激を受けたのは、マーティやヒュー・ダバリーのようなマネジャーの下で仕事ができたことでした（その機会を得られた幸運に感謝しています）。2人に共通する資質の1つは、メンバーの素晴らしさを引き出す手腕です。2人の下で働くのは、少し恐ろしくもありました。理由は共通しています。率直に言えば自分自身すら信じていないくらい、明確に私を信じてくれたのです。ただ、私も2人への尊敬、感嘆、敬愛がありましたので、当時はどれだけ場違いだと感じても、期待に応えるためになんでもやろうとしました。

## ▌批評

　演劇でも映画でも、演出家は定期的に指導を行います。1時間ごと、1幕ごと、公演ごととさまざまな間隔が考えられますが、「素晴らしかったです。このまま続けてください」から「今のやり方にはすっかり戸惑いました」まで、建設的なフィードバックは、演出家とのあらゆる関係について回ります。

　相互の尊重とコラボレーションには、明確で率直なフィードバックが欠かせません。

## ▌お祝い

　演劇の素晴らしいところは、お祝いが組み込まれているところです。初演の夜でも、千秋楽の夜でも、打ち上げでも、みんなが少し時間を取って、これまで一緒にやってきたことを一歩引いて考えます。思うに、ビジネスではお祝いの機会が十分にありません。そこで、私は大小いろいろな方法で、個人やチームを表彰する機会を探します。

　才能にあふれた俳優陣を揃え、出演者が胸を躍らせることのできる脚本を用意し、ポテンシャルを引き出すコーチングをし、素晴らしい作品ができるのを眺める。リーダーとしてこれほど嬉しいことはありません。

PART V    TEAM TOPOLOGY

# チームトポロジー

現代のほとんどのテクノロジー製品は、大規模で複雑だ。

例外もあるものの、1つのプロダクトチームが1つのプロダクト全体を開発することは珍しい。

大半のプロダクトでは、数十チーム、場合によっては数百チームが一緒に働く必要がある。

つまり、プロダクト組織はみな、作業を最も適切に分担するためにプロダクトチームの構成を決めるという問題に対処しなければならない。

プロダクトチームの構成と範囲を決めるという話題については以前に取り上げ、『INSPIRED』でも扱っている。

ただ、この話題はエンパワーメントのレベルに非常に大きく関わるため、この後の数章でもう少し深く掘り下げたい。

私はこのチームの範囲設定を、「チームトポロジー」と呼ぶようになった[37]。トポロジーという用語は[38]、「大枠としてのシステムの構成要素を整理する」という考え方をとらえているため、個人的に気に入っている。

プロダクト組織のチームトポロジーは、次のような問いに答える。

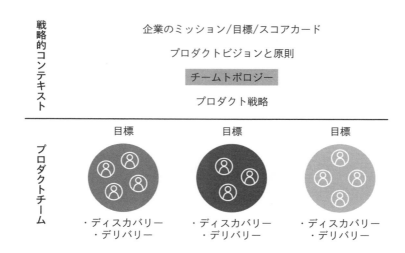

| 図3 | チームトポロジー

・当社にはいくつのプロダクトチームを設置すべきか？

・各チームの責任範囲はどのようになっているか？

・各チームにはどのようなスキルを備えた人材が何人ずつ必要か？

・チーム同士の依存関係はどのようになっているか？

より一般的に言うと、「チームトポロジー」とは、会社がどのようにプロダクト担当者をチームに編成して優れた仕事をしてもらうか、という問いに答えるために役立つ考え方である。

プロダクトリーダーであれば、効果的なチームトポロジーの確立は、主要な職責の１つであり、最も複雑な職責の１つでもある。考慮すべき要素があまりに多いからだ。今までもずっとそうだったが、リモート従業員の急増に伴い、トポロジーは一段と複雑になっている。

トポロジーを選定するにあたっては、何よりもまず、チームのエンパワーメントを支える各種の原則に従うべきである。

この原則には、チームが担当する問題領域について真のオーナーシップを持ってもらう（自分たちのものとして考えてもらう）、解決を依頼する問題についてチームが自律性を持ってソリューションを提供できるようにする、チームを会社の顧客、事業、テクノロジーのさまざまな要素と整合させる（アラインメントを取る）といった内容が含まれる。

整合自体が複雑な業務で、個々のチームの責任範囲を、ビジネスゴール、顧客の種類、組織の上下関係、テクノロジーのアーキテクチャー、プロダクトビジョンなどのより広いコンテキストと調和させる必要がある。

もう１つの重要な検討事項に、プロダクトチーム間の依存関係の数と性質がある。どのようなトポロジーでも、プロダクトチーム間にそのト

---

37 「チームトポロジー」という用語は、マシュー・スケルトンとマニュエル・パイシュの共著『Team Topologies: Organizing Business and Technology Teams for Fast Flow』（Portland, OR: IT Revolution, 2019）で導入された造語である。

38 訳注：コンピューター分野におけるトポロジーとは主に、コンピューターネットワーク内の機器同士がどのように接続されているかを表す用語。

ポロジーならではの依存関係が生まれるので、リーダーはチーム間の利害を調整しなければならない。

最後に、チームが安定し、長持ちするように誰もが努力していても、チームトポロジーは必要性や状況の変化に従って進化させる必要があることを、リーダーは考えなければならない。

今後の数章に記載するポイントを検討するにあたって念頭に置いてほしい点が1つある。チームトポロジーは、プロダクト、デザイン、エンジニアリングのリーダーによる共同の意思決定によって選択する必要がある。これらの主要なプロダクトリーダーのニーズのバランスを取るのが、最も優れたトポロジーである。

ここから数章にわたって、各種の検討事項と、それがエンパワーメントにどのように関連するかを探る。また、チームトポロジーの設計に用いる一般的なパターンと、チームトポロジーを利用するタイミングについても説明する。

CHAPTER **41**

# エンパワーメントに向けた最適化

　本書の冒頭で、「チームトポロジー」の概念を導入した。これは、素晴らしい仕事が最も生まれやすくなるように、従業員を各チームに編成する方法のことであった。

　チームトポロジーは、チーム間の境界を定義し、各チームが検討する問題の範囲を設定するため、プロダクトリーダーが直面する最も重要な意思決定の1つとなっている。

　それにもかかわらず、多くの企業は、この意思決定にあたって十分に熟考していない。

　多くの場合、チームトポロジーは最も抵抗の少ないルートをたどるように自然に発生する。現在の組織図やエンジニアのスキルセット別グループが反映されたり、ビジネスオーナーやステークホルダーの運営責任に合わせて形成されたりする。

　こうした要素によってチーム間の境界をうまく設定できる場合もあるが、それでもこの意思決定は幅広い要素を検討して意識的に行うべきである。楽だからという理由だけで、トポロジーに関する意思決定を行うべきではない。

また、何年も前に設定したチームトポロジーを変えるのが億劫になっているケースも多い。当初は合理的なグループ構成だったはずなのに、いまや無駄な依存関係や複雑さによってチームのエンパワーメントの足を引っ張っている。この場合、リーダーは苦渋の決断を下し、一部または全部のトポロジーを再構成しなければならないことがある。

　最低限言えるのは、もしあなたがプロダクトリーダーであれば、あなたが選択したトポロジーによって、自社のプロダクトチームのエンパワーメントが多大な影響を受けるということだ。

　エンパワーメントに向けた最適化を行うには、相互に関連する3つのゴールのバランスを取る必要がある。オーナーシップ、自律性、整合性である。

# オーナーシップ

　オーナーシップは、単なるチームの目標よりもずっと大きな概念で、機能、ユーザー体験、品質、性能、技術的負債をめぐる、各チームの完全な責任範囲を規定する。各チームは、オーナーシップの範囲に収まる仕事にベストな対応をするため、必要なトレードオフを行うことが期待される。

　それぞれのプロダクトチームが、有意義な仕事に対して責任を負うときに、エンパワーメントは向上する。

　チームの責任範囲が非常に狭いと、メンバーは士気を保つのが難しくなる。従業員は、自分の仕事がより広いビジネスゴールにどのように関連するのかを理解できず、組織の中の歯車のように感じることがある。

　対照的に、有意義な問題に責任を負っていると感じているチームは、より大きな理念とつながっていることに刺激を受ける。こうしたチームのメンバーは、オーナーシップに由来する誇りが、そうでないメンバーより大きい。

　たいていの場合、オーナーシップの範囲が広いほどエンパワーメント

が向上するが、チームの規模とスキルセットに対して責任範囲が大きすぎても、エンパワーメントに悪影響が及ぶおそれがある。

たとえば、あるチームはプロダクトの体験にオーナーシップを持って取り組んでいるが、基本的な変更を行うためだけに、複雑なシステムの技術的知識も求められるとする。このようなチームは、オーナーシップを持つ分野への理解を深めてイノベーションを起こせるようになるのに苦労するかもしれない。このように高いレベルの認知的負荷は、チームのエンパワーメントには逆効果となってしまう。

エンパワーメントは、オーナーシップの範囲のみによって左右されるわけではない。オーナーシップの明確さも必要になる。自分のチームがどの仕事を担当するかがわからなければ、エンパワーメントは損なわれる。ときに仕事のオーナーシップの範囲があいまいになる場合もあることは想定しなければならないが、優れたトポロジーなら、オーナーシップに関する疑問を増やすよりは解決するように働くはずである。

## 自律性

自律性はパワフルな概念だが、リーダーとプロダクトチームの両方によって誤解されがちである。

チームと他のプロダクトチームとの依存関係が一切存在してはいけない、という意味ではない。チームは好きなことを何でも追求してよい、という意味でもない。

自律性とは、解決すべき問題を与えられたチームが、自らが適切と考える、可能な限り最善の方法で問題を解決できるだけの権限を備えていることをいう。あまりにも多くの依存関係が生じるトポロジーでは、これが難しくなる場合がある。

会社はチームに対し、プロダクトディスカバリーツールを用いてさまざまな選択肢やアプローチを検討してから、ソリューションに尽力することを期待する。そして、チームの意思決定を尊重する。チームこそが

その意思決定を行うのに最もふさわしい立場にあることがわかっているからである。

　すべてのチームトポロジーには、何らかのチーム間における依存関係が必要になるが、エンパワーメントに役立つチームトポロジーとは、こうした依存関係を最小に抑えたものである。

　たとえば、チームを細かいテクノロジー別に厳密に分けるトポロジーでは、顧客が真に抱えている問題に対する全体的なソリューションをいずれか1つのチームで見つけることは難しくなる。

　結局のところ、チームのエンパワーメントとは、必要なビジネスアウトカムを達成する最善の方法をチームで探せるようにすることである。チームの自律性は、この点に貢献する。

## 整合性

　整合性（アラインメント）とは、チーム間の境界が、戦略的コンテキストの他の要素と一致している度合いを表す。

　一般的に、整合性が高いと、チームが仕事をやり遂げるために必要な依存関係が少なくてすむ。意思決定も速くなり、ビジネスレベルのアウトカムとのつながりも強くなる。

　要するに、整合性が高ければエンパワーメントは向上する。

　整合性は通常、トポロジーの中でも最も複雑な要素である。整合性を向上させるには非常に多くの側面を検討しなければならないからだ。なかでも重要な2つの側面は、アーキテクチャーとビジネスである。

　まず、アーキテクチャーとの整合性について考えてみよう。アーキテクチャーの役目はプロダクトビジョンの実現なので、アーキテクチャーはプロダクトビジョンに基づいているのが理想である。

　この場合は、技術的なアーキテクチャーと整合しているトポロジーが、プロダクトビジョンとも自然に整合する。チームは有意義な職務範囲のオーナーとなり、プロダクトに関する重要な意思決定が可能なほどの自

律性を得ることができる。

　しかし、技術的負債やレガシーシステムが多い会社では、チームはアーキテクチャーと整合するとは限らない。その場合、依存関係と複雑化により、チームの仕事が混乱してしまう。単純な作業にすら長い時間がかかる。それでも実現可能ならまだましなほうである。

　ビジネスとの整合には、プロダクトチームと会社との関係、具体的には、さまざまな事業部門、市場参入戦略、顧客の種類、マーケットセグメントとの関係が含まれる。

　整合性については、この後の数章でさらに詳しく扱う。

　ここで留意してほしいのだが、ある会社にぴったり合う、ただ1つの「完璧な」チームトポロジーなど存在しない。

　多くのトレードオフを検討する必要があるが、総合的な目標は、エンパワーメントに向けて最適化することである。そのためには、オーナーシップ、自律性、整合性を向上させるのが最善である。

# 42

# チームのタイプ

　SVPGは、数百社に及ぶテクノロジー企業のチームトポロジーを観察し、アドバイスしてきた。

　トポロジーに関しては1つとして同じ状況はないが、エンパワーメントに向けて会社のトポロジーを最適化するにあたっては、いくつかの重要なベストプラクティス（最良の方法）がある。

　この章では、プロダクトチームの2つの基本的なタイプについて考えたい。他のチームが使いやすいようにサービスをマネジメントするプラットフォームチームと、プロダクトの価値をユーザーと顧客にどのように体験させるかに責任を負うエクスペリエンスチームである。

　重要な点として強調したいのは、あらゆるトポロジーは、プロダクトの基礎となるテクノロジーアーキテクチャーと、より広い戦略的コンテキスト（ビジネス目標、プロダクトビジョン、戦略など）の両方を考慮に入れなければならない、ということである。

　つまり、プロダクト開発とエンジニアリングのリーダーが共同でトポロジーを決めるのがきわめて重要である。

# プラットフォームチーム

　プラットフォームチームを組織すると、共通サービスを1回だけ実装して多くの場所で利用できるので、レバレッジが生まれる。次のような例がある。


・認証や認可などの共有サービスを担当するプラットフォームチーム
・再利用可能なインターフェイスコンポーネントライブラリの管理を担当するプラットフォームチーム
・テストとリリースの自動化ツールを開発者に提供する業務を担当するプラットフォームチーム


　また、プラットフォームチームは、特に難解だったり専門的だったりする部分をカプセル化することができるので、複雑さのマネジメントにも寄与する。
　次のような例がある。


・レガシーシステムと統合するための抽象化を担当するプラットフォームチーム
・決済処理を担当するプラットフォームチーム
・非常に専門的な税務計算を担当するプラットフォームチーム


　最終顧客からはもちろん、経営幹部やステークホルダーからもプラットフォームチームの成果はわかりにくいかもしれないが、これらのチームが重要でないと思ってはならない。
　実のところ、多くの一流プロダクト組織では、特に優秀なエンジニアが、レバレッジを生み重要度の高いプラットフォームチームの仕事を打診されることが多い。
　小さな会社では、単一のプラットフォームチームがプラットフォーム

を提供する場合がある。

　大手の一流テクノロジー企業では、プロダクトチームの半分までもが
プラットフォームチームである場合も多い。

　さらに、プラットフォームはエクスペリエンスチームの認知的負荷を
緩和してくれる。

　エクスペリエンスチームは、プラットフォームサービスを利用するた
めに、プラットフォームの実装手法を理解する必要はない。その代わり
に、解決に取り組んでいる顧客や事業の問題に、エネルギーを集中させ
ることができる。

# エクスペリエンスチーム

　エクスペリエンスチームは、アプリ、UI、ソリューション、あるい
はカスタマージャーニーの形で、ユーザーがどのようにプロダクトを体
験するかに責任を負う。

　ユーザーとは、プロダクトを購入する顧客の場合もあるが、法人向け
プロダクトでは顧客企業に勤める従業員の場合もある。いずれにしても、
プロダクトチームが、（消費者を含む）顧客に属する誰かのエクスペリ
エンスに取り組んでいるのであれば、「顧客向けエクスペリエンスチー
ム」と呼ばれる。

　一方、ユーザーが社内にいる場合もある。必要不可欠なカスタマーエ
クスペリエンスを提供するために、きわめて重要な役割を果たしている
従業員が利用しているようなケースだ。

　このようなユーザーの例には、カスタマーサービスエージェントや、
店員などがある。こうした社内従業員のユーザー体験に取り組んでいる
プロダクトチームは、「顧客対応エクスペリエンスチーム」と呼ばれる。

　顧客向けエクスペリエンスチームと顧客対応エクスペリエンスチーム
のいずれであっても、万一、障害が発生した場合に顧客に影響が及ぶよ
うなプロダクトを開発していれば、真のエクスペリエンスチームである

といえる。顧客対応チームなら、システムがダウンしたときに社内ユーザーが顧客の質問や要望を解決できなくなってしまうようなプロダクトが該当する。

プラットフォームと同様に、ユーザー体験も1つのチームで扱う場合と、複数のチームで分担する場合がある。たとえば、体験はユーザーの種類、市場や部門、カスタマージャーニーにおける段階、その他さまざまな観点からチームに分割できる（この点については、エクスペリエンスチームのエンパワーメントを扱うCHAPTER 44で取り上げる）。

あまりに多くの企業では、トポロジーを定義する際に、エクスペリエンスチームを体験のエンドツーエンド（最初から最後まで）のうちごく一部のオーナーとして定義してしまう。この状況では、たとえ小さい変更であっても、各チームが他のチームの協力を仰がずにインパクトを与えられると感じるのは難しい。

逆に、エクスペリエンスチームが最もエンパワーされるのは、可能な限りエンドツーエンドに近い責任を与えられたときである。そのようなチームはオーナーシップの感覚を十分に備え、自律性が高く、顧客の問題の解決やビジネスの成果に自らが与える影響が見えやすい。

多くの優れた企業は、よくつくり込まれたプラットフォームが、エクスペリエンスチームに、より広い（エンドツーエンド）範囲のオーナーシップを持ってもらうためのパワフルなツールであることを発見している。

プラットフォームチームは基礎となるテクノロジーを利用するために必要な負荷を軽減する。それにより、エクスペリエンスチームに認識の余裕が生まれ、顧客の問題のさらに多くの側面に対して、当事者意識を持って取り組めるようになる。

# 43

# プラットフォームチームの
# エンパワーメント

　前の章では、2種類の主要なプロダクトチームを紹介し、プラットフォームチームがエクスペリエンスチームのためにレバレッジを生み、複雑さをカプセル化することを説明した。

　プラットフォームチームは、サービスとアーキテクチャーの基礎となる複雑さを抽象化することで、他のチームのエンパワーメントのレベルを向上させる。

　プラットフォームチームのエンパワーメントの話題は、常に少々扱いにくい。その理由は、エクスペリエンスチームの目的がユーザーと顧客の問題を解決することであるのに対して、プラットフォームチームの目的は、エクスペリエンスチームによる顧客の問題解決を改善することだからである。したがって、プラットフォームチームの貢献は間接的ということになる。

　これがプラットフォームチームにどのように影響を与えるかを理解するには、すべてのプロダクトチーム、つまりプラットフォームチームと

エクスペリエンスチームの両方が行わなければならない２種類の仕事を区別すると役に立つ。

まずは、チームの目的を推進することである。これが主な業務であり、この後すぐに説明する。

しかし、すべてのプロダクトチームには、多かれ少なかれ「定常業務」が存在する[39]。

これは、事業を続けるために必要な、日々の作業である。致命的なバグの修正、性能の問題への対処、コンプライアンスなど交渉の余地のない問題に対応するための重要な機能追加などが該当する。

プラットフォームチームは、平均的なエクスペリエンスチームと比較して定常業務が多い傾向があるのは事実である。その理由は、依存関係にある他のチームの業務を促進する、というプラットフォームチームの業務の本質にある。

このような作業はプラットフォームチームの仕事の１割ほどを占めることもあれば、半分近くに及ぶこともある。

定常業務を除けば、プラットフォームチームをエンパワーしてプラットフォーム開発を促進する方法は主に２つある。チームの共同目標と、プラットフォームプロダクトの目標である。

## チームの共同目標

優れたプラットフォームチームが大仕事に取り組むための最も一般的な方法は、チームの共同目標を設定することである。チームの共同目標を設定した場合、プラットフォームチームの目標は、１つまたは複数のエクスペリエンスチームと同じになる。

チームの共同目標の仕組みについてはCHAPTER 57「コラボレーシ

---

39　これを「BAU」または「Business as Usual（ふだん通りの仕事）」と呼ぶ会社もあるが、私はあまり気に入っていない。プロダクトチームの仕事はそれだけだと考えてしまう会社があまりに多いからである。

ョン」で扱うが、今は複数のチームが共同でソリューションの発見と開発に取り組むと述べるだけで十分だろう。

　場合によっては、コラボレーションが非常に深くなり、チーム同士が緊密に、ほとんど1つのチームとして仕事をする必要が生じる。

　たとえば、CMS（コンテンツマネジメントシステム）製品について考えてみよう。バックエンドストレージの管理とコンテンツへのAPIアクセスを担当するプラットフォームチームと、ユーザー向けのコンテンツワークフローを担当するエクスペリエンスチームがあるとする。また、このCMSは今のところ画像コンテンツで動作するが、新たな市場拡張戦略の結果として、動画コンテンツにも対応する必要があるとする。

　ここでは、プラットフォームチームとエクスペリエンスチームの両方で、「動画を利用できるようにする」という共同目標を掲げることが考えられる。両者は緊密に仕事をして、適切な体験とその実装方法を決定する必要がある。

　他のケースでは、コラボレーションがさらに細分化されることもある。プラットフォームチームとエクスペリエンスチームが、両チーム間の一種の契約を表すようなAPIを定義することもできる。いったんAPIを定義したら、各チームはほとんど独立して動き、仕事をやり遂げる。

　たとえば、eコマース企業が、新しい決済手段を追加するとする。プラットフォームチームは、決済の複雑な点にすべて対応し、エクスペリエンスチームにAPIとして提供する。チェックアウト体験を担当するエクスペリエンスチームがユーザー向けのフローを作成し、その間にプラットフォームチームはバックエンドの決済プロセスとの統合を実装する。両チームはテストとデリバリーを共同で行う。

　深いコラボレーション、細分化されたコラボレーションのどちらについても、重要なのはプラットフォームチームがエクスペリエンスチームと同じ戦略的コンテキストとゴールを共有していることである。戦略的コンテキストとゴールは、業務の重要性とビジネス上の意義に関係がある。

# 社外向けプラットフォームプロダクトの目標

　プラットフォームそのものをプロダクトとしている会社もある。販売しているのは、顧客（通常は開発者）がその機能を使ってプロダクトなどを構築できるようにするためのAPIである。私たちはこれを、社外向けプラットフォームと呼んでいる。

　この場合、プラットフォーム自体がプロダクトとして扱われる。顧客は消費者ではなく開発者だが、それでも真のプロダクトであることには変わりない。

　また、社内ユーザーが利用するプラットフォームを社外向けプラットフォームのようにマネジメントするトレンドも拡大中だ。

　こうしたプロダクトでは、顧客の数を増やす、各種の機能を利用しやすくするなど、エクスペリエンスチームが担当する製品と似た目標を設定することが多い。社外向けプラットフォームの場合は、ここにマネタイズの改善などの目標が加わる。

　他のエクスペリエンスチームやプラットフォームチームと同様に、品質、性能、または開発者の体験に関する重大な問題が発生した場合、これを一般的な定常業務の一環と考えるのではなく、チームの目標に昇格させることができる。

　重要なのは、プラットフォームチームをエンパワーする際に、定常業務と、プラットフォームプロダクトの進化につながる主要業務を頭の中で切り分ければ、エクスペリエンスチームと同等のチーム目標とエンパワーメントを実現できるということである。

# 44

# エクスペリエンスチームの
# エンパワーメント

　さきほど説明したように、エクスペリエンスチームは、実際のユーザーまたは顧客がプロダクトの価値をどのように認識するかに責任を負う。重要なポイントは、エクスペリエンスチームは、可能な限りエンドツーエンドに近い責任を与えられたときに、最もエンパワーされるということであった。

　このようになる可能性が最も高いのが、各チームのオーナーシップの範囲が、他のビジネスにおける自然な型となる、販売チャネル、マーケットセグメント、ユーザーの種類などに従うときである。

　たいていの場合、これは顧客別に整合されたトポロジーをつくることを意味する。

　顧客別の整合の例には、次のようなものがある。

・ユーザーの種類、またはペルソナ別（例：乗客チーム、運転手チーム）
・マーケットセグメント別（例：エレクトロニクスチーム、ファッショ

ンチーム）

・カスタマージャーニー別（例：オンボーディングチーム、リテンショ
ンチーム）
・販売チャネル別（例：セルフサービスチーム、直販チーム）
・ビジネスKPI別（例：新規成長チーム、コンバージョンチーム）
・地域別（例：北米チーム、アジア太平洋チーム）

　このような整合は、エクスペリエンスチームが、事業で求められるアウ
トカムと一致するオーナーシップの範囲を持つことを意味する。事業で求
められるアウトカムとプロダクト開発業務の間にズレがほとんどないため、
チームにビジネス問題を直接解決するための自律性を与えることができる。
　顧客別の整合は、プロダクトの種類によってさまざまな意味合いを持
つ。次に、いくつかの整合の例を挙げる。これは網羅的な表ではなく、
また、該当するケースにおいてエクスペリエンスチームのトポロジーを
整理する方法はこれらだけではない。しかし、これらは高い効果が証明
されている一般的なパターンで、貴社のトポロジーにも使える可能性が
ある。

## メディア製品

　雑誌、ニュースサイト、ビデオオンデマンドサービスでは、エクスペ
リエンスチームはコンテンツや刊行物の種類ごとに整理できる。
　すべてのコンテンツマネジメントと共通機能はプラットフォームチー
ムが取り扱い、一般化したサービスを各エクスペリエンスチームに提供
する（これがプロダクトの大半を占める場合もある）。
　次に、各エクスペリエンスチームが、メディアカテゴリー（スポーツ、
ローカルニュース、天気など）、またはブランドごとのエンドツーエン
ドのニーズに対応する。よく似た複数のカテゴリーを単一のチームで担
当し、より大きな、あるいは特殊な体験には専門のチームを置く場合も

ある。

このアプローチでは、さまざまな種類の顧客のニーズを確実に満たすことができる。また、各エクスペリエンスチームを、こうした企業で一般的なカテゴリー別ビジネスゴールや市場参入戦略と整合させることができる。

# eコマースプロダクト

eコマースプロダクトの場合は、メディアプロダクトに似たパターンに従うことがある。特に、ショッピングの体験がカテゴリーによって大きく異なる場合にはこれが言える（例：自動車部品、イベントチケット、宝飾品）。

この分野でも、プロダクトは共通サービスの高機能プラットフォーム（カタログマネジメント、請求、アカウントマネジメントなど）の上に構築される。その後は、カテゴリー別に整合されたエクスペリエンスチームが担当する。

# 法人向けプロダクト

法人向けプロダクトは、さまざまな顧客区分に対して専門的に開発しなければならない場合が多い。顧客のバーティカルマーケット（製造業、金融サービス、小売業など）ごとに差がある場合もある。市場参入戦略に基づく大きな違いが存在することもある。顧客の規模による違いが存在する場合もある（中小企業の顧客にはセルフサービス形式のポータルを利用してもらい、大企業の顧客には営業部隊を付け、カスタマイズ用APIを提供するなど）。

この場合、会社と最も関連性の高い区分に従ってエクスペリエンスチームを編成するのが合理的といえる。ここでも、エクスペリエンスチームを最も自社の顧客のためになるように整合して、さらに社内の他の部門とも整合することがゴールになる。

# マーケットプレイスプロダクト

マーケットプレイスプロダクトの多くは、買い手と売り手、乗客と運転手、ホテルと宿泊客のように、互いに補い合う2つのグループの人々をつなげるという目的を持つ。ほとんどのマーケットプレイスは2つの面を持っているが、さらに多くの面が存在することもある。

マーケットプレイスのそれぞれの面を利用する人のニーズははっきりと分かれている場合が多い。両方の面をそれぞれ支援する他の部署にも同じことがいえる。

これら両方の理由により、エクスペリエンスチームをマーケットプレイスの面に基づいて編成するトポロジーが、エンパワーメントにつながる場合が多い。

# 顧客対応プロダクト

顧客対応プロダクトの開発チームは、顧客向けに重要な体験を提供する社内従業員が用いるツールやシステムを作成する。

これには、顧客向けサービス担当者や店舗従業員が利用するシステムなどが挙げられる。

ここでもまた、各エクスペリエンスチームのトポロジーを各社内ユーザーのエンドツーエンドのニーズと整合させることで、エクスペリエンスチームをエンパワーすることができる。

最後に1つ注意を述べたい。トポロジーを作成する際に、すべてのエクスペリエンスチームをただ1つの観点（バーティカルマーケットや顧客の規模など）から整合する必要はない。トポロジーによっては、領域ごとに異なる観点を用いて整合したほうが合理的であれば、そのようにすべきである。

# トポロジーとデザイン

　ほとんどの企業は、職能横断型プロダクトチーム、少なくともエクスペリエンスチームには、専任のプロダクトデザイナーが必要であることを理解している。これは、優れたプロダクトをつくるために、プロダクトデザインがどれほど決定的に重要かという認識を示している。

　ただし、デザイン部門のリーダーが、「社内エージェンシーモデル」という別の形を好む場合もある。この場合、デザインリーダーはデザイナーのサービスチームを擁しており、プロダクトチームはデザインチームに要望を出して、プロダクトのデザインを作ってもらう必要がある。

　公平を期すためには、このアプローチにも一定のアドバンテージがあるのは認識しておかなければならない。特に、デザインの全体像を確立する面では有利である。

　しかし、リン・マニュエル・ミランダ作のミュージカル『ハミルトン』でアーロン・バーが歌う「The Room Where It Happens」の題名にあるように、「何かが起こる場にいること」は重要だ。

　社内デザインエージェンシーモデルでは、重要な意思決定が行われるときに、デザイナーは通常その場にいない。したがって、デザイナーは──そして最終的にはユーザーが──そのツケを払うことになるのだ。

　デザインは社内サービスとして運営するには、あまりに重要だ。デザインマネジャーは、プロダクトマネジャーやテックリードと同様に、プロダクトチームの中でも特に優秀なメンバーが務めなければならない。

　デザインマネジャーは、デザイン標準、ガイドライン、デザインシステムを規定し、デザイナーの仕事を確認し、また、社内全体のプロダクトデザイナーを交えてデザインの戦略・レビューセッションを開催することで、デザインの全体像を確立することができる。

　なお、機能開発チームを擁する会社では、この点はあまり関係ない。

デザイナーに初めて相談するときには、すでに主要な意思決定は済んでいるからである。

## Callout

# トポロジーと上下関係

　エンジニアリング部門の上下関係がスキルセットに基づいて整理されることは非常に一般的である。たとえば、データエンジニア、フロントエンドエンジニア、モバイルエンジニアの各グループは、一般的に別々のマネジャーの部下になる。そうすることで、エンジニアリングマネジャーはチームのすべてのエンジニアに対し、スキルに特化したコーチングを実施できる。

　それなら問題はないが、テクノロジー部門のリーダーが、プロダクトチームをそうした上下関係と完全に整合させたいという誘惑にかられる場合がある。たとえば、フロントエンドエンジニアのみからなるプロダクトチームをつくるといった形である。

　このアプローチでは、エンパワーされたプロダクトチームはめったに生まれない。というのも、技術的スキルセット以外の点でチームの整合性がバラバラだからである。このようなチームでは、ビジネスに必要なアウトカムとはほとんど実質的な関係がなくなってしまう。

　たとえば、組織をウェブチーム、iOSチーム、Androidチーム、バックエンドチームに分割するトポロジーの場合、複数のチャネルにまたがる顧客体験のオーナーシップを持つことは、どのチームにとっても非常に難しくなる。

　著名なコンピューター科学者であるメルヴィン・コンウェイは、「コンウェイの法則」と呼ばれる格言を提唱した。この法則によれば、シス

テムをデザインする組織が生み出すデザインの構造は、組織の構造そっくりになるという。

これを言い換えると「組織図の出荷に注意せよ」となる。職能横断型チームの最も大きなメリットの1つは、プロダクトのために何が最善かによってメンバーを決められることである。

チームトポロジーが上下関係に倣う理由はない、ということを覚えておこう。

# **45**

# トポロジーと物理的距離

　ここまでは、プロダクトチームの構成とその範囲の決め方について説明したが、これらのチームの物理的な場所という観点についてはまだ言及していなかった。これはチームトポロジーを作成する際に検討すべき、もう１つの重要かつ実際的な要素である。

　パンデミック以前から、人材不足と、テクノロジー産業の中心地の生活費が高すぎることが原因で、オフィスの配置を見直す動きが進んでいる。

　多くの企業では、必要なスキルを備えた十分な数の人材を本社の所在地で採用するのが現実的にほぼ不可能になっているため、他の方法を考えざるを得なくなっている。

　極端な方針としては、リモートワーカーのフル活用がある。これには、会社はほぼどこでも人材を採用でき、採用される人はどこにでも住めるなどのメリットがある。

　もう一方の極端な方針として、全従業員に引き続き１カ所で働いてもらいたいものの、人材不足や生活費の高騰によりそれが難しいため、本社を移転する企業もある。

だが、両者の中間にあたる方針にも効果的なものがある。リモートオフィスだ。

多くの企業は、世界各地の都市（特にエンジニアリングとデザインの人材が豊富な都心部）でリモートオフィスを運営し、こうしたリモートオフィスでプロダクトチームを編成しつつ、必要に応じてリモートワーカーで補っている。

このモデルは、オフィスの利点を維持しつつ、現地の人材を活用している。

ただし、いつものようにトレードオフがあり、こうしたリモートオフィスは会社にとって負担増になることがある。

コーチングと監督を担うマネジャーは、特に仕事が難しくなる可能性がある。

ここで、物理的距離のさまざまな形と、それぞれに伴うトレードオフを少し掘り下げてみよう。

## ┃チームメンバーとの物理的距離

これは、チームのメンバーが１カ所に集まっているか、完全に分散しているか（例：全員が在宅勤務）、その組み合わせか（例：プロダクトマネジャー、プロダクトデザイナー、テックリードが１カ所で勤務し、その他のエンジニアは自宅や別のオフィスにいる）を表す。

真のイノベーションで評価が決まるようなチームでは特に、１カ所に集まっていることに大きな優位性がある。プロダクトディスカバリーのダイナミクスは、緊密なコラボレーションにかかっている。プロダクトマネジメント、プロダクトデザイン、エンジニアリング間のコラボレーションは特に重要だ。リモートでのコラボレーションは、不可能ではないにしても困難が伴う。

エンジニアが別のオフィスにいたり、リモートワークをしていたりすると、増えたコミュニケーションの負荷の大半がテックリードにのしかかる。

## ▌顧客との物理的距離

　インドの消費者や企業向けのサービスを作っているチームであれば、インドにオフィスを置くことには大変なメリットがある。ただし、世界中のユーザーや顧客とリモートでつながるための優れたツールはある。対象の国に言語や文化の問題について手助けしてくれる人がいれば、なお心強い。つまり、この場合、主にプロダクトマネジャーとプロダクトデザイナーが負担を増やすことで、地理的な距離を克服することができる。

## ▌ビジネスパートナーとの物理的距離

　プロダクトチームが会社の特定の部門、たとえば運営チームやカスタマーサクセスチームなどと緊密に協力する必要がある場合、顧客との距離と同様に、近くにチームを置くことにメリットがある。しかし、近くにチームを置けなかったとしても、そのデメリットは負担を増やすこと（出張、音声通話やビデオ通話、きめ細かいコミュニケーションなど）で克服できる。これも主にプロダクトマネジャーとプロダクトデザイナーの負担になる。

## ▌マネジャーとの物理的距離

　通常、プロダクトマネジメント、プロダクトデザイン、およびエンジニアリングのマネジャーは、さまざまなプロダクトチームのメンバーをマネジメントしている。仕事を確認し、態度を観察して、必要なコーチングを行うには、メンバーがその場にいたほうが一般的にやりやすい。

　しかし、中堅あるいは大手企業の多くでは、マネジャーは必要に迫られて、別のオフィスや在宅勤務の従業員に対応している。マネジャーは、負担を増やすこと（出張、音声通話やビデオ通話、きめ細かいコミュニケーションなど）でこの距離を克服し、フィードバックを求めたり、重要な継続的コーチングを実施したりすることができる。

## ▍他のプロダクトチームとの物理的距離

　多くのケースでは、プロダクトチームは相互に依存しており、大規模で複雑な問題を解決するために協力する必要がある。物理的距離が近いチームのほうが協力はしやすいが、追加の労力を割くこと（きめ細かいコミュニケーション、出張、「スウォーミング」と呼ばれるテクニックなど）で距離の問題を克服できる。これは主にエンジニアとプロダクトマネジャーの負担となる。

## ▍経営幹部との物理的距離

　社風と経営幹部の能力によっては、経営幹部がプロダクトチームを近くに置きたいという切実なニーズを感じる場合がある。

　チームがリモートオフィスにいる場合やリモートワークしている場合、プロダクトマネジャーは追加の労力を割いて、経営幹部やステークホルダーとの間に必要な関係を築き、維持する必要がある。この場合、マネジャーが果たすべき役割が大きくなることが多い。

# プロダクトチームに向けた最適化

　ここまでの説明で、物理的距離の観点ごとにトレードオフがあるのは明らかになったかと思う。一般的な原則として、私たちはマネジャー、顧客へのアクセス、その他あらゆる観点よりも、プロダクトチームに向けた最適化を試みている。

　このトレードオフが発生する2つの一般的な状況を紹介しよう。

　プロダクトマネジャーとデザイナーを本社に（マネジャー、経営幹部、ステークホルダーのそばに）配置するか、エンジニア部隊と一緒に配置するかを決めるとする。プロダクトチームに向けた最適化の原則から、私たちはプロダクトマネジャーをエンジニアと同じ場所に配置することを勧める。

同様に、プロダクトマネジャーとデザイナーを顧客の近くに配置するか、エンジニア部隊と一緒に配置するかを選ぶ場合でも、エンジニアと同じ場所に配置することを勧める。

　これらは一般的な原則であることを覚えておいてほしい。他の選択をする状況もあるかもしれないが、少なくとも、関連するトレードオフと、デメリットを緩和するための手段を知ることが重要である。

CHAPTER **46**

# トポロジーの変更

　ほとんどの企業にはすでに何らかのトポロジーが存在しているが、どこかに始まりがあったはずだ。スタートアップ企業では、エンジニアの数が15人前後まで増えたタイミングであることが多い。

　このあたりで会社は、黎明期に従業員が感じていたエンパワーメントが、社内調整の負担のもとに徐々に損なわれていることに気づく。また、意思決定や単純な業務も日増しに難しくなっていることを認識する。そこで、2〜3組の職能横断型プロダクトチームを編成して人員を分割し、これを克服することに決める。それをどのように行うかの意思決定によって、トポロジーが確立する。

　プロダクトチームモデルで成長してこなかった大企業では、アジャイル開発に移行し、小規模で長持ちするチームを中心に組織を編成するように説明されたときが開始点となることが多い。会社が決めたチームの分割方法によって、トポロジーが確立する。

　プロダクトビジョンやアーキテクチャーの重要な変更に伴って、トポロジーが確立する場合もある。どのような理由にしても、製品の戦略的コンテキストに大幅な変更を加えたときは、トポロジーを見直す必要が

ある。

　トポロジー見直しの理由にかかわらず、オーナーシップ、自律性、整合性の観点に注目して、チームのエンパワーメントを最適化すべきだ。

## トポロジーの変更

　当初のトポロジーがどれほどチームをエンパワーしていたとしても、その効果が未来永劫続くわけではない。職場の現実は常に変化しており、場合によってはトポロジーに変更を加えなければならない形で変化することもある。トポロジーの変更が必要になる可能性のある状況をいくつか挙げる。

・プロダクトチームが、新たなマーケットセグメントに参入するためにエンジニアリング人員を倍増させる必要がある場合
・新しい戦略に、現在複数のプロダクトチームによって維持されている製品の廃止が盛り込まれている場合
・新しい戦略で、1つのプロダクトチームが開発したコア機能を、内部プラットフォームを通じて他のチームでも利用できるようにする場合
・新しいビジネス目標で、拡大するマーケット向けのサービスを開発する場合
・アーキテクチャーに重要なリファクタリングを行う場合

## トポロジー見直しの兆候

　積極的にトポロジーを見直す理由が起こっていない場合であっても、優れたリーダーは常にチームとそのメンバーに確認し、エンパワーメントのレンズを通してトポロジーを評価すべきである。

　トポロジーに注目する必要性を示すいくつかの兆候を次に示す。

・マネジャーが、開発者を複数のチーム間で頻繁に異動させている場合
・マネジャーが、依存関係の衝突を解決するために頻繁に介入しなければならない場合
・開発者から、「他のプロダクトチームへの依存が強すぎて、単純な作業をこなすのも大変だ」という苦情が上がっている場合
・各チームがオーナーシップを持っている範囲が非常に狭い場合
・開発者が、あまりに多くの領域にわたって複雑な仕事を処理しなければならない場合

　積極的にしろ、やむを得ずにしろ、チームトポロジーを見直さなければならない状況はある。

　その際は、現在のプロダクトチームをできる限り維持するように試みるべきである。

　会社は、優れたコラボレーションを実現する関係を確立するためにまとまった投資をしている。

　つまり、可能な限り現行のチームに新たな職責を与えたほうが、プロダクトチームを解散して他のチームに人員を割り振るよりも優れた方法だということになる。

　とはいえ、もっと大幅なトポロジー変更が必要になることもある。あまりにも頻繁な変更にだけは注意してほしい。年1回以上例外なく大幅な変更を行っているとしたら、何かがおかしい兆候である。

　トポロジーは、従業員が毎日一緒に働く同僚、取り組む内容、やりとりの性質を決める。トポロジーを変更すると、大変な混乱が生じるおそれがある。

　同様のケアは、緊急の用件に対処するために従業員を別のチームに一時的に異動させる場合にも必要になる。こうした異動において、異動する本人は新しいチームと新しい仕事になじまなければならないので、つらい思いをする。さらに、1人抜けた穴を埋めなければならないチームもつらい思いをする。

CHAPTER / **47**

# デビー・メレディス

## リーダーシップへの道

デビーに初めて会ったのは、彼女がNetscapeでブラウザを担当するエンジニアリング組織を率いていたときだった。デビーは1995年、Collabraの買収に伴ってNetscapeに入社した。

Collabraという会社は初耳かもしれないが、きわめて有能なリーダーを擁する素晴らしいチームで、同社のリーダーはたちまちNetscapeの未曽有の成長の中心になった。

アメリカ中西部出身のデビーは、ミシガン大学で数学とコンピューターサイエンスを専攻した。その後シリコンバレーに移り、スタンフォード大学でコンピューターサイエンスを学び、ソフトウェアエンジニアとして就職するとまもなく、先進的な企業のエンジニアリングリーダーとなった。

Netscapeで業界有数のエンジニアリングリーダーとしての評判を確立した後、ベンチャーキャピタリストや業界の仲間とのネットワークを築いていった。やがて、エンジニアリング組織の水準を大幅に、あるい

は至急引き上げる必要がある場合に頼れるアドバイザーとして、その名を轟かせるようになった。

## リーダーシップの実践

　デビーは有望なビジネスチャンスがある企業、主にスタートアップ企業に赴くことを専門としている。エンジニアリング部隊をレベルアップする必要があるか、さまざまな理由で事業運営の効率に問題を抱えており、プロダクトを市場に送り出すことに苦労している企業だ。すでに50社以上にアドバイスし、それらの企業の多くは現在大成功を収めている。

　デビーが到着したときによくあるのが、ストレスを溜めたリーダーと不満を抱えるエンジニア陣が互いへの信頼をすり減らしながら、機能開発チームとロードマップを運用しているような状況だ。これらの才能豊かなプロフェッショナルの信頼を勝ち取り、組織を効果的で業務拡大に耐えるプロダクトチームへと変革しなければならない。

　私は変革の前と後を何度か見てきているが、まさに劇的な変化だ。私はデビーに、こうしたエンジニアリング組織をいつも変革できている理由の説明を求めた。

　すると、次のような答えが返ってきた。

　世の中に、同じ会社は1つとしてありません。そこで、私はまず、さまざまな部署の方と話し、お話を聞きつつ、状況を改善するために私ができそうだと思う点に耳を傾けます。また、組織のミーティングでのやりとりや、開発したシステムや成果物を観察し、その会社独自の対人力学やプロセスの課題を理解することも重要です。

　この「取材期間」が終わったら、私はたいてい、重点的に取り組む必要のある4つの基本的かつ重要な点を見つけるようにします。

## ▌まずトップが模範を示す

　会社のエンジニアリング組織が規模の拡大やデリバリーに苦労しているのであれば、おそらく上層部が原因となっている深刻な問題があります。こうした問題を理解し、対応することが重要です。そうしないと、どのような変化も、インパクトが弱くなったり、一時的なもので終わってしまったりする可能性が十分にあります。

　スタートアップ企業の創業者やCEOの多くは、有能なエンジニアリング組織と協力して仕事をしたことがありません。そのため、テクノロジーの役割や、エンジニアがプロダクトマネジャーやプロダクトデザイナーのパートナーとして果たすべき貢献について、根本的に誤解していることが珍しくありません。

　さらに、多くの創業者とCEOは、エンジニアリング組織の課題と成功について果たすべき役割を認識していません。したがって、教育が必要になります。

## ▌フォーカスと戦略

　成功する会社を構築し、拡大することはとても困難です。そして、どの会社も、仕事の量の方が従業員の数よりずっと多い状況です。

　したがってフォーカスを定めることが不可欠です。そして、現有のリソースと人員の能力を最大限に引き出すのが、プロダクト戦略です。急激に規模を拡大中であったり、現在苦労していたりする組織には、よく観察するとまともなフォーカスもプロダクト戦略もないことが少なからずあります。あまりに多くの業務を一度にやろうとすると、最高のエンジニアリング組織でさえもダメージを受けます。

　多くの場合、私が伺うことが、その会社にとっての真の焦点をあらためて確立するきっかけとなります。会社の代わりに決めることはできませんが、必要な難しい意思決定を行うようにリーダーに促すことはできます。

## 信頼を確立する

人は、会社の心であり魂です。信頼によって、その人々が効果的に一緒に働けるようになり、個人では想像もできなかったものをつくり、成果を上げることができるようになります。これが、成功する会社の魔法です。

組織部門はそれぞれが、会社全体にもたらすことのできる明確な専門性を備えています。きわめて優秀なプロダクトチームでは、エンジニアリング部門固有の価値がテクノロジーによって絶えず革新され、それにより競争力の高いプロダクトを送り出すことができます。理由にかかわらず、エンジニアリング組織のデリバリーが不可能だと思われているときは、信頼の問題が生じます。経営幹部はエンジニアリング組織を信用せず、エンジニアは経営幹部を信用しません。

信頼がないと、あらゆる種類の態度の悪さや士気の問題が全方面で生じ、たいていは負のスパイラルに陥ります。

したがって、健全で継続的な信頼の存在が不可欠です。信頼の再確立と維持には、フォーカスの設定と戦略立案を含む取り組みが組織のあらゆるレベルで必要になります。この取り組みはトップから始めるべきですが、エンジニアも取り組む必要があります。これが、次のポイントにつながります。

## 納期の約束を果たす

約束やコミットメントを行ったらそれをいつ果たすかが重要だという点について、エンジニアに理解してもらうための取り組みが必要になります。

「なぜ」「いつ」「どうやって」の各要素を会社全体で理解し、支援する必要があります。これには、本当に日程を提示する必要があるのはどんなときかを賢く判断できるように経営幹部をコーチングすることや、仕事量を見極め、約束を果たす義務を真剣にとらえるようにエンジニア

をコーチングすることが含まれます。

これには2つの面があります。

まず、現在行われている信頼性の低い見積もりゲームをやめて、ある程度厳密な日程予測を試みる必要があります。そのためには、仕事を軌道に乗せ、デリバリーまで持っていくために求められる要素を徹底的に見極める必要があります。これには困難が伴うことがあります。新しいやり方を導入しなければならないことが多いうえに、ほとんどの場合に大量の実践が必要になるからです。私は「クロール・ウォーク・ラン」アプローチ[40]を強く信じています。

そのために、実現可能性プロトタイプを構築する場合もありますし、エンジニアに時間をとって学習してもらったり、詳細部分を詰めてもらったりしなければならない場合もあります。どのようなアプローチにしても、日程が本当に必要なときに、高い信頼性をもって予測できるようになる必要があります。

2番目に、いったんエンジニアがコミットしたら、コミットメントをきわめて真剣にとらえ、約束を果たさなければなりません。この「やると言ったことはやる」メンタリティを、社内のすべてのチームと従業員が備えるのが理想です。いずれにしても、エンジニアリング担当者は、コミットメントを最後までやり抜くという評判を得る必要があります。

エンジニアリング組織の拡大は間違いなく、一筋縄ではいかない大仕事です。幸い、前向きに行動を起こし、変革に成功した組織の例はたくさんあります。そのような組織では、会社と顧客が頼ってくれるプロダクトを、誇りを持って送り出すことができるようになっているのです。

---

40　訳注：段階的アプローチをハイハイ、歩く、走るという子供の成長に例えた用語

# プロダクト戦略

プロダクトチームのエンパワーメントとは詰まるところ、チームに解決すべき難しい問題を与えてから、解決するための余地を与えることである。

　だが、解決すべき問題をどのように決めるのだろうか。

　その問いに答えるのがプロダクト戦略である。

　有効なプロダクト戦略は、普通の人々が卓越したプロダクトをつくるために絶対に不可欠だ。プロダクト戦略によって、普通の人々の才能を結集させ、活用できるからである。

　驚くなかれ、私が訪問するプロダクト企業のほとんどには、そもそもプロダクト戦略がない。

　取り組む機能やプロジェクトの数は十分にあり、すべてのプロダクトや機能をしかるべき理由に基づいて構築してはいるが、これから見ていくようにプロダクト戦略が存在しないのだ。

　もし、『サウスパーク』の下着ビジネスの回をまだ観ていなかったら[41]、

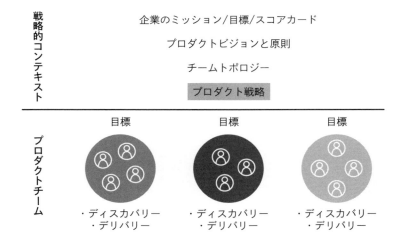

| 図4 | プロダクト戦略

---

41　https://www.southparkstudios.com/video-clips/g55kxx/south-park-the-underpants-business

いったん読むのをやめて動画を観てほしい。

冗談ではなく、私が訪問する会社の大半が本当にこの状況である。プロダクトチームは存在するが、正確には機能開発チームであり、一日中あくせく働いて機能を生産しているが、求められるアウトカムにはまず近づかない。

その結果、次の2つの問題が起こる。

第一に、気が滅入るほどの無駄な労力が発生する（プロダクトロードマップに頼り切っているのが主な原因だ）。

第二に、会社が必要とする結果を達成するために最も重要な問題に、知力が十分に結集されない。

読者の皆さんは、なぜそれほどまでに多くの会社に優れたプロダクト戦略が存在しないのかと不思議に思うかもしれない。だが、私はその理由をわかっている。リチャード・ルメルトがヒントを与えてくれている。

悪い戦略は、良い戦略を練り上げるためのハードワークを自ら避けた結果なのである。なぜ避けるのかと言えば、考えるのは大変で、選ぶのは難しいからだ。しかし相反する要求や両立しえない価値観の中から選択をすることこそリーダーの仕事であり、それを放棄するとなれば、悪い戦略しか生まれない[42]。

では、そもそもプロダクト戦略とはどのようなもので、なぜそれほど重要なのだろうか。

「戦略」という用語はあいまいで、ビジネス戦略、市場参入戦略、成長戦略、販売戦略、発見戦略、デリバリー戦略など、あらゆるレベルの、ほとんどあらゆる概念に使われている。

戦略とは、ゴールが何であるかにかかわらず、そのゴールを達成する

---

42 『良い戦略、悪い戦略』（リチャード・ルメルト著、村井章子訳、日本経済新聞出版、2012年）

ための計画を指す。

戦略には細部は含まれない。ゴールを達成するための細かい部分は、戦術という。戦略は、全体的なアプローチとその根拠である。

戦略にはさまざまな形があるが、ここで扱うのはプロダクト戦略である。要するに、会社のニーズを満たしつつ、プロダクトビジョンを現実にする方法だ。

私が訪問するあまりに多くの会社には、ゴール（収益倍増など）とプロダクトロードマップ（戦術）はあるのに、プロダクト戦略はない。

エンパワーされたプロダクトチームにおいては、解決すべき問題の決定に役立つのがプロダクト戦略、実際に問題を解決できる戦術を見つけるために役立つのがプロダクトディスカバリー、ソリューションを構築して市場に投入できるようにするのがプロダクトデリバリーである。

では、プロダクト戦略はなぜ難しいのだろうか。

それは、ほとんどの企業にとって困難な4つの行動が要求されるからである。

1．本当に重要なことについて、困難な選択を進んで行う。
2．インサイトを生み出し、特定し、活用する。
3．インサイトを行動に変える。
4．マイクロマネジメントに陥らずに積極的なマネジメントを行う。

選択とは、つまりフォーカスだ。本当にやるべきわずかな仕事を決める。それにより、やらない仕事も決まる。

だが、事務所の壁面やスプレッドシートに文字通り50項目もの主な目標やイニシアチブが羅列してある会社に足を踏み入れた経験は、枚挙に暇がない。

プロダクトチームの人々は、定常業務と技術的負債への対応を含めなくても労働時間以上の仕事があるので、担当するプロダクト開発業務を追求する時間がまったくありません、と私に訴えてくる。

　しかも、これら50項目の目標やイニシアチブの多くは実際に困難な問題であり、10以上のプロダクトチームがさしたる当事者意識も持たずにわずかな時間で取り組んだところで、実質的な効果を発揮できる可能性はほとんどない。

　フォーカスは、すべての仕事が均等な重要性や影響力を持つわけではないという認識から生まれる。私たちはビジネスにとって真に不可欠な目標を選ばなければならない。

　プロダクト戦略はフォーカスに始まるが、成功を左右するのはインサイトである。

　そしてインサイトは、研究と思索から生まれる。

　インサイトは、データの分析や、顧客からの学びによって得られる。インサイトに関連するのはさまざまな要素で、会社の経営上の力学、チームの能力、新しい実現技術、競合他社の状況、マーケットの進化、顧客などが挙げられる。

　何が決定的に重要なのかを判断し（フォーカス）、手段やチャンスを特定するために現状を調査してから（インサイト）、これらのインサイトを行動に移す必要がある。

　エンパワーされたプロダクトチームに真剣に取り組んでいる会社では、インサイトを行動に移すとは、それぞれの目標を追求してもらうプロダクトチームを決定してから、問題の解決に必要な戦略的コンテキストを各チームに与えることを意味する。

　しかし、それだけでは終わらない。現実は常に移り変わり、予測がつかないからである。

　それぞれのプロダクトチームが目標の追求を進めていくと、他より順調に進行するチームがある一方で、手助けを必要としたり、重大な障害に直面したり、他のチームと協力する必要が生じたり、重要な能力不足が判明したりと、さまざまな状況が生じうる。

　こうした行動を適切にマネジメントするには、熱意のある賢いリーダーが、サーバントリーダーシップ[43]を実践しなければならない。

私はキャリアのほとんどすべてを通じて、プロダクト戦略を学んでき
た。数十年の実践を経て、それなりに上達したとは思う。私が好きな仕
事は今でも、困難な問題の解決（プロダクトディスカバリー）だが、ど
ちらかを選ぶとしたら、プロダクト戦略の策定こそがより重要で、間違
いなくより難しい仕事だと言うだろう。

　ここからの数章では、プロダクト戦略の各要素、つまりフォーカス、
インサイト、行動、マネジメントを深掘りしていく。通底するのは、プ
ロダクト戦略には選択、思索、労力が伴うというテーマだ。

---

43　訳注：部下への奉仕・支援を通じて信頼関係を築き、組織を動かすリーダーシップ形態

CHAPTER / **48**

# フォーカス

大切なのは、主要な仕事を主要な仕事のまま維持することだ。
—— ジム・バークスデール（Netscape社元CEO）

　プロダクト戦略についての一連の説明のうち、この章では「フォーカス」にフォーカスする。

　つまり、会社としての戦場をしっかり選ぶ重要性だ。

　やる仕事、やらない仕事の判断だけではなく、真にインパクトを与えられる、ごく少数の仕事の選び方について説明したい。

　このトピックもまた、「顧客を大切に思っているかどうか」というトピックに似通っている。私が訪問するほとんどの会社では、リーダーはフォーカスについて自分たちはすでに申し分なく得意だと考えている。

　しかし、たいていの場合、リーダーの弁が本当かどうかは疑わしい。

　リーダーが決定的に重要だと思っている項目の数自体、そして四半期あるいは今年度中に達成を目指す目標の数自体が、1桁多い場合が珍しくないのだ。大げさではない。本当に重要な目標を2、3個掲げる代わりに、20個から30個も抱えてしまっている。

さて、公平を期すために述べると、主要なリーダーたちがフォーカスにそこそこ自信を持っている理由は理解できる。

すでに数えきれないほどのミーティングで、今年中の実現を断念した目標が山ほどある。したがってリーダーたちの観点に立てば、すでに何かを断って妥協する意味はわかっているつもりなのだ。

これはリーダーたちが、最善のベット（賭け）または最もインパクトのあるベットをすることを断念して、あちこちにベットしたくなる気持ちの反映だ。損を恐れ、あらゆる競合相手や失注、顧客の要望に対応する必要性を感じるあまりの行動だ。これらはすべて、理解できる反応である。

しかしこの場合は、プロダクト組織における真のフォーカスの意味について、介入とリセットが必要になる。私の経験上、多くの組織はこの介入が必要だ。

ここで、本当に重要な仕事にフォーカスする方法をわかっていなかった企業の話をしよう。

数年前、音楽配信サービス企業Pandoraの経営幹部が、「Pandora優先順位決定プロセス」を披露した。これは、同社が構築に取り組む内容を決めるためのプロセスである[44]。

各ステークホルダーに架空の「予算」を割り振り、予算の許す限り、欲しい機能を機能開発チームから「購入」する仕組みだ。

同社との付き合いはないが、読むやいなや、プロダクト戦略、特にフォーカスの完全な不在を感じた。プロダクト戦略が貧弱どころの話ではない。文字通り皆無である。

機能開発チームへの依存と、真のプロダクトマネジメントの一貫した不在を考え合わせると、大量の機能が完成するものの、成果が上がりイノベーションが生まれる方向性はほとんど見込めず、同社はまず衰退を免れないだろうと思われた。

---

44 https://firstround.com/review/This-Product-Prioritization-System-Nabbed-Pandora-More-Than-70-Million-Active-Monthly-Users-with-Just-40-Engineers/

　その後の数年にわたって、まさにその状況を目撃した。2011年のIPO時には１株あたり16ドルだった株価は下落を続け、８ドルほどになった時点で会社ごと売却された[45]。

　私は長年にわたって、Pandoraの例をプロダクト開発手法の失敗事例として紹介している。

　ほとんどの会社は、ここまであからさまではないにしても、多少似通ったステークホルダー主導型ロードマップのプロセスを採用し、エンジニアリングのキャパシティを各部門のステークホルダーに「平等に」割り振る方法を模索する。

　これこそが、事業に奉仕しようと努める機能開発チームと、ビジネスとして成り立つ形で顧客に奉仕しようと努めるプロダクトチームの違いだ。

　これは、プロダクト戦略の欠如、フォーカスの欠如、さらに一般的にはプロダクトリーダーシップの欠如の、特に明確な例である。

　公平のために言うと、CPOはこのような働き方をめったに望んでいない。だいたいこのように事業を進めようとするのはCEOとステークホルダーであって、CPOはファシリテーターの役割を強いられている。

　理由はともあれ、今述べたのは、優先順位を付けていてフォーカスしていない会社の例である。

　このアプローチでは、仕事を生み出すのは簡単だが、結果を生み出すのは難しい。スティーブン・バンギーは次のように説明する。

　仕事を生み出すのは難しくない。実際には簡単だ。簡単だというその事実こそが、実際の問題解決を難しくしている。問題は、適切な仕事――重要な仕事、インパクトをもたらす仕事、会社が成功を目指している仕事をすることだ[46]。

　これはリーダーシップの最も重要な教訓の１つで、成功しているリー

---

45　https://www.fool.com/investing/2019/02/05/sirius-xm-finally-ends-pandoras-misery.aspx

ダーたちは、何らかの方法でこれを学んできている。

　私（マーティ）はこれを若いうちに学び、その教訓は胸の中に刻み込まれている。テクノロジービジネスの実にさまざまな側面に、この原則が当てはまるのを見てきた。

　大学を卒業してまもない頃、私はHPの応用研究室で新米のソフトウェアエンジニアとして働いていた。つまり、理論は多少頭に入っていたが、実践の経験はないに等しかった。

　当時用いていたのは、今日ではペアプログラミングと呼ばれる慣行で、私ははるかに経験の豊富なエンジニアとペアを組んで「一緒に」ソフトウェアを書いた。かぎかっこで括ったのは、実際のところコーディングはほとんど先輩がやって、私はほとんど先輩の仕事を見て質問しているだけだったからだ。

　私たちが取り組んでいたのは、やや低水準のシステムソフトウェアで、当時は（今でもある種のプロダクトではそうだが）パフォーマンスが最も重要であった。当時のシステムやアプリケーションは、使い物にならないほど遅い場合が珍しくなかった。したがって、「パフォーマンス最適化」が、継続的な職責の1つとなっていた。

　幸い、コードのどこをとっても、リファクタリングによってパフォーマンスを改善する方法を思いつくには事欠かなかった。私は改善点を挙げ続けたが、先輩は「できるけれど、やらない」と繰り返した。

　ついに先輩が「じゃ、パフォーマンスを改善しようか」と言って、ソフトウェアのパフォーマンスを測定できるパフォーマンス分析ツールを持ってきた。これによって、実際にどこで時間が使われているかがはっきりとわかった。

　先輩は次のように指摘した。「たしかにコードベースのほとんどに改善の余地があるが、大半は改善してもほとんど影響がない。実際には、

---

46　Stephen Bungay, The Art of Action, How Leaders Close the Gaps between Plans, Actions and Results（London: Nicholas Brealey, 2010）

ユーザーは気づきもしないだろう」。

「しかし、ごく一部の箇所にほとんどの時間が使われている。ここを改善すれば、本物のインパクトを与えられる。だから、そこにフォーカスしなければならない」。

ほとんどの企業では、「パフォーマンスは重要だ」と全員に言うので、どのチームもパフォーマンスに少しずつ取り組む。でも、そのほとんどは何の違いももたらさない。そして、大きな差がつくごく一部の箇所には、ほとんど注目が集まらない。そういう話だった。

これはフォーカスの力を示す非常にわかりやすい例だが、一般論としてフォーカスとプロダクト戦略の分野においては、あまりに多くの企業で同様の状況を見かける。

戦場を選び、ごく少数の本当に重要な問題にフォーカスしない限り、多くの仕事はインパクトをもたらさない。そして、本当に重要な優先順位の高い問題については、実際にインパクトの違いがわかるほど注意が払われていない。

ごく少数の本当に重要な問題にフォーカスすることには、非常に具体的な理由もある。テクノロジー製品の担当者であれば、「WIP（work in progress＝進行中の作業）の制限」という概念をご存知かもしれない。

これは、カンバンなどのデリバリープロセスを導入しているプロダクトチームでごく一般的な概念である。

本質的には、1つのプロダクトチームが同時に取り組む仕事の数を制限すれば、より多くの仕事ができるようになる（スループットが向上する）とする考え方である。ほとんどのチームでは、数項目に絞り込む。このような制限を設けなければ、ボトルネックのところで仕事が積み上がり、メンバーはしょっちゅう頭を切り替えながら作業をするようになるので、やり遂げられる仕事が減ってしまう。

難しい概念ではない。ほとんどのプロダクトチームでは日常的に経験しているだろう。

この概念は、プロダクトチームのレベルでも明らかに有用だが、より

広いプロダクト組織のレベルでは絶対的に不可欠になる。

組織で20個、30個、あるいは50個の「優先度の高い」目標、イニシアチブ、プロジェクトなどが同時に進行していたら、同様の問題がさらにひどい形で発生する。

まず、優先度の高いイニシアチブがたとえ20個でも、組織は手に負えなくなる。各チームはイニシアチブの実現に苦労し、顧客を大切にしたり、チームのその他の目的を追求したりできなくなってしまう。

次に、優先度の高い取り組みやイニシアチブが増えるたびに、組織、特にリーダーたちにとっては馬鹿にならないコストになる。コストには、マネジメントの時間、意思決定、監視と追跡、人事の問題などが含まれ、ここにも先ほどと同じWIPの制限の概念が当てはまる。

とにかく重要なのは、組織は一度にごく少数の項目にフォーカスすれば、より多くの重要な仕事をやり遂げられる、という事実だ。

したがって、本当に重要な価値に基づいて戦場を選び、一度に戦う主戦場の数を絞らなければならない。

リチャード・ルメルトの次の言葉は、すべてのプロダクト戦略はこのフォーカスから始まると気づかせてくれる。

優れた戦略は、達成すれば連鎖的に良い結果に結びつくような1つ、またはごく少数の中心的な目標に、エネルギーとリソースをフォーカスすることによって機能する[47]。

リーダーがこのような選択をする気がなかったり、するのが不可能だったりしたら、そのプロダクト戦略は初めから失敗が決まっている。

次の章では、的を絞ったごく少数の重要な問題の中から、インサイトを見いだして活用する方法について検討する。

---

[47] 『良い戦略、悪い戦略』（リチャード・ルメルト著、村井章子訳、日本経済新聞出版、2012年）

CHAPTER / **49**

# インサイト

この章では、プロダクト戦略の中でも私が最も気に入っているが、最も難しい側面について説明したい。それは、プロダクト戦略の源泉となるインサイト（知見、洞察）を生み出し、特定し、活用する方法である。

読者の皆さんも、初期のNetflixを急成長と収益性向上に導いた顧客の行動に関するインサイト、初期のFacebookが爆発的に成長するきっかけとなった新規ユーザーのオンボーディング周りのインサイト、SlackやSalesforce.comが活用して瞬く間に各企業に広がった試用方法にまつわるインサイトといった逸話を聞いているかもしれない。

この章では、こうした決定的なインサイトがどこから来るのか、そして収集した膨大なデータの中に隠れているインサイトを確実に手にするにはどうすればよいのかについて見ていく。

本題に入る前に、いくつかの点をはっきりさせておきたい。

第一に、こうしたインサイトと強固なプロダクト戦略を思いつくための懇切丁寧なマニュアルや枠組みを探している方には、ここには存在しないので今すぐお引き取りいただいて構わない。

本書全体を通じて強調してきたように、プロダクト戦略の策定には本

気の労力と思索が求められる。リチャード・ルメルトは次のように語る。

　（良い戦略は）「戦略マネジメント」ツールだとか、マトリクスやチャートといったものも無用だ。必要なのは目前の状況に潜む1つか2つの決定的な要素——すなわち、こちらの打つ手の効果が一気に高まるようなポイントを見極め、そこに狙いを絞り、手持ちのリソースと行動を集中すること、これに尽きる[48]。

　第二に、私自身が関わる機会があったケースを含め、しっかりとした準備なしでプロダクト戦略が生まれた事例は1つもない。

　シャワーを浴びている間に何かをひらめく場合もあるかもしれないが、天啓は手持ちのデータ、顧客、実現技術、業界を長時間にわたって研究して初めて下りてくるものである。

　戦略的コンテキストに属する情報——会社の全体目標、会社のスコアカード（ダッシュボード）、プロダクトビジョン——は、あらゆる種類の重要なインサイトの源泉である。

　したがって、これらの研究は、プロダクトリーダーとしてのあなたがするべき自己学習の一部である。

　第三に、こうしたインサイトはあらゆる人物、あらゆる場所から得られる可能性があるという認識が重要である。業界分析、営業担当者との雑談、新しい実現技術、顧客の一見気まぐれなコメント、学術論文などが、インスピレーションの源泉になりうる。

　しかし準備をしていなければ、たとえインサイトが目の前に提示されたとしても、おそらく認識できないだろう。何がきっかけでバラバラの情報がつながるかわからないので、常に先入観を排して目を光らせているべきである。

---

48　『良い戦略、悪い戦略』（リチャード・ルメルト著、村井章子訳、日本経済新聞出版、2012年）

とはいうものの、常に効果的で価値のあるインサイトが得られる情報源も4種類ほど存在する。有能なプロダクトリーダーは、起きている時間の大半を、これらを観察して過ごしている。

## 定量的インサイト

私たちの行動の大半について、成功するプロダクト戦略の源泉となる重要なインサイトは、プロダクトのデータの分析から得られる。定量的インサイトは、ビジネスモデル、顧客獲得ファネル、顧客のリテンション要素、販売データをはじめ、会社の状態を表す各種の重要な指標と特に関係が深い。

たとえば、担当するプロダクトにどの顧客層が最も好反応を示すかについて仮説を立てたとする。そこで分析を実施したところ、特定の状況において現状を劇的に改善するプロダクトだと判明した。その結果、同じような顧客をさらに見つけるか、または他の顧客層にも同様の効果を与えられるように取り組むことができると気づいた。

データについて何かを思いつき、必要な特定のデータを取得するためのテストを構築しなければならない場合もある。これは普通のことであり、会社としては、こうした実データテストの実施が得意になればなるほど、持続的な成功の可能性は上がる。

現代のプロダクトチームにとって、ほとんど絶え間なく実データテストを実施している状況は珍しくない。どのテストからも学びがあるが、時折、貴重なインサイトとなる可能性を秘めた、真に重要な知識が得られる場合がある。

このような学びを発見できるだけの知識を蓄え、学びを活用して意義ある行動に変えることが重要である。

# 定性的インサイト

　ユーザーリサーチはインサイトの源泉である。だからこそ、有能なユーザーリサーチャーにプロダクト組織に加わってもらう体制を私は大いに支持している。ユーザーリサーチから得られるインサイトのほとんどは定性的であり、「統計的に有意」ではないが、そこには惑わされない方がよい。定性的インサイトが重大な意味を持ち、文字通り会社の軌道を変えてしまうことすらあるのだ。

　ユーザーリサーチの世界では、一般的にインサイトは2種類に分けられる。1つ目は評価的インサイト。新しいプロダクトアイデアのテストで、どのような学びを得たかを表す。テストは成功したか、しなかったか。しなかった場合、なぜか。2つ目は生成的インサイト。テストによって、現在追求していないが、追求したほうが良いかもしれない新たなチャンスを見つけたかどうかを表す。

　これは、プロダクトチームにとって非常によくある混乱の元になる。プロダクトディスカバリーで得られる学びは、たいてい評価的インサイトである。なぜなら、プロダクトチームはすでに問題の解決を依頼され、実際にうまくいくソリューションの発見にフォーカスしているので、新たな問題を積極的に探し求めているわけではないからである。

　もちろん、チームはたくさんの製品アイデアを持っている。プロトタイプを用いて実際のユーザーに対してアイデアをテストし、製品アイデアがうまくいく見込みがある理由、またはない理由をすばやく学ぶことができる。

　しかし、ユーザーや顧客と交流するときには常に、ユーザーや顧客をより深く学ぶチャンスがあり、今見えているよりもさらに大きなチャンスが見つかる場合もある。たとえテスト中の新しいプロダクトがユーザーや顧客に高い評価を受けていたとしても、先入観を持たずに観察していれば、さらに大きなチャンスに気づく場合がある。これが、生成的インサイトの例である。

　また、たとえプロダクトチームが特定の問題に対する発見業務に積極的に取り組んでいなかったとしても、ユーザーや顧客と毎週時間を取ってやりとりしているのであれば（当然そうしているはずだ）、その一環として、解決すべき重要そうな新問題や、満たされていないニーズを発見することになる。

　あまりに多くの企業が、顧客について継続的に学んでいないか、たとえ学んでいたとしても、得られたインサイトを活用する準備が整っていない（ありがちな理由は、機能開発チームが事業に奉仕するだけで手いっぱいだというものである）。したがって、学びが無視されてしまうケースはあまりに多い。

## テクノロジーのインサイト

　実現技術は絶えず変化している。時折、長年の問題を今ようやく可能になった新しい方法で解決できるテクノロジーが現れる。

　新しいテクノロジーの場合は、チームにトレーニングを受けたメンバーがいる可能性はきわめて低い。この事実により、多くのリーダーは尻込みしてしまう。あるいは、一定の経験を持つサードパーティとの提携が必要ではないかと考える。しかし、そのテクノロジーが自社にとって重要であれば、企業としてテクノロジーを学ぶべきである。早ければ早いほど良い。

　幸い、新しいテクノロジーの習得自体は、ほとんどの場合、それほど難しくない。社内の優秀なエンジニアはおそらくこのテクノロジーについてすでに検討していて、詳しく学べる機会を喜ぶだろう。

　一流企業では、エンパワーされたエンジニアこそがこうした実現技術を発見し、多くの場合はプロトタイプの形で、活用の可能性を積極的にリーダーに提示するのだ。

# 業界のインサイト

業界全体からは、常に多くの学びがある。競合関係だけではなく、重要な業界トレンド、業界に関わってくる可能性のある他業界のインサイト、世界各地の類似マーケットからのインサイトなどだ。

ほぼあらゆる分野に専門のアナリストがいるので、最も優れていると考える数名をフォローするべきである。

少なからぬCEOが、業界のインサイトを得る最善の方法として、McKinsey、Bain、BCGなどの経営コンサルティング企業に業界分析をアウトソーシングする判断をしている。

この点については、正直に言うと複雑な心境である。コンサルティング企業の社員は非常に優秀である場合が多いが、不利になる重要な要素が2つある。第一に、コンサルティング企業の中心的関心と経験はほとんどの場合、ビジネス戦略分野にあり、プロダクト戦略を重点的に研究し、経験を積んでいる企業はめったにない（両者の違いをわかっていない企業すら散見される）。第二に、コンサルティング企業が一般的に提携する期間では、真のプロダクト戦略業務に求められるほど深い業務レベルに彼らが達するにはほとんどの場合時間が足りない。

その結果、プロダクトリーダーやプロダクトチームは、コンサルティング企業が提示したインサイトにいま1つ関連性を感じられない。この感覚は部分的には正しく、本当に関連性が薄い場合もあるが、問題の一端は、第三者が発見したインサイトが得てして軽んじられるところにある。

この問題について私の経験上役立った方法は、長期的な提携に関心のある小さな企業や個人を見つけ、その企業や個人にチームの信頼できるメンバーとして加わってもらえれば、有益な関係になりうるというものである。あるいは、こうした経営コンサルタントをスカウトしてプロダクト組織に加わってもらえれば、コーチングを通じて卓越したプロダクトマネジャー、そしてプロダクトリーダーに成長する場合がある。

# 学びの共有

優れたプロダクト組織では、これら4種類のインサイトが、リーダーシップレベルとプロダクトチームレベルの両方で、常に関心と議論の的になっている。

しかし、特に大企業においては、適切なインサイトを適切な人々に、適切なタイミングで共有することが戦いの半分を占める。

プロダクトチームがどれほど多くの知識を学び取るかには、常々驚かされる。特に、重要な問題のプロダクトディスカバリーに取り組んでいる間の学習量は目覚ましい。しかし、せっかく学んだ内容も、得てしてそのプロダクトチーム内に留まってしまいがちである。

生成されたインサイトは、共有され、伝えられなければならない。残念ながら、ほとんどのチームがこうしたインサイトを共有する方法は、メール、Slack、報告書などへの記録である。悲しいかな、このような方法はほとんど効果がない。

プロダクトリーダーまたはデザインリーダーはしばしば、別々のチームの学習内容同士を結びつけて、真のチャンスを見いだす最初の人物となる。

その鍵は、こうした学びが、データ、顧客訪問、実現技術、業界分析、その他どのような情報源から発していても、プロダクトリーダーまで届くようにすることである。

多くの場合、リーダーが受け取るのは要求したデータであって、必要なデータではない——特に、インサイトに基づく戦略的意思決定を行うためのデータとはいえない。

ここで、週次1 on 1が重要になってくる。

これはエンパワーされたプロダクトチームではマネジメントを減らす必要があるのではなく、質の高いマネジメントをすべきもう1つの例でもある。

リーダーは、学んだインサイトを、そのインサイトからメリットを得

られる可能性のある他のチームと共有し、事業全体の理解が培われるように手助けする必要がある。

　私が長年支持している慣行は、CPOが週1回または隔週に1回の全員参加の会議で、担当分野の各チームから得られた重要な学びやインサイトを集約するというものだ。CPOは学びやインサイトのうち最も重要なものを要約して、会社全体で共有する。

　この共有は、いくつかの目的を果たす。

　第一に、会社全体——他のプロダクトチームだけでなく、ステークホルダーも——が、プロダクト組織の中で毎週のように蓄積される学びやインサイトへの理解を深められる。

　第二に、リーダーが単にメールで状況を右から左へ流すのではなく、すべての重要なインサイトを確実に理解するようになる。

　第三に、重要なインサイトがどこで最も大きなインパクトを与えるかを正確に予測するのは非常に難しいため、インサイトの広い共有、特に他のプロダクトチームとの共有が重要になる。

　プロダクトリーダーとしては、必要なインパクトを生み出すために活用できるインサイトを何らかの手段で識別する必要がある。

　ここまでの説明で、事業にとって真に重要な少数の問題にフォーカスし、それらの問題に変化をもたらすために不可欠と思えるインサイトを特定した。次の章では、このインサイトを行動に変える。

# ビジョンピボット

　本書では、理想的かつ論理的な順番にものごとを説明してきた。まず、刺激的なプロダクトビジョンから取り掛かり、そのビジョンを実現するためのプロダクト戦略を策定し、それからプロダクトチームが戦略を実行する。多くの場合は、まさにこのとおり事態が進行する。

　しかし、歩みが常に一直線ではないという認識が大切だ。この最もよくある例は、プロダクト戦略に取り組んでいる最中、またはプロダクトチームによるプロダクトディスカバリー業務の最中に、すべてを変えるようなインサイトが判明する場合である。

　方針の変更によってチャンスが拡大または改善されると気づき、シニアリーダーや取締役会との議論の結果、会社はこのインサイトを盛り込んだプロダクトビジョンへの変更を決断する。

　これはビジョンピボットと呼ばれる。ビジョンピボットによって、数えきれないほどの会社が救われ、また新しく生まれた。Slack、YouTube、Facebook、そしてNetflixは、これを経験した企業のごく一部である。

　ところで、私はいつも、ビジョンピボットについて説明するのを少しためらう。なぜならこの業界には、プロダクト組織が自社のプロダクトビジョンをあまりに早く諦めてしまうという、非常に大きな問題があるからだ。ジェフ・ベゾスは「私たちは自社のプロダクトビジョンについて頑固にならなければならない」と言っているが、私も大いに賛成したい。

　エンパワーされたプロダクトチームに適切なスキルと十分な時間を持たせれば、ほとんどのプロダクトビジョンは本当に実現できる。ビジョンピボットが最も重要になるのは、インサイトがより大きなチャンスにつながるときである。思ったより問題が難しかったとき（それはだいたい常にそうだ）ではないのだ。

# 50

# 行動

　プロダクト戦略に関する話題を続ける。この章では、インサイトを行動に変える。

　ここまで、真に重要な少数の問題にフォーカスし、プロダクト戦略を推進する重要なインサイトを特定する難題もクリアした。次にこれらのインサイトを行動に変える必要があるが、方法は2つある。

　この先の道は2つに分かれている。ここで、会社がエンパワーされたプロダクトチームに真剣に取り組んでいるか、いまだに機能開発チームにこだわっているかがわかる。

　もう少し説明を加えるならば、たとえ会社がロードマップと機能開発チームの維持を決めたとしても、強力なプロダクト戦略を策定していれば、まだはるかにましな方である。機能開発チームを擁し、プロダクト戦略が存在しない大半の企業と比べれば、ずっと優れているのは明らかだ。

　実のところ違いは、プロダクトチームに対し、構築すべき機能を与えるのか、解決すべき問題を与えるのかに尽きる。

　ほとんどの場合、両者の違いは明らかだ（例：「オンラインヘルプサービスに動画を追加してほしい」と、「新規ユーザーのオンボーディン

グ成功率を上げてほしい」）。だが、違いがもっとあいまいな場合もある（例：「アプリを作成してほしい」と、「ユーザーがどこからでも当社のサービスにアクセスできるようにしてほしい」）。

最初の例では、動画の追加は、新規ユーザーのオンボーディングの改善手段として考えられる何百もの方法の1つにすぎない。

2番目の例では、アプリの追加はどこからでもアクセスできるようにするための主力の方法である可能性が非常に高いため、違いはわずかだ。しかし、それでも目標を達成するためには複数の方法があるので、チームが最も優れたソリューションを思いつけるように、できるだけ裁量を持たせるようにしたい。

リーダーが、プロダクト戦略に基づいて必要になる機能とプロジェクトをわかっていると確信していたら、おそらくその情報をプロダクトロードマップに掲載して、関連するチームに仕事を割り振るだろう。

しかし、プロダクトチームに問題へのオーナーシップを感じてもらい、必要な結果をもたらすソリューションを発見して、デリバリーするための責任を負ってもらうようにするのであれば、リーダーは関連する各チームができるだけ有効なソリューションを思いつけるように、可能な限り幅広い裁量を与えるべきだ。

ただし、チームのエンパワーメントは、白紙委任状とは異なる。制約とコンテキストは必ず存在する。たとえば、ソリューションが既存の契約やコンプライアンス上の制約に違反してはならないといった内容だ。

上記で挙げた例の最初のアプローチは、私たちが「傭兵のチーム」と呼んでいる方法で、2番目のアプローチは「伝道者のチーム」と呼んでいる方法である点は、指摘する価値があるだろう。

もちろん、私がエンパワーされたチームモデルを全面的に推進しているのは、秘密でもなんでもない。そのほうが、特にイノベーションを起こし、必要な結果をもたらすという意味において、常により良い結果を生み出すと深く信じているからだ。

エンパワーされたチームモデルでは、会社は各チームに解決すべき問

題を提示し、それらの問題を解決するための最善の方法を判断する余地を与える。

　解決すべき問題のマネジメントにはさまざまなテクニックがあるが、最も一般的なのはOKRシステムである。これは、Objectives and Key Results（目標と主要な結果）の略である。O（目標）は、解決すべき顧客の問題またはビジネス上の問題で、KR（主要な結果）は、進捗を測る方法である。

　会社の全体目標が戦略的コンテキストの鍵となる部分であることはすでに述べた。しかし行動を起こすには、各プロダクトチームに独自の目標を与える必要がある。これをチームの目標という。

　この後、PART VIIではチームの目標を扱い、エンパワーされたチームモデルでOKRを効果的に使う方法を掘り下げる。

　だがその前に、OKRやその他のテクニックは実のところ必須ではないのだとは指摘しておきたい。

　必須なのは、理解力の優れたリーダーが、関連するプロダクトチームとじっくり時間を取り、プロダクト戦略を含む戦略的コンテキストを説明し、それから各チームに対し、取り組むべき問題と、測定対象とすべきビジネス上の結果を伝えることだけである。

　適切な知識とスキルさえ備わっていれば、チームは作業に取り掛かるだろう。

　OKRシステムは、こうした議論に形を与えるテクニックではあるが、有用になるのは、エンパワーされたプロダクトチームにふさわしい人材を揃え、リーダーが自分の仕事をして効果的なプロダクト戦略を策定し、問題を解決してくれるとプロダクトチームを信頼する準備ができていて、実際に信頼する場合のみである。

　いずれにしても、チームをエンパワーしたからといって、チームを放置して最善を祈っていれば良いわけではない。プロダクト戦略を成功させるためには、まだ相当量の積極的なマネジメントが必要である。その点について、次の章で述べる。

CHAPTER 51

# 戦略マネジメント

　ここまで、ごく少数の本当に重要な問題にフォーカスし、活用すべき重要なインサイトを特定し、それらのインサイトを各プロダクトチームの目標という形で行動に結びつけた。

　これらはすべて、やるべき仕事に必要な準備だが、私の経験からは、リーダーたちがここで止めてしまうと、四半期の終わりには失望が待っている。

　いざ実世界に出したときに、手直しなしで使えるプロダクト戦略は存在しない。必ず、いくつもの問題や障害が発生する。各プロダクトチームが対応に当たり、ほとんどの判断をチーム内で下すが、リーダーが障害の除去や助言を求められるケースもたくさんある。

・プロダクトチームが、計画の際に他チームとの依存関係を見落としていたと気づいた。そのチームは自分たちの目標で手一杯である。
・プロダクトディスカバリーの際に、チームは現在手の届かない、あるいは知識のないテクノロジーを利用する必要性に気づいた。したがって、このテクノロジーをすばやく入手、習得しなければならない。

- 顧客に関する重要な問題が発生した。会社は顧客のケアをしつつチームの目標を先に進める最善の方法を判断するため、あわただしく動いている。
- 上位のステークホルダーから、主要な目標に影響する重要な懸念が伝えられ、プロダクトチームはすばやく判断を下さなければならない。

　以上でイメージをつかんでいただけると幸いである。これらは決して稀な例ではないが、リーダーがこうした障害の特定、追跡、解決に積極的に取り組んでいない限り、進歩はほぼ見込めないだろう。

　プロダクトリーダーにとっての主な情報源は、プロダクトマネジャーとの週次の1on1となる。もちろん、緊急性の高い問題が発生した場合には次回の1on1を待たず、すぐにでも連絡してもらえるように、プロダクトマネジャーをコーチングしておくべきだろう。

　プロダクトマネジャーへのコーチングセッションでは、問題や障害について聞き、それらを処理するための最善の方法をコーチングする。場合によっては、リーダーは主要なステークホルダーと話したり、追加のエンジニアを見つけたり、問題解決を支援する必要性を別のチームに相談したりといった対応が必要になる。

　これを命令・統制型マネジメントと混同しないでほしい。これは、指揮を交代してチームに命令しているのではなく、手助けをしてほしいというチームの要望に応えているのだ。より正確には「サーバントリーダーシップ」として説明できる行為であり、リーダーは頼まれて障害を取り除いているわけだ。

　会社では緊急事態や割り込みが頻繁に発生するため、四半期の半分を過ぎてチームの目標がほとんど進んでいない事実に気がつくのは、あまりによくある話だ。だからこそ、毎週の状況追跡とコーチングがきわめて重要になってくる。マネジャーとしては、プロダクトチームの作業の進展を確認するとともに、重要な学びやインサイトが発見された場合や重大な問題が特定された場合に、リーダーと共有することで、そうした

知識を集約し他の関連チームに周知できるようにする必要がある。

　コーチングと戦略マネジメントはかけ離れた職責ではなく、同じ議論の2つの側面である。

　繰り返しになるが、エンパワーされたプロダクトチームではマネジメントを減らす必要があるのではなく、質の高いマネジメントが必要なのだ。

Leader Profile

# シャンリン・マー

## リーダーシップへの道

　初めてシャンリンに会ったのは2009年で、彼女がニューヨークシティ
で急成長中のGilt Groupeでただ１人のプロダクトマネジャーを務めて
いたときだった。その才能に気づくのは簡単だった。

　シャンリンはマーケティングと経済学を専攻し、スタンフォード大学
でMBAを取得すると、Yahoo!で数年間勤務してからスタートアップ人
生に転じた。

　Giltのプロダクトチームで四年間を過ごした後、満を持して自らのス
タートアップ企業、Zolaを立ち上げた。オンラインの結婚式登録および
プランニング企業である。

　同社は目下７年連続で成長中。米国各地の婚約中のカップルに愛され、
頼られるサービスを提供している。

　ニューヨークでも指折りの有望な成長期企業であるとともに、最も働
きやすいテクノロジー企業の１つとみなされている。

# リーダーシップの実践

シャンリン本人の言葉を聞いてみよう。

世界中の誰もが見たことがないのに、一度見ると「なぜ今までこれなしで生きていたんだろう」と思えるものをつくる。私にとって、これ以上の楽しみはありません。純粋な喜びをもたらすプロダクト。それこそ私が永遠に関わっていたいものです。

共同創業者のノブ・ナカグチと一緒にZolaを創業したとき、私たちにはカップルの結婚式をお手伝いしたいというビジョンだけではなく、自分たちが働きたい会社のビジョンがありました。

前職でプロダクトリーダーを務めていたとき、ある経営幹部から、あなたは優れたリーダーではない、なぜならばエンジニアに好かれすぎているからだ、と伝えられました。ちゃんと仕事をしていれば、エンジニアからは上司のプレッシャーがきついという苦情が上がるはずだと言うのです。

しばらくの間、私は自分のアプローチを変えようとしました。しかし、すぐにそれはコラボレーションを損ない、信頼を壊し、会社が当てにしているであろうイノベーションを失う道だと気づいたのです。

ノブも私も、有能な人々が信頼のある環境で働く、エンパワーされたチームから、イノベーションが生まれると信じました。私たちは働く人を重んじて尊ぶ環境を提供できると深く信じ、そのような環境こそ婚約中のカップルに当然求められる体験の実現に役立つと確信していました。

多くの創業者も同じようなことを言いますが、私たちはこの考え方に積極的に社運を賭けました。

Zolaを成功させるには、プロダクトと体験だけでなく、ビジネスモデルと、会社を築き経営する方法についてもイノベーションを起こさなければいけないと考えていました。

弊社のキッチンには、「イヤな奴禁止」の掲示があります。「悪口禁止」

「政治禁止」「駆け引き禁止」の掲示も出しています。

　さまざまな観点が求められ奨励される環境でこそ、イノベーションが繁栄するという確信があるので、創業当時からすべての人材募集のゴールに多様性を掲げています。

　スキルや才能の多様性を求めるのはもちろん、ジェンダー、性的指向、受けてきた教育、問題解決へのアプローチなどの多様性も同様に重視しています。

　多様性はイノベーションの役に立つだけではありません。弊社のユーザー、つまり婚約中のカップルの好みや組み合わせも多種多様ですので、あらゆるレベルで弊社のためになると信じています。

　また、コラボレーションとスピードの両方を大切にする社風も追い求めました。

　直感には反するかもしれませんが、私たちは早い段階でのコラボレーションが結果の改善だけではなくスピードアップにもつながる事実を発見しました。

　そこで、あらゆる重大な意思決定の前に、会社全体のあらゆる人々に意見が求められ、その視点が検討されるようにしています。

　また、アイデアをできるだけ早い段階でお客様の前に提示することに価値を置いています。真の学びはお客様を前にして起こるからです。

　数年前、ひどい自動車事故に巻き込まれた経験は、私に強い印象を残しました。いまをもっと大切に生きることを学んだのです。

　急成長中の企業のCEOは難しい仕事で、要求の質も量もますます厳しくなっていますが、私は実際に毎日、一緒に働きたい人たちと好きな仕事をして、今日もまたこうして生きていられることに感謝しています。

# PART VII TEAM OBJECTIVES

# チームの目標

私は長年にわたって、OKR（目標と主要な結果）を積極的に支持しているが、実際にやってみた多くの企業が残念な結果に終わっているのは周知の事実である。私が見るに、これには３つの根本的な理由がある。

## 機能開発チームとプロダクトチーム

　残念ながら大半の企業が該当するが、いまだに機能開発チームを採用しているのであれば、OKRは文化的なミスマッチであり、ほとんどの場合は時間と労力の無駄に終わる。

　OKRは、エンパワーされたプロダクトチームのモデルがDNAに刷り込まれている会社の産物である。OKRは何よりもまず、エンパワーメントの手法である。

　発想の中心にあるのは、プロダクトチームに解決すべき実際の問題を与えてから、その問題を解決する余地を与えることだ。

　これは、普通の人々が並外れたプロダクトを生みだせるようにする方法の核心に直結する。

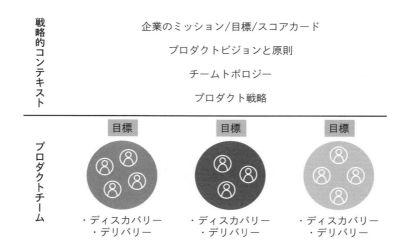

| 図5 | プロダクトチームの目標

　ミスマッチの明らかな兆候としてよくあるのは、会社がチームに目標を与えて「エンパワーメントの課題をクリアした」と思っているにもかかわらず、作成すべきソリューションを（ほとんどの場合、リリース予定日を添えた機能とプロジェクトのロードマップの形で）チームに指示するのをやめない状況である。

## マネジャーの目標とプロダクトチームの目標

　2番目の問題は、チームの目標である。エンパワーされた職能横断型プロダクトチームの目標は、一緒に仕事をして難しい問題を解決することにある。

　しかし、あまりに多くの企業では、それぞれのマネジャー（エンジニア、デザイナー、プロダクトマネジャーのそれぞれのマネジャー）が自らの組織目標を作成し、それを従業員にトップダウンで伝えている。

　これは合理的に思えるかもしれないし、社内の他の部門なら問題が起こらないかもしれない。しかし実際には、これらの従業員は、プロダクトチームで職能横断型の同僚と働いているときも、チームの目標に協力して取り組むのではなく、マネジャーに課された目標に取り組んでしまうのだ。

　たいていの会社では個人目標も追加で設定するので、さらに始末に負えない。これではますます事態が複雑になるとともに、チームの目標の重要性が薄まってしまう。つまり、エンジニアはマネジャーの組織目標を継承するだけではなく、自分自身の個人目標にも取り組まなければならない。

## リーダーシップの役割

　最後に、問題の根本原因となっているのは、私が見る限りOKRから価値を得るのに苦労している実に大半の企業で、リーダーシップの役割

がおおむね行方不明だという事実である。

　リーダーはチームに一連の目標を決めさせ、それらの目標を追求させて、四半期の最後に現状を確認すれば良いと真剣に考えている。

　プロダクトチームのエンパワーメント、特にOKRの本質は、マネジメントの削減だと思っている。しかし、本書全体を通じて強調してきたように、実際には質の高いマネジメントが重要なのだ。

　多くの企業がOKRからほとんど価値を得られないのは無理もない。

　一流のプロダクト企業がOKRやその変種を採用しているのは、周知の事実である。また、これらの会社がどれほどの成功を収めているのかも秘密でもなんでもない。

　それにもかかわらず、相関関係を因果関係と取り違えている人があまりに多い。成功している企業は、OKRを採用しているから成功しているわけではない。エンパワーされたプロダクトチームのモデルを活用できるように設計されているから、OKRを利用しているのだ。

　また、本書で明らかにしようとしてきたように、エンパワーされたプロダクトチームのモデルは、プロダクト組織を構築、運営するための、従来と根本的に異なるアプローチである。

　機能開発チーム、ロードマップ、受け身のマネジャーに基づく従来型の会社の上に、根本的に異なる社風に基づくテクニックを重ねても、何かがうまくいったり変わったりする期待はできない。

　したがって、OKRの利点を享受するには、3つの決定的な前提条件がある。


1．機能開発チームのモデルから、エンパワーされたプロダクトチームのモデルに移行する。
2．マネジャーが課す目標と個人が設定する目標を廃止して、チームの目標に集中する。
3．リーダーが自ら役割を果たして、プロダクト戦略を行動に変える。

本書の大半は、最初の項目について説明するものであった。

2番目の項目は主に教育に関する内容であり、願わくばここからの数章を読んですぐに取り掛かってもらいたい。

3番目の項目には、かなりの説明が必要になる。そこで、チームの目標を扱うここからの数章では、効果的なチームの目標を策定するうえでのリーダーシップの役割について説明する。

まず、チームの目標を通じてどのようにチームをエンパワーするのかについて、具体的に説明する。

これはチームの目標の最も重要な利点だが、最も理解されない場合が少なくない。

チームの目標の究極的な意義は、プロダクト戦略の遂行だ。戦略を行動に変えるのはこのタイミングである。プロダクトチームをエンパワーしつつ説明責任を持たせて仕事を割り当てる方法について、この後の章で説明する。

次に、リーダーがリスクのポートフォリオをマネジメントする方法について説明する。これは、解決すべき問題を追求する際にどれほど野心的に取り組んでもらいたいかをチームと共有することにより行う。

ここでぜひとも注意が必要なのだが、野心のレベルが関係してこないケースもある。場合によっては、チームは「ハイインテグリティーコミットメント」と呼ばれる約束をしなければならない。このような約束をする方法とその扱い方についても、この後で説明する。

チームの目標に関する一般的な勘違いとして、1つの問題に取り組むべきは1つのプロダクトチームであると思われている場合がある。その逆で、優れた仕事の大半にはチーム間のコラボレーションが必要である。コラボレーションのいくつかの重要な形についてはこの後に述べる。

テクノロジーに基づくあらゆる難しい試みと同様に、この仕事を積極的にマネジメントし、コーチングとサーバントリーダーシップを活用してマネジメントに気を配る必要がある。エンパワーメントの利点を損なう命令・統制型マネジメントに戻ってはならない。

また、エンパワーメントには説明責任が伴う。それが実際にどのよう
な意味を持つのかを説明する。
　最後に、チームの目標から真の価値を得るために最も重要なポイント
という観点から、すべてを大局的にとらえてみる。

CHAPTER / **53**

# エンパワーメント

　さて、それぞれのプロダクトチームに追求してほしい行動がわかったところで、チームをエンパワーする形で仕事を割り振る方法について考える。チームの目標の重要なポイントは、チームのエンパワーメントである。

　そのために必要なのが、（a）構築すべき機能ではなく解決すべき問題を与える、（b）根拠を理解して適切な判断を下すために必要な戦略的コンテキストが備わっていることを確認する、の2点である。

　チームの目標に関して理解すべき最も重要なポイントは、まず何よりも重要な難題の解決方法を思いつく余地をプロダクトチームに与えるためにある、ということだ。

　これは、構築すべき機能やプロジェクトのリストを優先順位付きで与える一般的なプロダクトロードマップとは正反対である。根底にある問題が、これらの機能やプロジェクトによって解決されない場合、たとえ依頼された機能を完成させても仕事は失敗する。

# 構築すべき機能ではなく解決すべき問題を割り振る

　両者には大した違いはないと信じる人もいる。チームにアプリを構築させる必要があると考えたならば、ビジネスと戦略のコンテキストを与えて「アプリを作成する必要がある」という答えを導かせる必要などなく、ただアプリを構築するように言えばいい、というわけだ。

　だが、仕事の割り当て方こそ重要だ、というのは、私たちの業界が学んだ大きな教訓の1つだ。

　チームに答えを導かせるほうが優れている理由はたくさんあるが、特に重要な理由を次に挙げる。

・最も適切なソリューションを判断するのに適した人々は、問題に最も近く、必要なスキルを備えた人々——つまり、プロダクトチームである。

・会社としては、求められるアウトカムを達成するために、チームに責任を持ってもらいたい。

・構築すべき機能を会社からチームに指示してしまったら、その機能が必要な結果をもたらさなかった場合に、チームの説明責任を問えない。

・解決すべき問題と、その問題を最適と思える形で解決するための余地をプロダクトチームに与えれば、チームは問題に対し、はるかに高いオーナーシップを感じるようになる。

・チームが考えついた初めてのソリューションによって求められるアウトカムが生まれなかった場合、チームは、そのソリューションを引き続き繰り返すか、別のアプローチを試すかして、求められるアウトカムを生み出すソリューションを見つけなければならない。


　チームの目標は、1つの目標（Objective ＝ O ＝ 解決すべき目標）と、複数の進捗指標（Key Results ＝ KR ＝ 主要な結果）で構成される。

　それぞれについて説明しよう。

　ここではOKR形式で提示しているが、重要なのは（1）少数の有意

義な目標にフォーカスする、（２）アウトプットや活動ではなくビジネスの実績に基づいて結果を測る、の２点である。

# Objectives（O：目標）

　具体的な目標は、プロダクトのタイプと、特定のプロダクトチームの職責から導き出されるが、優れた目標には次のようなものが挙げられる。

・誤った住所に荷物が配達される（誤配）頻度を減らす
・翌日配達の割合を増やす
・不適切のフラグが立つ画像の割合を減らす
・契約者の契約解除率を減らす
・新たなマーケットにおける現行製品のプロダクト・マーケット・フィットを実証する
・求職者が新たな仕事を見つけるまでにかかる時間を短縮する
・フルフィルメント（受注から配送までの一連の業務）の運用コストを削減する
・新規顧客を獲得するためのコストを減らす
・顧客の生涯価値（LTV）を向上させる
・カスタマーサービスアシスタンスを必要とする顧客の割合を減らす
・カスタマーサービス通話の平均処理時間を減らす
・アカウントの作成に成功する新規顧客の割合を増やす
・ユーザーによる初めての月次レポートの生成にかかる時間を減らす
・新規サービスまたは更新サービスをデプロイして本稼働させるまでの時間を短縮する
・サイトの可用性を向上させる

　目標の具体的な文言に執着しすぎても仕方がないと覚えておいてほしい。いったんプロダクトチームが戦略的コンテキストを理解し、目標を

精査する機会を持つと、目標を言い換えたり、強調する内容を変えたり、一般化したりするほうが合理的だと考える場合がある。このような理由によって、リーダーとプロダクトチームの間で議論が行き来するのは、正常で健全な状態である。

これらすべての例について最も重要なのは、これらは「解決すべき問題」であって、「開発すべき機能」ではないという点だ。

顧客の問題もビジネスの問題もあるが、どの例にも複数のソリューションが考えられる。重要なのは、最善のソリューションを決めるのに最も適しているのはプロダクトチームだということだ。

目標の例がすべて定性的である点にも注目してほしい。定量的な面は、KRで扱う。

ほとんどの重要な目標を達成するには、他のプロダクトチームの協力、そして多くの場合は社内の他部門との協力が必要になる。この点を認識するのも重要である。

これは問題ないどころか大いに狙い通りだが、実際に協力体制を築けるかどうかは、ビジネスを深く理解するプロダクトマネジャーがプロダクトチームにいるかどうかにかかってくる。

# Key Results（KR：主要な結果）

Oが解決すべき問題だとしたら、KRは成功をどのように定義するかの指標である。

そして、成功は単なる活動やアウトプットではなく、ビジネスの結果（アウトカム）で定義するのが肝要だ。

チームの目標設定で失敗する理由のうち、2番目に多いのは、KRとして活動や納品物のリストを作成してしまうというものだ。願わくば、ここまでお読みになった方には、アウトプットでは的外れだと明確に理解していてほしい。万一そうではない場合に説明すると、これが大問題である理由は、納品物を出荷したにもかかわらず根底にある問題が何ら

解決されていない状態にたやすく陥るからだ。これでは、プロダクトロードマップのときの問題に逆戻りである。

一般的には、各目標について2〜4つのKRが欲しい。通常、1つ目のKRは最重要の指標である。次に1つまたは複数の品質指標（ガードレール型または安全装置型KRと呼ばれる場合もある）を作成して、何かの犠牲のもとに最重要のKRを達成するような不本意な事態を防ぐ。たとえば、次の目標について考えてみよう。

・誤った住所に荷物が配達される（誤配）頻度を減らす

ここでは、最重要のKRは実際の誤配率の削減になるだろう。しかし、注文とフルフィルメントのプロセスに負担をかける形で目標を達成しようとすると、誤配率は下げられても配達の絶対数が減少したり、配達コストが大幅に増加したりする可能性があり、どちらが発生しても有用なソリューションとはいえなくなる。したがって、次のようなKR設定が考えられる。

・誤配率を減らす
・ただし、合計配達数は増加を続けるものとする
・ただし、配達コストは増加しないものとする

これらのKRは特定のKPIを暗に意味してはいるが、期待される値やスケジュールはまだ組み込まれていない。これらはチームが発案する必要があるからだ。

なぜなら、スケジュールを含めた明確な成功指標をチームに与えてしまったら、チームがコミットメントへのオーナーシップを感じてくれなくなる。そして、オーナーシップこそが、エンパワーされたチームに求めたいものだからだ。したがって、定量的指標としての実際の値はチームが発案しなければならない。

また、最適な成功指標（KPI）がまだ明確になっていない場合がある
という点に注意するのも重要だ。特に、これまでに取り組んだ経験のな
い問題ではこの状況が当てはまりやすい。この場合、チームはダイナミ
クスと最適な指標への理解を深めるために、ある程度の時間を必要とす
ることがある。

ここで重要なポイントを述べると、最も優れたチーム目標は、リーダ
ーとチーム間の議論の行き来から生まれる。調査と検討が進むに従い、
チームが従来と比べて優れた新しいアプローチを見つける場合が少なく
ない。そうしたアプローチでは、KRの変更や、ときには目標の変更す
ら求められる。付け加えると、議論の行き来が確実に発生するように図
るのが、リーダーの仕事である。リーダーとしては、受け身のチームは
求めていないはずだ。チームが積極的に関わり、議論していない場合、
必ずチームの意見とその理由を明確に聞くようにしよう。

また、関連する問題として、チームが「しっぽに犬を振らせる」事態
（つまり本末転倒）に陥らないようにしなければならない。チームは時
に、最も有意義な指標ではなく、最も計測しやすい指標を定義する誘惑
に駆られるのだ。

## 戦略的コンテキストの共有

プロダクトチームに、難題を解決する余地を与えるのであれば、これ
らのチームが優れた判断を下せるようにするために必要なコンテキスト
も与えなければならない。

戦略的コンテキスト、特にプロダクトビジョンとプロダクト戦略をプ
ロダクトチームと共有しなければならない理由は主に4つある。

第一に、チームは最終的なゴールと、それが解決すべき重要な問題で
ある理由を深く理解していなければならない。

第二に、チームにさまざまなインサイトを通して考え、それぞれのイ
ンサイトがどのようにして重要な問題の解決に貢献しうるかを考えても

らいたい。

　第三に、今後の仕事が与える影響について、チームに考えてもらいたい。すぐには認識できない依存関係や、習得すべきテクノロジーやスキルが存在するかもしれない。

　第四に、チームが問題への取り組みに特別な関心を示すのは、好ましいことである。すべてのチームに要望通りの仕事を割り当てられるとは限らないが、会社としてはできるだけそうなるように試みたい。

　こうした原則を念頭に置き、次の章ではプロダクトチームへの目標の割り当てに挑戦したい。

# CHAPTER 54

# 割り当て

　チームの目標はチームを励ますためにあるというエンパワーメントの原則を念頭に置きつつ、プロダクトチームに仕事をしてもらう準備を整えた。次に、プロダクトチームに目標を割り当てる仕組みについて考えてみよう。

## プロダクトチームへの目標の割り当て

　チームの目標に関するもう１つのありがちな誤解に正面から対応するために明確に説明すると、どの問題にどのプロダクトチームが取り組むかを決めるのは、リーダーの職責である。

　多くの企業は、プロダクトチームに自ら目標を考えさせるべきだと考えてしまう。そのうちプロダクト組織から指揮監督が不足しているという苦情が上がり、その結果が良くないとなぜか驚くのだ。これがチームの失敗ではない件について指摘するのは重要だろう。これは明らかなリーダーシップの失敗だ。

　さらに明確に説明すると、プロダクトチームへの目標の割り当ての本

質は、プロダクト戦略の遂行である。そして、プロダクト戦略とは、どの問題に取り組むかの決定である。

プロダクトチームへの目標の割り当てはトップダウンプロセスとボトムアッププロセスの両面があり、しばしば繰り返しを伴う。

目標の割り当ては、プロダクト戦略とチームトポロジー（チームの責任範囲）から導き出す。言い換えると、戦略は解決すべき問題を示し、トポロジーはそれぞれの問題にどのチームが取り組むのが最適かを示す。

さて、チームが目標を自発的に追求するのは好ましい傾向であり、リーダーはその要望にできるだけ応えられるように努めるが、常に要望を受け入れられるわけではないという点は明確にしておきたい。なぜなら、リーダーはプロダクト組織ができるだけ多くの会社全体の目標に対応していることを確認しなければならないからだ。

したがって、チームが特定の目標を追求したいと望んだとしても、これを決断するのはリーダー次第である。

これは権力や管理の問題ではなく、マネジャーのやるべき仕事の問題である。誰かがすべてのチームとすべての目標を包括的に監督しなければならないのだ。

## KRの決定

目標の追求を依頼されたチームが最初にやるべきは、適切なKR（主要な結果）をどのように設定するか、また自分たちがどのような結果を達成できると思うかの検討である。

チームが以前に取り組んだ経験のある分野なら、おそらく合理的な感覚がすでに備わっているだろう。

だが、もしこの問題に取り組むのが初めてであれば、分野について学び、多少のデータを収集して基準を確立し、さまざまな可能性の感覚をつかむために少し時間がかかるだろう。この場合は、分析麻痺（考えすぎで意思決定などが麻痺する事態）に陥らずに勇気を出して飛び込むよ

うに励まそう。チームは今後進歩するに従ってはるかに多くを学ぶはず
だし、まだ知らないことを学んでいる段階なので最初の四半期の自信は
なくて当たり前だと認めよう。

また、チームはリーダーから、ソリューションの追求においてどれほ
ど野心的あるいは保守的になるべきかの指針を与えられる必要もある。
このトピックについては次の章で詳しく扱うが、ここでは、チームに対
してどのくらい積極的にソリューションを追求してほしいかをリーダー
が提示するのが重要だと指摘するにとどめたい。

ところで、2つの目標を追求するようにチームに依頼したとして、そ
のチームが提案してきた結果の測定指標が、必要な年間のビジネスの結
果を達成するには不十分だとリーダーが考えた場合は、どうすればよい
だろうか。

この場合は、2つではなく1つの目標のみを追求するように依頼する
方法や、1つの問題について別のチームとのコラボレーションを依頼す
る方法が考えられる。

最も重要なのは、リーダーがプロダクトチームに結果への当事者意識
を持ってもらいたければ、KRはチームが発案しなければならないとい
うことだ。

## 整合性

リーダーが各プロダクトチームと協力し、どのプロダクトチームがど
の問題を追求するかを決定したら、各プロダクトチームと会社全体の方
向性が合っているかどうかを確認する必要がある。

たとえば、新たな顧客層のニーズを満たす重要な新サービスを市場に
投入できるように取り組んでいるとする。

リーダーは、プラットフォームチームで必要とされるすべての仕事が、
エクスペリエンスプロダクトチームをサポートするのに必要な仕事と整
合しているかどうかを確認しなければならない。

同様に、営業とマーケティングの仕事も適切に整合されているかどうかを確認する必要がある。

営業チームとマーケティングチームが異なるマーケットを追求している場合や、新しいマーケットに備えていない場合、それは整合性が取れていない例である。

## 定常業務

チームの目標だけが、プロダクトチームの職責ではない。これは重要なので、全員（リーダーとプロダクトチームの両方）が留意してほしい。チームの目標は最も重要な仕事かもしれないが、致命的な問題の修正、顧客の問題への対応、他のチームへの助言、技術的負債への対応など、いわゆる「定常業務」が必ず発生する。

時間が経つにつれて、チームはこの継続的コストについて理解を深められるようになる。しかし場合によっては、この継続的作業だけでチームが消耗してしまうような状況に至る。その場合、リーダーはチームを拡大するか、この付帯業務以上の仕事を期待しないようにするか、付帯業務の負担を減らす方法を検討する必要がある。

次の章では、チームの目標に関する最も重要な側面、つまりチームがソリューションの追求に、どの程度野心的になるべきかについて説明する。

# 長期的な目標

　フォーカスとインサイトに基づく強力なプロダクト戦略があり、プロダクトチームが顧客とビジネスの重要な問題（難しいが有意義なインパクトを起こせる問題）に取り組んでいれば、目標が複数の四半期にまたがる場合も多い。これに気づいて認めることが重要だ。しかし、長期的な目標（O）は混乱のもとになる場合がある。

　まず、長期的なOと長期的なKRは区別すべきである。

　複数四半期にまたがるOは、まったく珍しくもないし問題でもない。

　一般的に1年から3年かかるリプラットフォーム作業や、契約解除率の削減やプロダクト・マーケット・フィットの確立といったプロダクトに関する重要な問題への対応がわかりやすい例に挙げられる。

　判断がややこしくなるのは、KRだ。何らかの活動をKRとして挙げるのはたやすい（活動の例としては、「四半期の終わりまでにコードを完成させる」などがある）。しかし、これはアウトカムではなくアウトプットなのでふさわしくない。結果を示すのが重要だ。

　一般的には、作業を中間結果に分割する方法が推奨される。

　次に例を挙げよう。たとえば、プロダクト・マーケット・フィット確立の過程で、リファレンスカスタマーとなってくれる会社を6社獲得するゴールがあるとする。これは非常に強力なビジネスの結果で、今後の売上を占う最有力指標の1つと考えられる。

　しかし、プロダクトをデプロイし、顧客に利用してもらい、リファレンスカスタマーになってもらう状況まで持っていくためには、2〜3四半期かかってしまう場合がある。

　では、最初の四半期だけで、有意義な進展があったとどのように確認すれば良いだろうか。

　1つの可能性として、今四半期には2社のリファレンスカスタマーの

みをゴールにする方法が考えられる。

　それも達成できない場合は、ゴールに先行する指標を探しても構わない。たとえば、「法的拘束力のない購入同意書への署名を8名の見込み顧客から得る」は、先行指標としての優れたKRの例である[49]。

　実際の購入ほど理想的な状況ではないのは明らかだが、ビジネス上の実際的な意味を持つ、強力な先行指標である。

---

49　このテクニックは『INSPIRED』で説明している。

# 55

# 野心

　さて、各プロダクトチームに解決すべき具体的な問題を1つまたは複数割り当てたが、必要なコンテキストを与える作業は終わっていない。

　リーダーがチームに問題解決に取り組むよう依頼するときには、発見業務で目指すべき野心のレベルを明確にする作業が重要である。

　チームは、リスクが低いが報いも小さい「確実な仕事」にフォーカスすべきだろうか、あるいはもっと大幅で劇的な改善のために奮闘すべきだろうか。

　チームの目標について考える際に有用な方法の1つは、リーダーがベット（賭け）をする状況になぞらえる、というものだ。ベットの対象には、低リスクの選択肢もあれば、高リスクの選択肢もあり、その間の選択肢もある。

　ベットの対象は主に人だが、新しい実現技術、市場状況の変化、そしてプロダクト戦略の背後にあるインサイトの強力さといったものにも賭ける。

　この後見ていくように、非常に重要な問題については複数のチームにそれぞれの方法で問題に取り組んでもらい、あるチームは低リスクで達

成しやすい目標を立て、別のチームは大いに野心的だがよりリスクの高いアプローチを採る場合がある。

野心のレベルを、努力の量や緊急性と混同してはならない。

労働倫理や緊急性は、社風（と、会社の資金繰り）から導かれるものであって、ここで扱う内容とは関係ない。

低リスク・低報酬のソリューションを追求するチームは、高リスク・高報酬のソリューションを追求するチームとまったく異なるプロダクトのアイデアをテストする。プロダクトディスカバリー業務の性質も異なり、用いられるテクニックもおそらく異なる。

また、野心のレベルは、ハイインテグリティーコミットメント（次章で説明）とも混同してはならない。両者は関連しているが、コミットメントはそれ自体が特別で、決定的に重要な概念である。

要するに、問題はリスクマネジメントである。もし、非常に難しく決定的に重要な問題（契約解除率が高すぎて事業が持続できないなど）が発生している場合、経験豊富なリーダーは、異なる角度、異なるリスクレベルからその問題に対処しようと考える。低い目標を追求しているチームはいくつかあるが、それだけでは不十分ではないかと心配するだろう。そこで、問題に対するより野心的なアプローチを追求するチームもいくつか設定する。

野心のレベルについて、「ルーフショット」あるいは「ムーンショット」という言い方をする場合もある。

「ルーフ」には屋根という意味がある。「ルーフショット」とは、保守的になり、低リスクだが高確率で実現できる、目に見える結果を追求するように依頼されたチームを指す。最適化などが当てはまる。

これに対し、「ムーンショット」とは、10倍の改善など、非常に野心的になるように依頼されたチームを指す。高リスクが予想されるが、不可能ではなく、真剣に取り組むに値するとリーダーは信じている。つまり、ハイリスクだが、ハイリターンの可能性も秘めているのだ。

ムーンショットの意義は、チームに小手先の安全な最適化の枠を超え

て、現在のソリューションをあらためて検討することにより、突破口を開くことをチームに促すことである。

目標に自信度を付け加える方法を採用している会社もある。たとえば、「ルーフショット達成見込み80%、ムーンショット達成見込み20%」のような形である。

こうしたテクニックは、目指すべき野心のレベルをチームに伝えるためには有用である。ただし、リスクのポートフォリオをマネジメントする観点からは、ルーフショットとムーンショットの間にあらゆる野心のレベルが存在しうるし、存在するべきだと認識してほしい。

ラスベガスのポーカーのプロが、「うちでは1ドルか10000ドルのベットしか受けつけていません」と言われる状況を考えてみよう。これでは勝負にならない。状況に応じて賭け金を変えたいからだ。

要するに、リーダーは実質的にリスクと報酬の可能性のポートフォリオをマネジメントしているわけだ。同じ目標であっても、チームによって野心のレベルは異なり、他のチームより野心の高いチームもある。

KRに関連付けられている野心のレベルがどのようなものであっても構わないので、組織全体に明確に伝えられるようにしよう。特に、実際には達成する可能性が低いのに、非常に確実性の高いKRであると勘違いする人が出ないようにするべきである。

# コミットメント

チームが設定する目標のほとんどは、さまざまなレベルの野心に基づくものであり、成功するかどうか、そしてどの程度成功するかは事前にはわからない。しかし、絶対に守るべき約束を目標に掲げなければならない場合がある。これを「ハイインテグリティーコミットメント」という。

## ハイインテグリティーコミットメント

これから私が言おうとするのは、ほとんどの人にとって耳の痛い話だが、プロダクト開発の世界におけるこの法則をまだ学んでいないのであれば、今がその時だ。

あらゆるビジネスには時折、重要なものを特定の期限までに市場に投入しなければならない状況が発生する。

期限は大規模な業界見本市の日付であったり、パートナーとの契約に

基づく日付であったり、納税期日や祝日などの暦に基づく日付であったり、マーケティング部門がすでに購入した広告キャンペーンに基づく日付であったりする。

リーダーが命令・統制型のマネジメントモデル、中でも特に、決められたスケジュールに基づいて機能を完成させ、プロジェクトを完了する従来のロードマップ方式に惹かれがちな主な理由の1つは、このように重要なことがいつ発生するかを把握する必要性にある。

エンパワーされたチームに移行するための重要な条件の1つは、チームが必要に応じてスケジュールを提示し、納品物を提供できることである。ロードマップ時代の誠実性の低いスケジュール（これは、コミットされている内容を現場がほとんど知らないためであった）ではなく、リーダーが当てにできるスケジュールだ。

従来型のアジャイルプロセスに慣れている方は、確度の高いスケジュールの発案は非常に難しく、ほとんど不可能だとご存知だろう。しかし、プロダクトの発見とデリバリーを並行して進めるモデルに慣れている方なら、必要なプロダクトディスカバリー業務が完了するまで会社が待ってくれさえすれば（通常は数日間）、確度の高い日程の提案が難しくないのがわかるはずだ。

こうした日程に縛られるコミットメントが多すぎる場合は、もっと重大な問題の兆候である可能性が高い。しかし、事業を経営するなら多少のハイインテグリティーコミットメントは必要になるという点については、私は常にプロダクトチームに理解を求めている。

仮に社外とのコミットメントがないとしても、他のプロダクトチームに依存する状況は発生する。たとえば、プラットフォームチームによる新機能が完成することを当てにしている場合などである。

ところで、プラットフォームチームによる変更の影響を受ける業務のうち、あまり重要でない大半の業務はいわゆる定常業務として扱うが、重要なものはハイインテグリティーコミットメントとして扱う。

すべての作業をOKRに定義する必要がないのと同様に、すべての依

存関係をハイインテグリティーコミットメントにする必要はない。依存関係の大半はそこまでするほど重要ではない。

　ハイインテグリティーコミットメントは、社外との重要なコミットメントや、非常に重要かつ重大な社内とのコミットメントがあるような状況に適している。

## 納品物

　ハイインテグリティーコミットメントでは、チームが約束に従ってデリバリーできるかどうかを、非常に高い確度で知る必要がある。

　担当するプロダクトチームがハイインテグリティーコミットメントを行うように依頼された場合は、コミットメントを調査する必要がある。これには通常、プロダクトチーム（特にプロダクトマネジャー、プロダクトデザイナー、テックリード）がソリューションに価値、ユーザビリティー、実現可能性、事業実現性があるかどうかを判断するために十分なプロダクトディスカバリー業務を行うことが一般的だ。

　そのためにはしばしば、実現可能性プロトタイプなどの簡単なプロトタイプを作成し、エンジニアが納品物を作成するために必要な作業範囲を理解できるようにする。

　いったんプロダクトチームがソリューションを十分に理解した確信を得たら、そのコミットメントの実現にどのくらいの時間がかかるか（実現可能性）、そのソリューションが顧客にとって有用か（価値とユーザビリティー）、そして会社として実現可能か（事業実現性）といった点を、高い確度をもって見積もることができる。

　プラットフォームチームのコミットメントに依存するエクスペリエンスチームの場合（プラットフォームチームがAPIや新しいサービスを開発し、エクスペリエンスチームがそれを利用して開発する場合）、プラットフォームチームは、エクスペリエンスチームのOとKRを継承できる。

最も重要なのは、ハイインテグリティーコミットメントに関しては、コミットメントに含まれる実際の納品物を、KRとは独立して注視し、追跡しなければならないということだ。

# ハイインテグリティーコミットメントの追跡

　ハイインテグリティーコミットメントは特別な扱いをする。チームの野心のレベルは考えない。ハイインテグリティーコミットメントでは、チームは約束を守るか、守らないかの２択だ。ハイインテグリティーコミットメントをしたチームは必ずデリバリーを期待される。万一、トラブルの兆候が見えたら、できるだけ早く注意を喚起し、手助けを求めなければならない。

　また、私たちは一般的に、こうしたハイインテグリティーコミットメントを公に追跡する。すべてのハイインテグリティーコミットメントをCTOが承認しなければならない会社もある。CTO本人の評判がそこにかかっているからだ。

　本書で何度も繰り返してきたように、エンパワーされたプロダクトチームは信頼に基づいている。そして、ハイインテグリティーコミットメントは、プロダクトチームがリーダーと信頼を築く重要な方法の１つだ。したがって、ハイインテグリティーコミットメントの日程を提案するように依頼されたときは、担当するプロダクトチームとそのリーダーが必ずコミットメントを実現でき、かつ実際に実現することが不可欠である。

　最後に１つ注意を述べる。ハイインテグリティーコミットメントとその納品物は、原則ではなく例外としなければならない。そうしなければ、坂を転げ落ちるように、まもなくすべての目標が納品物と日程の一覧、つまり形を変えたロードマップと大して変わらないものになってしまうだろう。

CHAPTER / **57**

# コラボレーション

　チームの自律性とエンパワーメントへの最適化をするように仕事をするプロダクト企業にとって、コラボレーションは欠かせないにもかかわらず混乱を招きやすい。ここでは、チームの共同目標と共通目標という2種類のコラボレーションについて具体的に考えてみよう。

## チームの共同目標

　第一の、そして最も基本的な形のコラボレーションは、チームの共同目標、つまり複数のチームが同じチーム目標を共有する状況だ。重要な目標であれば、この状況は珍しくもなんともない。

　特に、会社主導の大枠のイニシアチブは、本質的に多くのプロダクトチームの力を必要とするほど大きな問題なので、チームの共同目標を設定することはごく一般的だ。

　最もわかりやすいのは、エクスペリエンスチームとプラットフォームチームが共同目標を持つ例である。プラットフォームチームは、エクスペリエンスチームによる開発を実現するために、サービスを提供する必

要があるからだ。

　この場合、両チームの一般的なコラボレーション方法としては、API
の形でシンプルなコントラクトを作成してから、それぞれの問題を解決
し、その後テストとデリバリーで協力する形が考えられる。

　チームの共同目標のもう1つの形は、複数のチームの人材が一時的に
集結し、特に難しい問題を解決する場合だ。特に、幅広いスキルを持つ
人々が集まることで恩恵を得られる問題では、複数のチームが協力すれ
ば、効果的なソリューションをすばやく思いつくために必要な知識とシ
ナジーが得られる場合が多い。

　状況によっては、複数のチームが数日から1週間、1カ所に集まって、
「スウォーミング」とも呼ばれるコラボレーション形態をとる。これは、
特に難しい問題において、プロダクトディスカバリーとデリバリーのど
ちらかまたは両方の業務に全チームが没入する、集中的で高度にコラボ
レーティブなテクニックである。

## 共通目標

　もう1つのコラボレーション形式が、共通目標だ。複数のチームに対
し、同じ問題をそれぞれの方法で追求するように依頼するやり方である。

　これを行う理由は、要するにリスクマネジメントだ。フォーカスと知
見に基づいた堅固なプロダクト戦略があっても、その戦略の遂行はまだ
必要で、場合によっては非常に難しい問題の解決を伴う。

　特に難しい問題においては、必要な結果を生み出すアプローチはある
のか、あるならばどのアプローチかを知るのが困難な場合がある。

　この場合に、リーダーが複数のチームに同じ問題の解決を依頼し、少
なくともいずれかのチームが必要なインパクトを生み出すことを期待す
る場合がある。もちろん全チームが大きなインパクトを与えられれば
万々歳だが、その可能性は限りなく低いとわかっている。

　この例としては、注力分野の1つが契約者の契約解除率（顧客のサー

ビス解約が多すぎる）である場合が挙げられる。この問題には当然ながらさまざまな対処法があるので、複数のチームにさまざまな角度から対処させると、リスクを緩和する優れた方法になる場合が多い[50]。

こうしたケースでは、各チームがコミュニケーションを取り、互いの仕事が衝突せずに両立可能だと確認しなければならない。ただし一般的には、各チームは独自の観点に基づき、それぞれが得意とするコードとテクノロジーを利用して問題に取り組むので、そうそう衝突は起こらない。たいていの場合、それぞれのアプローチはほとんど独立していて、各チームの作業は無駄にならずに蓄積される。

共通目標についてよく聞かれる質問の1つに、次のようなものがある。「複数のチームが同時進行で変更を加えているときに、どのチームが進展に貢献したのかをどのように判断するのか」。これは、プロダクトのアトリビューション（貢献度測定）の問題と呼ばれ、一般的なアプローチが2つある。これについては、CHAPTER 59「説明責任」で説明する。

大枠としては、複数のチームが同時に同じ目標を追求するのは、一般的で、かつ賢い方法である。

自律性やコミュニケーションを盾に、共同目標も共通目標も避ける会社は、最も難しく重要な問題を解決する能力を制限してしまいかねない。

---

50　私はチームに、決定的に重要な問題へのアプローチを複数試すことを奨励している。プロダクトディスカバリーコーチのテレサ・トーレスが発明した「オポチュニティー・ソリューション・ツリー」は、重要な問題を解決するための複数のアプローチを特定して評価するために役立つテクニックである。

# CHAPTER 58

# 目標マネジメント

チームの目標に関する話題を続けよう。プロダクトチームに四半期の目標ができ、チームがそれを追求するようになっても、積極的なマネジメントは引き続き必要だ。

プロダクト戦略がプロダクトリーダーによる継続的な追跡とマネジメントを必要とするのと同様に、チームの目標はプロダクトチームによる継続的な追跡とマネジメントを必要とする。

## 定常業務

チームの目標だけがプロダクトチームの職責ではないことを思い出してほしい。以前に説明した「定常業務」も存在する。この継続的な定常業務には常に目を配っておかなければならない。これがうまくいかない場合はチーム目標もあまり進められなくなるからだ。

## 週次の追跡

　プロダクトチームがチームの目標の進展を積極的にマネジメントしているのを確認することが重要である。そうしなければ、ほとんど進歩がないまま数週間、あるいは数カ月が経過してしまう可能性があるからだ。

　プロダクトチームは最低限、毎週のチェックインミーティングにおいて現状、予定、支援の必要な問題などを話し合って、進捗を把握しなければならない。毎週行うこのチーム目標チェックインミーティングは、チームが自らの進捗を追跡しマネジメントするための重要な仕組みだ。

　チェックインミーティングは単独で行う場合も、毎週のスタンドアップミーティングに組み込む場合もある。

　時としてチームは、チーム間の衝突や問題の解決にリーダーの協力を仰ぐ。

## 脱線を防ぐ

　発生する諸問題の処理には、2つの重要なポイントがある。

　第一に、プロダクトマネジャーが、自身のマネジャーに対してすべての重要な問題をはっきりと伝え、必要に応じてマネジャーの助言を受けられるようにしなければならない。

　第二に、プロダクトチームの各メンバーが、成長の必要な分野について継続的にコーチングを受けなければならない。

　このコーチングの一部では、いま直面している、チーム目標に関連する問題を扱う。

　まだ経験の浅いプロダクトチームについては、マネジャーがチームの目標の進展を確認するため、質問やコーチングをさらに積極的に行う必要がある。

　チームがマネジャーの手助けを必要とする場合、この必要性を早く伝えられるほど、マネジャーがタイムリーかつ効果的に介入できる可能性

が上がる。

　チームがハイインテグリティーコミットメントを守るための能力に疑問がある場合も、早いうちにマネジャーに警告するのが重要な義務だ。

　また、他のプロダクトチームなどとの依存関係がある場合は、これについても同様に注意深くマネジメントして追跡する必要がある。別のチームとの依存関係がある場合、それがハイインテグリティーコミットメントであっても、定常業務であっても、チームは依存関係を念頭に置き、自分のチームに依存するチームのために、時間内に仕事を確実に終わらせなければならない。

## 同僚への手助け

　プロダクトチームのエンパワーメントは、大部分が各プロダクトチームの最適化に関連するが、ときには他のプロダクトチームのメンバーを手助けしなければならない場合があると認識するのが重要である。逆に、こちらのチームが他チームの手助けを頼りにするような状況が起こる可能性も高い。

　テクノロジー企業の一流のプロダクトチームは、全員が成功するか失敗するかのいずれかしかないとわかっている。所属するプロダクトチームにとってはあまり利益にならないが、顧客と会社全体の利益にはなる仕事をしなければならないと確信する状況は珍しくないのだ。

CHAPTER / **59**

# 説明責任

エンパワーメントと対をなすのが、説明責任だ。

プロダクトチームは、割り当てられた問題のソリューションを発案するための余地と時間を与えられるが、そのエンパワーメントには責任（responsibility）と説明責任（accountability）が伴う。

では、チームが1つまたは複数の目標を達成できなかった場合には何が起こるのだろうか。

まず念頭に置いてほしいのは、説明責任は野心に直接関係するということだ。チームがきわめて野心的（例：ムーンショット）にふるまうように指示されていて、挑戦したものの求められる結果のデリバリーができなかった場合、これはほぼ想定内である。

しかし、チームが保守的（例：ルーフショット）にふるまうように指示されているか、さらに重要なケースとしてはハイインテグリティーコミットメントを指示されているにもかかわらず、同じ状況で結果のデリバリーができなかった場合は、説明責任が発生してくる。

それぞれのプロダクトチームも、会社全体も、成長と向上を続けなければならない。このようなケースは絶好の学びの機会になりうる。

もし、チームが目標の達成にはるかに及ばなかった場合、私はチームに、この事態を障害と同様に扱うように勧めている。

　失敗したプロダクトチームと、他のチームのメンバー（特に失敗の影響を受けるすべてのプロダクトチームのメンバー）とのミーティングを設定し、失敗の根本原因と思われる内容について議論してもらう。違う方法でできた、そしてやるべきだったと思うことを調べるように各チームに依頼しよう。

　最初の兆候があったときにマネジャーと問題を共有していたら手伝ってもらえただろうか。あるいは、このプロダクトチームに依存しているプロダクトチームが他の手配をしたり、あるいは自力で作業をしたりできただろうか。

　この教訓は、チームのマネジャーにも当てはまる。見逃した兆候はあっただろうか。もっと早く提供できたコーチングはあっただろうか。マネジャーがするべきだったがしなかった質問はあっただろうか。

　こうしたチーム目標の事後分析はチームにとって楽しくはないが、一般的にはとても建設的で役に立つものだ。仕事仲間の前で失敗を認めるのが多少恥ずかしいだろうか。そういうこともある。だがそれは、私たち全員が学びと成長を続けるために必要なフィードバックの一部なのだ。

# KRのアトリビューション

複数のチームが同じ解決すべき問題（目標）に取り組んだり、1つまたは複数の成功指標（KR）を共有したりする状況は、珍しくもなんともない。実際、これは非常に強力な戦略になりうる。

しかしこの場合、日々いろいろな変化があり、どのチームが行ったどの変更が役に立っているか、足を引っ張っているか、何の変化も起こしていないかがわからないとしたら、どうやって各チームに説明責任を持たせるのだろうか。

これは、プロダクト開発のアトリビューションの問題と呼ばれ、一般的には対応するアプローチが2つある。

第一の方法は、トラフィックが多い場合に有効なものだが、A/Bテストを用いて、1つのプロダクトチームが実施した変更の貢献度を、他のプロダクトチームやマーケティングなど他部署の貢献度と切り分けるというものだ。

第二の方法では、各種の貢献を、チャネルまたはソース別に関連するKRに分割する。これは、「スライシング」と呼ばれる[51]。

たとえば、求人マーケットプレイス企業に3つの異なるプロダクトチームがあり、すべてのチームが求人応募数の増加に取り組んでいるとする。この場合、求人応募数はチャネル別に分けることができる。

・モバイルチーム：モバイル通知経由の申し込み
・検索チーム：検索結果経由の申し込み
・推薦チーム：推薦経由の申し込み

---

51　この用語は、友人のOKRコーチ、フェリペ・カストロの造語である。

スライシングはA/Bテストの実行より概念的に単純で、A/Bテストより直接的に影響を与えられる。狭く定義されたターゲットをコントロールできている感覚はチームに気に入られがちだ。しかし、A/Bテストほど厳密でも予測可能でもない。たとえば、同じユーザーが複数のチャネルとやりとりする場合がある。

　スライシングは常に可能なわけではない。複数の要因が作用する場合もあるからだ（たとえば、契約者の契約解除率には多くの要因が影響する）。

　一方、A/Bテストで、合理的な時間内に信頼できる結果を得るためには、十分なトラフィックが必要である。

CHAPTER **60**

# 目標の全体像

リーダーは、仕事をマネジメントして各プロダクトチームに割り振る必要があるが、これはエンパワーメントが向上し、プロダクト戦略を実行できるように行いたい。これが、チーム目標の狙いだ。

エンパワーされたプロダクトチームモデルを採用し、有能なリーダーがいると仮定すると（この2つは正直、かなり大きな仮定ではあるが）、手順はかなりシンプルだ。

効果的なチーム目標を設定するために最も重要な10のポイントを次に挙げる。

1. 最も重要なのは、プロダクトチームに解決すべき問題を与えてから、その問題を解決する余地を与えることである。チームが優れた判断を下すには、リーダーが戦略的コンテキスト、特にプロダクト戦略をチームと共有する必要がある。
2. チームが特定の目標に自発的に取り組むのは好ましい傾向であり、リーダーはチームがモチベーションと情熱を問題解決に活用できるように、その申し出をできるだけ受け入れられるよう試みる。しか

し、必ずそのようにできるわけではない。必要な仕事をすべて確実に網羅する必要があるためである。

3. 取り組むべき目標を選択し、どのチームがどの目標に取り組むかを最終的に判断するのは、プロダクトリーダーの明確な職責である。しかし、ここがエンパワーメントのために決定的に重要なのだが、KRはチームが発案する必要がある。

4. リーダーとチームの間で何度も議論の行き来が発生するのは普通である。リーダーがチームのKRの提案を疑っているためではなく、どの投資が労力と関連リスクに見合うかを判断するためである。たとえば、あるチームが、他の目標を抱えているために、重要なKPIに最小限の改善しかできないと思っているとする。リーダーとしては、そのチームを重要な目標に専念させる方法や、別のチームにその目標を追求させたり手伝わせたりする方法が考えられる。

5. 同じ目標を複数のチームに割り当てる方針には何の問題もない。各チームは、自身の視点とスキルから問題に取り組む。実際、非常に難しい問題では、これがきわめて有効なテクニックとなる場合がある。難しい問題に関しては、すべてのチームが同じレベルで進捗するとは考えにくく、また各チームがプロダクトディスカバリー業務に深く没入したときに得られる学びを、あらかじめ予測することはできない。

6. また、複数のチームに協力して同じチーム目標に取り組んでもらう方針にも何の問題もない。複数のチームに協力するように依頼する状況は珍しくない。問題解決のためにさまざまなスキルが必要な場合はなおさらだ。一般的には、プラットフォームチームとエクスペリエンスチームに、協力して難題に取り組んでもらうような状況が挙げられる。

7. プロダクトチームがKRを発案するには、リーダーが求めている野心のレベルを理解する必要がある。リーダーは、チームに大きな野心を持ってもらいたい場合（ムーンショット）、保守的になっても

らいたい場合（ルーフショット）、ハイインテグリティーコミット
メントを行ってもらいたい場合を明確にしなければならない。

8．プロダクトチームが結果の説明責任を持てるのは、機能するソリュ
ーションを見つけ出すだけの権限があり（エンパワーされていて）、
かつ自分たちでKRを発案した場合のみである。

9．プロダクトリーダーは、チームの目標は決定的に重要ではあるが、
それだけがプロダクトチームの職責ではないと認識する必要がある。
すべてのチームには、ある程度の継続的な「定常業務」がある。こ
れには、致命的なバグの修正、顧客が置かれた状況の処理などが含
まれる。

10．通常、チーム目標は四半期ごとに作成または更新される。これによ
り各チームに与えられる時間は、真の進歩を遂げるには十分で、か
つビジネスが変化に適応できないほど長いわけではない。時には、
四半期の途中でチームの目標を変更せざるを得ない場合もあるが、
これは原則ではなく例外とすべきである。


　以上すべてを正しくとらえるために覚えておいてほしい。この作業の
本質はシンプルだ。知識豊富なリーダーが、プロダクトチームと話し合
って戦略的コンテキストを説明してから、チームに解決してもらいたい
問題と、成功を測る方法を説明する。

　そのためにOKRなどの正式なテクニックを使うかどうかは、はるか
に些細な問題だ。この話し合いを行い、リーダーが必要なコーチングを
し、そしてプロダクトチームにその問題を最適と思える形で解決するた
めの余地を与えるのが重要なのである。

# 61

# クリスティーナ・ウォドキー

## リーダーシップへの道

　クリスティーナに初めて会ったのは、彼女が2003年に初期のYahoo!でデザインチームを運営していたときだった。美術学校で写真を修め、黎明期のインターネット業界におけるいくつかのチームで、プロダクトデザインの仕事を学んだ。

　その後、LinkedIn、MySpace、Zyngaでプロダクトリーダー職やデザインリーダー職を務め、キャリアを積むのを、私はずっと見てきた。

　どの職場でも、幸運にも部下になれた人々のコーチングと成長に全力を尽くすことで知られた。

　だからこそ、スタンフォード大学の教員として採用されたときに、私はまさに天職だと思った。大学ではヒューマン・コンピューター・インタラクションとプロダクトデザインを教えている。

　また、有能でエンパワーされたプロダクトチームを中心的なテーマとして、著書も出版している。OKRに関する著書や、リーダーシップとチームのエンパワーメントに関する著書がある[52]。

私がいつもクリスティーナを同志と考えてきたゆえんである。

# リーダーシップの実践

クリスティーナは、数人の卓越したリーダーからプロダクトとデザインの手ほどきを直接受ける幸運に恵まれた。そこで、エンパワーされたチームの真の力が示された。

本人の言葉を聞いてみよう。

私は2002年にYahoo!に入社しました。インターネットの初期で、Yahoo!が急成長中の影響力あるテクノロジー企業だった頃です。

私は検索チーム初のデザイナーとして、アイリーン・オーの部下になる幸運に恵まれました。

アイリーンはNetscapeのプロダクトデザイナーを務め、後にYahoo!、そしてGoogleのデザインチームを組織した方です。

アイリーンは、私に才能があると信じてくれました。テクノロジー業界でのマネジメント経験がなかったにもかかわらず（お金のない芸術家時代にレストランのマネジャーを務めた経験はありましたが）、私をメンタリングし、初めての直属の部下をつけてくれたのです。

ただ、本当に勉強になったのは、すべての部下をエンパワーし、成長させるところを見せてくれたことでした。アイリーンは私が必要としていたロールモデルでした。強いのに、いつも優しいのです。共感と威信は二者択一ではない、と教えてくれました。

それからまもなく、キャリア形成の上で大きな影響を受けたもう1人の有力者と出会いました。

ジェフ・ワイナーはYahoo!の検索部門を率いてから、LinkedInのCEO

---

52 『OKR（オーケーアール）』（クリスティーナ・ウォドキー著、二木夢子訳、日経BP社、2018年）、および『The Team That Managed Itself』（San Francisco: Cucina Media LLC, 2019）は好例である。

を12年間務めました（私がプロダクトマネジャーとして働いていた時期と偶然にも重なっていました）。

　初めて私にリーダー職への移行を勧めてくれたのがジェフでした。職種は検索デザインチームの運営20人以上のメンバーがいる大所帯です。一夜にして、今まで経験したこともない数の人々のマネジメントをする羽目になりました。

　もちろん懸念はありました。ようやく２人の部下のマネジメントが不安なくできるようになってきていたのに、この職位は本格的なリーダーシップ職に発展しそうで、本当にできるかどうか自信がなかったのです。

　その瞬間は忘れられません。カフェテリアで私はジェフに、もっと適任の人を探すべきではないかと言いました。ジェフは言いました。「君ならできるよ」。ジェフが私を本当に強く信じてくれたので、私も自分を信じるしかなくなったのです。

　Yahoo!の急成長期は特に検索部門の急成長期でもあったので、私はほどなくただのマネジャーから、大きめのグループのマネジャーを束ねるマネジャーになっていました。合計80人の従業員が９人のマネジャーに直属し、その９人が私の直属の部下になりました。

　私は、自分でデザインするのをやめて、優れたデザインが生まれる場所をデザインしなければならないことに気づきました。自らをマネジメントできるようなチームをデザインする必要があったのです。

　幅広いデザインスキルを網羅する大きなグループでは、私がすべての分野の専門家になる術がないのは明確でした。たとえ専門家になれたとしても、すべてに取り組む時間はありません。つまり、少しでも睡眠をとりたいのであれば、チームを信頼して当てにする以外にない。そう悟ったのです。

　初めて直属のマネジャーたちを交えてミーティングを行ったとき、そのうちの１人が、ある問題をどのように扱うべきか質問しました。どんな問題だったかは覚えていないのですが、あなたはどうすべきだと思いますか、と聞いたのは覚えています。提案をしてくれたので私は「いい

ですね、それで行きましょう」と答えました。その瞬間、権力が「私」から「私たち」に移行したのです。それ以来、ミーティングはみんなが問題を持ち込み、チームとして解決する場になりました。

　私はそのとき以来ずっと、「個人の集団」を「チーム」に変えられるように心がけています。チームは、どんな個人も奇跡を起こせないようなときに、奇跡を起こせるのです。

　最後に、私のYahoo!でのチーム観を変えてくれたもう1人の人物を挙げなければ怠慢になるでしょう。ケン・ノートンもジェフの部下で、Yahoo! Shoppingのプロダクトマネジメントを務めていました。後にGoogle、さらにGoogle Venturesに転じ、プロダクト部門で長年にわたって輝かしい業績を上げました。

　私はケンと出会うまで、プロダクトマネジャーとは本質的にプロジェクトマネジャーであり、デザイナーが仕事を完成できるように追い返すべき人物だと思っていました。

　ケンのおかげで、私は初めて本物のプロダクトマネジメントを間近で目撃しました。ケンは、優れたプロダクトチームがマネジャーから得る必要のあること、得るべきことについての手本となってくれました。ケンは、プロダクト部門とデザイン部門は常にパートナーであるべきで、パートナーシップは相手とその仕事のやり方への敬意から始まると教えてくれました。一緒に仕事をしたほうが、いい仕事ができるのです。

　優れたプロダクトマネジャーに会った経験がないデザイナーをたくさん知っていますが、一度優れたプロダクトマネジャーに会ってしまうと、元に戻る気がしなくなります。

　アイリーン、ジェフ、ケンが教えてくれたリーダーシップスキルには心から感謝しています。当時学んだ教訓は、Yahoo!以降のキャリアで大いに役立ってくれました。いちばん大切なこととして、私は常に、他の人の人生とキャリアに投資して恩返しをしようと心掛けています。

PART **VIII** CASE STUDY

# ケーススタディ

このケーススタディは、かなり詳しい内容にならざるを得なかった。会社とプロダクト組織が下す判断の理由を真に理解するには、少なからぬコンテキストが必要になる。

本書で扱っている各概念、特にチームトポロジー、プロダクト戦略、チーム目標をしっかりと把握していると思う方は、このPartは斜め読みしていただいて構わない。

ただ、この事例を詳しく理解する取り組みに価値を感じていただけると幸いである。そうすることで、これらの重要だが難しい概念が、急成長、急拡大、技術的負債といった問題に苦心している実在の企業でどのように展開するのかがわかるからである。

また、普通の人々が働く会社がどのように卓越した結果を生み出せるかについての詳しい例にもなっている。

このケーススタディは、実際の求人マーケットプレイス（求人サイト）企業における私の経験に基づいている。

同社を選んだのは、規模の問題に対処している成長期企業を表す好例だと考えるためだ。

また、エンタープライズ企業とスタートアップ企業の要素を併せ持っている。したがって、このケーススタディはたいていの会社に当てはまると思う。

求人マーケットプレイス企業を用いた説明を私が気に入っているもう1つの点は、法人（求人側）と、個人消費者（求職側）の両方にサービスを販売し、さらに両方をサポートする内部プラットフォームが存在するためである。

ただし、重要な留意点が2つある。

第一に、この事例は、ある特定の時点における同社を表している。当然ながら、私が遭遇した状況に影響を与えた歴史的経緯があるわけだが、ここでは当時の状況を所与の条件として扱った。

第二に、この事例は事実に基づいているが、多少加工させてもらっている。具体的には、この四半期には発生しなかったものの世間で頻繁に

見聞きし、かつ同社がこの時点以降に経験した複雑な問題をいくつか追加している。これらの状況に実際にどう対処したかを詳しく説明すれば、読者の皆さんのお役に立てるのではないかと思う。そこで、この事例では、すべての問題が同じ四半期に起こったと仮定している。

　この事例では、社名やそれがわかる情報は公開しない。有用な事例とするには、良い面、悪い面、最悪の面を共有しなければならないからである。無理もないが、ほとんどの企業は良い面以外の共有には積極的にならない。この事例のように最終的にうまくいった場合でも同様である。

　求人マーケットプレイスを事例に選ぶ利点の1つは、類似の企業が世界中にたくさんあり、私も多くの会社と協力する機会があったということだ。私の見たところ、同じ状況は1つもないが、重要な力学はそれほど変わりない。したがって、当事者の方を困らせる心配をせずに、率直に事例を紹介できると確信している。

　いろいろな事態が同時に進行していて、多少まとまりがなく思えるかもしれないが、それは単純に現実が反映されたものである。実際、うまくいっている会社も含め、ほとんどの会社はそういうものである。

　最後に、ケーススタディを何らかの理想的な状況と勘違いしないでほしい。違うやり方でできた、あるいは間違いなくもっとうまくやれたことはたくさんあるが、ケーススタディの意義は、実際の行動とその理由を示すところにある。

　この事例によって、ここで紹介する問いや類似の問いに直面したときに留意しておきたい考慮事項や、発揮しなければならないリーダーシップの感触をよくつかんでいただけると幸いである。

CHAPTER

# 62

# 会社の背景

　このケーススタディを理解するには、少なくとも同社の業務をおおまかに理解しておくのが重要だろう。同社は雇用主向けサービスと求職者向けサービスの２つの側面をもつ、典型的なマーケットプレイスである。

　雇用主側では、小規模から中規模の企業の採用担当マネジャーに求人広告を販売している。専門の人事部門を持つ大企業からの関心も高まりつつあったが、当時の同社のプロダクトはまだこのマーケット向けの設計にはなっておらず、適しているとはいえない。

　一方、求職者側では、主に専門職（ホワイトカラー分野）で積極的に新たな職を探している人々にフォーカスしている。具体的には、時間労働者あるいは非正規労働者は対象外とする[53]。

　このケーススタディの時点で、同社は創業５年、年間収益は約4500万ドル、１年あたり約30％の成長率である。黒字化目前だが、今は成長に

---

53　ここではビジネスの動きを多少単純化している。その理由は、求人マーケットプレイスには、積極的求職者（今すぐ仕事が欲しい層）と、消極的求職者（より良い職があれば検討する層）の両方が存在するからだ。２つの層はニーズが異なり、雇用者と求職者の双方について、両者を理解して区別することに大きな価値がある。

注力している。

　社員は230人。うち95人がプロダクト開発およびエンジニアリング部門、45人が営業部門、17人がマーケティング部門、33人がカスタマーサクセス部門、10人がIT部門、30人が間接部門に所属している。

　経営幹部チームには、CEO（最高経営責任者）、CFO（最高財務責任者）、CRO（最高収益責任者）、CMO（最高マーケティング責任者）が在籍している。そしてもちろん、CPO（最高プロダクト責任者）、CTO（最高テクノロジー責任者）もいる。この2つの職務については、のちほど詳しく解説する。

　なお大企業においては、この構成がおよそ一事業部門の規模に相当することは指摘する価値があるだろう。

# **63**

# 会社の全体目標

　同社では毎年、取締役会が年間全体目標を設定する。そのために、経営幹部チームと取締役会がビジネス戦略、競合関係、投資規模などについてじっくり検討と議論を重ねる。

　取締役会には、増資やその他の資金調達を利用する、または成長を犠牲にしてでもキャッシュフローを黒字化する、あるいはその間のあらゆる選択肢があった。

　本年の総合的な指針は、継続的成長と中核事業の改善であった。つまり、雇用主がポストを埋める手伝いをし、求職者が仕事を見つける手伝いをし、力強いペースで事業を成長させていくことに注力するわけだ。

　しかしこの年、同社は大企業への売り上げ拡大のチャンスがあると判断し[54]、プロダクトの幅を広げ、市場参入能力を拡大して、大企業市場により適したサービスを提供しようと考えた。

---

54　同社は大企業から少なくとも2年間にわたって複数の問い合わせを受けていた。主に、前職で同社の求人マーケットプレイスを利用していた人事担当者が、転職後の会社が利用しているソリューションより同社のほうが優れているのではないかと考えての問い合わせである。

　その結果、投資規模を拡大し、プロダクトチームの追加（6人を新規採用）と、大企業専門の営業、マーケティング、カスタマーサクセス担当者（11人を新規採用）への出資を決定した。

　取締役会は、この大企業市場への新規参入がうまくいけば、来年は大規模な投資を期待できると説明した。

　繰り返しになるが、こうした全体目標は、経営幹部チームが発案し、取締役会が支持、承認するものである。ここではOKR形式で示しているが、重要なのは（1）少数の有意義な目標にフォーカスし、（2）ビジネスの結果に基づいて結果を測定する、という点だ。

### 目標（O）1：中核事業を引き続き成長させる。

・KR1：中核事業の収益を25％以上増加させる。

・KR2：雇用主の年間解約率を、現在の6％から5％以下に削減する。

・KR3：求職者の成功率を23％から27％以上に引き上げる。

### 目標（O）2：エンタープライズクラスの大企業向けプロバイダーとしての地位を確立する。

・KR1：リファレンスカスタマーとなってくれる大企業の雇用主を6社以上開拓し、プロダクト・マーケット・フィットを示す。

# 64

# プロダクトビジョンと原則

　同社は強力で説得力のあるプロダクトビジョンと原則を備えていたが、例示している会社がわかってしまうため、ここでは公開しない。

　ただ、同社を設立した理由はお伝えできる。求職者が自己の能力の範囲内で最善の仕事を見つけ、雇用主がポストに見合う有能な候補者を見つけるよう手伝いをすることだ。

　そのように言うだけなら簡単だが、同社は雇用主からのリピート発注が大きかった。そして、会社の短期的な利益と、顧客の長期的な利益を天秤にかける意思決定に直面するたびに、顧客の利益を選択する場面を実際に私は見てきた。

　価値観と原則が貫かれてきたのを何度も見ているので、少なくとも個人的にはそれらが単なる空言ではないと確信している。

　最も重要なのは、プロダクトマネジメント、エンジニアリング、デザインの各リーダーと、プロダクトチームのメンバーが、プロダクトのビジョン、原則、そしてとりわけ戦略を意思決定の際に常に念頭に置き、チームの目標を追求していた、ということである。

CHAPTER **65**

# チームトポロジー

四半期の最初、同社には16のプロダクトチームがあり、60人のエンジニア、12人のプロダクトマネジャー[55]、10人のプロダクトデザイナー、2人のユーザーリサーチャー、3人のデータアナリストが在籍していた。

また、プロダクトマネジメント担当ディレクターが2人（1人が雇用主側、1人が求職者側）、ユーザーエクスペリエンスデザイン担当ディレクターが1人いて、3人はすべてCPOに直属していた。さらに、3人のエンジニアリング担当ディレクター（雇用主、求職者、プラットフォーム担当）がすべてCTOに直属していた。

## チームトポロジーの概要

同社には2種類のエクスペリエンスチーム（片方が雇用主、片方が求職者に注力する）があり、2種類の主な顧客層に整合するように設計さ

---

55　プロダクトチームが16あるのに、プロダクトマネジャーが12人しかいないことに気づいたかもしれない。この点については、追って説明する。

れている。また、人員の３分の１が、エクスペリエンスチームのプロダクトのベースとなる内部プラットフォームに専念している。

## 雇用主チーム

・雇用主ホーム
・採用担当者ツール
・プレミアムサービス
・雇用主向けコミュニケーション
・エンタープライズツール（新規チーム）

## 求職者チーム

・求職者ホーム／カスタマイズ
・求人検索
・お勧め求人
・求人応募
・求職者向けコミュニケーション
・モバイルアプリ

| 雇用主チーム | | 求職者チーム | |
|---|---|---|---|
| ●雇用主ホーム | ●雇用主向けコミュニケーション | ●求職者ホーム | ●求人応募 |
| ●採用担当者ツール | | ●求人検索 | ●求職者向けコミュニケーション |
| ●プレミアムサービス | ●エンタープライズツール | ●お勧め求人 | ●モバイルアプリ |

| プラットフォームチーム | | |
|---|---|---|
| ●共有サービス | ●データおよびレポート | ●ツール |
| ●支払いおよび請求 | ●インフラ | |

| 図6 | ケーススタディのプロダクトチーム

**プラットフォームチーム**

・共有サービス

・支払いおよび請求

・データおよびレポート

・インフラ

・ツール

## ▌雇用主チーム

　雇用主チームは、採用担当マネジャーと人事部門のニーズに奉仕する。現在は、初回の求人広告掲載は無料だが、追加で掲載する場合、またはお勧めの求人を含むプレミアムサービスを利用する場合は、掲載料や広告料が必要になる。

　実際のプロダクトチームと担当業務を次に挙げる[56]。

　**雇用主ホーム**：このチームは、掲載中の求人広告と、検討状況別の応募を表示する雇用主向けダッシュボードを担当する。また、求人広告掲載機能を開発し、また、求人広告が自然検索の結果として表示されるようにする（SEO）。

　**採用担当者ツール**：人事部を持つ雇用主向けに、募集する大量の求人を読み込んで管理したり、応募、面接、採用判断のフローを管理したりする高度な機能を搭載している。また、このチームでは、特定の属性を備えた求職者の検索機能や、採用担当者が応募を待つのではなくスカウトする機能なども提供する。

　**プレミアムサービス**：雇用主向けには、募集中のポストをよりすばやく埋めたり、応募を増やしたりするために設計された各種のオプションサービスがある。プレミアムサービスには、求人をメールやお勧め

---

56　誤解を避けるために明確にしておくと、ここでの「製品」とは求人マーケットプレイスであり、16のプロダクトチームはそれぞれ製品全体の一部を担当する。

求人に掲載するサービスなどが含まれる。

**雇用主向けコミュニケーション**：このチームは、募集中の求人の状況をはじめとする、雇用主との継続的な各種コミュニケーション（メール、文章、通知など）をマネジメントする。相互的なやりとり（特定の求人に関する情報など）と、マーケティング（雇用主に追加の求人を出してもらえるようにアピールする）の両方がある。また、求人掲載を検討している雇用主側顧客のオンラインスカウトも担当する（SEO、SEM）。

**エンタープライズツール（新規チーム）**：大企業の採用業務の支援に向けて前進するうちに、同社は、採用支援システム（Applicant Tracking System、ATS）との統合など、大企業向けに固有の機能が必要だと確信するに至った。このチームは、大企業の雇用主を満足させるために必要な要素を特定し、それらの機能をデリバリーすることに注力する[57]。

## 求職者チーム

求職者チームは、職を求めている人々の支援に注力する。

**求職者ホーム**：ウェブとネイティブモバイルアプリ（ブラウザーを使わない独自仕様のアプリ）の両方について、求職者にとってのコアエクスペリエンスを提供する。求職者が現在追っている求人のダッシュボード、応募した求人の状況、その他適性がありそうなお勧め求人などが含まれる。

---

[57]　チームは結局、プロダクトマーケティング担当者をフルタイムで迎え入れた。リファレンスカスタマーの開発、市場参入時の検討事項、そして販売を実現する資料の理解と準備に、重要な作業が大量に必要だったからである。結果的にこれは非常に重要な判断となった。ターゲットセグメントや新規事業に特化したメッセージが重要なあらゆる製品に役立つ、優れた慣行である。書籍『LOVED』は、市場参入の成功に求められる要素を分析するためにプロダクトマーケティングがきわめて重要な役割を果たすシナリオについて、詳しく説明する予定だ。

**求人検索**：求職者が求人の属性に基づいてマーケットプレイスを検索するための機能を提供する。

**お勧め求人**：求職者の検索内容やプロフィールとして収集したデータを活用して、お勧め求人を生成する。

**求人応募**：このチームは、求職者が特定の求人に応募できるようにする。求職者がすでに入力した情報と、今回応募する求人に必要な情報を組み合わせて提示する。

**求職者向けコミュニケーション**：このチームは、メール、文章、通知など、求職者との継続的な各種コミュニケーションを取り扱う。コミュニケーションには、一連の処理（求人応募の状況）と、マーケティング（サイトやアプリに戻り、応募してもらえるように求職者にアピールする）の両方がある。また、新しい求職者のオンラインスカウトもこのチームが担当する（SEM、SEO）。

**モバイルアプリ**：このチームは、iOSとAndroidの両方のデバイスについて、求職者にネイティブなモバイル体験を提供する。求職者ホームのチームと緊密に協力して、ウェブとモバイルの使用感がかけ離れないようにする[58]。

## プラットフォームチーム

　プラットフォームチームは、雇用主チームと求職者チームによる顧客へのサービスの効率化を支援する。信頼性の高いプラットフォームがあれば、エクスペリエンスチーム（雇用主チームと求職者チーム）は土台となる各種のサービスにわずらわされずに、ユーザーと顧客に価値をもたらすためのイノベーションに集中できる。

---

58　当時は、iOSとAndroidのネイティブモバイルアプリに習熟したエンジニアがあまりに少なかったため、多くの企業が専門のネイティブモバイルアプリチームを編成していた。1年前後で、この業務は他の求職者向けチーム（特に求職者ホームチーム）に移行した。一般的にはその方がはるかに優れたソリューションである。

**共有サービス**：共有サービスチームは、各チームの取り組みに重複がある可能性が発覚した場合に、さまざまなチームのニーズを満たす単一のソリューションの提供に取り組む。対象となるサービスは、認証、ユーザー設定の管理など多岐にわたる。共有サービスチームは、雇用主チームと求職者チームの生産性を上げる手助けをするために存在している。

**支払いおよび請求**：このチームは、定期的支払い、割引、プロモーション、各種の決済手段など、あらゆる金銭のやりとりを処理する。この小規模ながら経験豊富なチームがマネジメントする業務は非常に複雑だが、他のチームがサービスを利用するために複雑な仕組みを理解する必要がなくなるという利点がある。

**データおよびレポート**：プロダクトチームをはじめ、財務、マーケティング、営業、経営幹部に至るまで、同社の大半の部署は、マーケットプレイス事業のレポートに頼っている。このチームは、雇用主向けダッシュボードと求職者向けダッシュボードで利用するためのレポートインフラを提供するとともに、社内の他部署がセルフサービスでレポートを出力できるようにする。

**インフラ**：インフラチームは、技術インフラをビジネスニーズに確実に対応できるようにする責任を負う。したがって、技術的負債に関する重要な問題だけでなく、規模とパフォーマンスの課題克服に向けてプロダクトチームのエンジニアを支援する面でも、陣頭指揮を執る。

**ツール**：ツールチームは、すべてのプロダクトチーム（雇用主チーム、求職者チーム、プラットフォームチーム）が生産性を向上させ、より信頼性の高いシステムを構築できるようにするために支援する。これには、サイト監視サービス、テストおよびリリース自動化（DevOps）ツール、その他の生産性向上ツールやチームコラボレーションツールなどが含まれる。

CHAPTER / **66**

# プロダクト戦略

さて、全体目標がはっきりし、プロダクトビジョンと原則が策定されたところで、プロダクトリーダーたち（ここではCPO、CTO、およびそのマネジャー）は、会社の全体目標を実現できるようにプロダクト戦略を更新する必要がある。

注意してほしいのは、取締役会が今年期待している内容をすべて実行するための方法を、各プロダクトリーダーが発案できる保証はないということだ。

取締役会の期待に沿えないとプロダクトリーダーが判断した場合、議題としてCEOに戻し、資金を増やすか、期待値を下げるか、その組み合わせを検討してもらう必要がある。ただ、それを伝える前に、リーダーは各プロダクトチームと緊密に連携して、どのような作業ならできると思っているかを突き止める必要がある。

また、全体目標は年間目標であるのに対し、プロダクトチームの目標は四半期目標であるという点も注目に値する。したがって、プロダクトリーダーとプロダクトチームは、進捗、遭遇した障害、新たな学びとインサイト、新たに見つかったチャンスに基づいて、軌道を修正できる。

プロダクト戦略をめぐる全体像については、次の点を覚えておきたい。

・プロダクト戦略は少数の重要な目標へのフォーカスから始まる。
・次に、活用して全体目標に多大なインパクトを与えられるようなインサイトを探す。
・その後、インサイトを行動に対応させる。つまり、各プロダクトチームに対して、取り組むべき目標を指示する。
・最後に、マネジャーは目標の進捗を積極的に追跡し、プロダクトチームを支援するために障害を取り除いたり、調整を行ったりできるような準備を整えておく必要がある。

## フォーカス

　会社のリーダー陣は、今年の全体目標を2点挙げた。1つは中核事業の継続的成長、もう1つは新しい拡張型プロダクトの探求である。

　ここでは、経営幹部が全体目標をわずか2つに絞り込んだことが、フォーカスの面で大いに貢献した。目標の数がもっと多かったら、プロダクト戦略の策定は、目標の数の絞り込みから始めざるをえなかったに違いない。

　どの会社にも、追求しようと思えばできる機会はいくつもある。同社では、対応地域の拡大や、雇用主へのサービス拡張（検証サービスやドラッグテストサービスなど）をまじめに検討していたが、この年の目標としては見送りになった。

　なお、コンテキストには、中核事業の仕事を犠牲にしてまで新しいビジネスチャンスを追求すべきでないという指針も盛り込まれた。

# インサイト

## ■「中核事業を成長させる」目標

　第一の全体目標は、中核事業の成長である。

　同社が望むビジネスの結果は25％の成長であり、もちろんこの成長を達成するための戦略はいくらでもある。しかし、リーダー陣は、現在のプロダクトを最適化しただけでは5～10％を超える成長が見込めないと気づいた。

　この市場ではまだ自然成長は止まっていないが、競合他社も新たに数社参入しているので、会社としてはあまり自然成長に期待したくない。

　雇用主側、求職者側の両方について既存顧客への対応をこれまで以上に向上させるとともに、一歩踏み出して新規顧客を獲得しなければならないと考えている。

　プロダクト戦略の策定業務では、主要なマーケットプレイスの健全性KPIとユーザーリサーチからの学びに基づく検討と議論が鍵となる。

　具体的には、雇用主は迅速にポストを埋めたいが、その一方で自社の採用担当マネジャーに資格を満たした候補者を複数紹介してもらいたいと考えている。

　雇用主は、応募が届かなければ露骨に失望する。また、ごく少数の応募しかなければいらいらして決定に時間がかかる。それはよくわかっていた。

　しかし、わかっていなかったこともあった。データの観察結果をもとに行われたユーザー調査の結果判明したのは、応募が多すぎても、多いなりの問題が発生するということだった。雇用主が応募を全部検討して採用の判断を下す時間がかかりすぎるのだ。さらに、応募が多すぎる仕事では、失望する求職者もそれだけ多くなる。

　データを分析した結果、資格を満たす応募が8件以上25件以下のときに、最も迅速にポストが埋まり、採用担当マネジャーが最も満足すると

判明した。

　数字に基づくと、雇用主の出稿した求人広告の28％は申し込みが少なすぎ、7％は多すぎるとわかった。それほど悪い数字には思えないが、問題は見かけより深刻だ。というのも、最も魅力的な求人が求職者の応募を過剰に集め、あまりに多くの求職者をがっかりさせているからである。ある求人に対して資格のある応募が十分に集まったら、アルゴリズムを用いて、もっと見込みのありそうな他の求人に候補者を誘導できないだろうか。

　同社は、このような状況が雇用主、特に応募が少なすぎる雇用主の離脱率と直接関連していると考えた。

　また、求職者、特に求人に胸を躍らせたのに返事の1つももらえない求職者の満足度にも関わってくると考えた。

　したがって、次の1〜2四半期（進捗による）の戦略的フォーカスとしては、各雇用主チームに、資格を満たす応募を8件以上獲得する求人の割合を上げ、25件を超える応募を得る求人の割合を下げる方法を検討してほしいと望んだ。こうすれば、雇用主の解約率を下げ、雇用主1人あたりの求人広告掲載数を増やしつつ、求職者が受ける返信の数も増やせるに違いない。

　求職者チームから見ると、求職者が仕事を見つけたいのはわかっている。時間には限りがある。自分に合う仕事を求めていて、いくつかの候補から選びたいと思ってはいるが、条件に合う求人を迅速に見つけるのが最も重要だ。

　データからは、マーケットプレイスの初めての利用から48時間以内に1件も応募しなかった求職者は、戻ってこない可能性が高いとわかっている。また、登録した求職者のうち1件でも応募するのは27％にとどまることも判明している。

　さらに、ネイティブモバイルアプリをダウンロードして求人検索を行った求職者と行わなかった求職者では成功率に大きな差がある事実も明らかになっている（前者が32％、後者が15％）。

最初のインサイトには特に驚きはなかったが（求職者に関わってもらうためのタイムリミットはわずか48時間である）、2番目のインサイトは衝撃だった。求人応募の中で登録作業が占める割合は大きい。同社は、登録作業を完了したにもかかわらず1件も応募しない人がなぜ多いのかを理解するのに苦心した。

そこで、次の四半期における第二の戦略的フォーカスとして、各求職者チームに、最初の48時間以内に少なくとも1つ適職を見つけて応募する求職者（特に登録した人）の数を増やす方法を検討してもらうことにした。

## ▌大企業の雇用主に関する目標

第二の全体目標は、比較的素直だ。簡単ではないが、明確だ。新しいプロダクトチームを設立し、そのチームに、全体目標に基づく明確な業務を割り当てる。

中核事業に関する多くの前提条件は、この新しいプロダクトには通用しない。大企業への販売は、採用担当マネジャー向けの直接販売と勝手がまったく異なるからである。したがって会社としては、新チームにはプロダクト・マーケット・フィットの特定から取り掛かり、他の仕事に気を取られずにこの目標にアプローチしてもらいたいと考えた。チームが新しいプロダクトについて先走ってしまうのは、あまりにありがちな事態だからだ。

新チームの業務はわかりやすいが、新チームが手がける必要のある仕事の一部は、他の複数のチームに影響を与えると予想される。

エンタープライズ市場におけるプロダクト・マーケット・フィットを示すというイニシアチブには、ほぼまるまる1年かかる可能性が高いうえに、他のいくつかのチームが業務内容を変更し、新チームをサポートする必要がある。雇用主チームではほとんど（あるいはすべて）のチーム、求職者チームでは少なくとも求人応募チーム、そしてプラットフォームチームのほとんど（あるいはすべて）だ。

したがって会社は、この業務へのサポートを、各チームが目標として確実に盛り込むようにする必要がある。

## ┃ リプラットフォーミングの目標

2つの全体目標がプロダクト開発業務の大半を牽引する一方で、経営幹部や取締役会ではなく、プロダクトリーダーから上がってくるもう1つの目標がある。

同社では、ここ数年の急成長に伴い、非常に大きな技術的負債への対応に苦慮していた。昨年、エンジニアリングチームは、チームをよりモダンな、AWSおよびマイクロサービスベースの実装に移行するための2年計画を提案した。

この計画では、20の主要なシステムコンポーネントを挙げ、四半期ごとに数個のコンポーネントに計画的な順序で対応し、全体で約2年間かかると見積もっていた。

なお、エンジニアリングチームは、他の業務を中断または延期すれば、より短い期間でリプラットフォーミングを達成できると考えていた。しかし、そうすると、ビジネスへの継続的な新機能追加が大きく中断されてしまう。

これはビジネスリスクが高すぎると考えられたため、インフラの再構築を2年間で行う漸進的な計画を決定した。当期は、この計画の第3四半期となる。

この業務のすべてではないが大半は、プラットフォームプロダクトチームの担当になると予想された。


# 行動

これで、インサイトを行動に変える準備が整った。言い換えると、リーダーたちが各チームに解決すべき問題への取り組みを依頼する準備が整ったということだ。

リーダーがプロダクトチームに単純に問題を割り振っても構わないが、そうすると重要な情報のいくつかが欠けてしまう。

リーダーは問題とインサイトについては理解しているが、各チームが利用できる実現技術や、チームが各種の問題に対して持っているアイデアや情熱は理解しようがない。

したがって、次のステップではこの四半期ごとのチームの目標に対する議論を、会社全体に対してオープンにする。リーダーとしては、プロダクトチームに、これらの問題に対処する最善の方法を考えてもらいたい。

そこでプロダクトチームのメンバーに、プロダクト戦略に関する話し合いの場に出席するように依頼した[59]。

このセッションでは、まずCPOが最新の全体目標を全員に伝え、次にプロダクト戦略と関連データ、特にインサイトの共有に移る。

リーダーたちは次のように説明した。近日中に、各プロダクトチームに対し、これら3つの目標に向けて解決すべき重要な問題を1つか2つ持って相談に行く。しかし、その間に、各チームにそれぞれの問題と、役に立ちそうなアイデアやテクノロジーについて考えておいてもらいたい[60]。

会社としては3つの目標すべてに対応するためにベストを尽くさなければならないため、全員が同じ問題に取り組みたいと思ったら成り立たない。

---

59 同社では、プロダクトチームのすべてのメンバーにこの戦略ブリーフィングへの参加を奨励した。企業によってはプロダクトマネジャー、プロダクトデザイナー、テックリードのみが対象で、プロダクトマネジャーのみを対象とする企業もある。これは社風、会社の規模、全員が1つのオフィスで働いているかといった要素で決まる。同社がほとんどの、あるいはすべてのエンジニアの出席を推奨しているのは、イノベーションにおけるエンジニアの役割を強く信じているからである。

60 ここで明確にしておくと、すべてのチームがすべての目標に貢献すると期待されているわけではない。チームごとに目標に対する向き不向きがあるからである。ただし、各チームには、個別のチーム目標と、より一般的な全体目標でどのように役に立てるかを考えてもらいたいし、有望なチャンスを見つけたときには知らせてもらいたい。

だが、あるプロダクトチームが、自分たちが役に立つと考える問題について特に前向きな見通しを持っている場合は、リーダーとしてできる限り希望に沿うにやぶさかでない。以上のような説明であった。

このプロセスは必然的にトップダウンとボトムアップの組み合わせになることに注意してほしい。すべてのチームには全体目標とプロダクト戦略を与え（トップダウン）、どうすれば貢献できるかを考えてもらう（ボトムアップ）。このときから、会社の年間目標をできるだけ達成できるように、チームとリーダー陣との間で何度も議論が行き来する。

しかし、KRは常にボトムアップで発案される。

# 目標マネジメント

次の章では、各プロダクトチームについて、チーム目標がどのような結果になったかを紹介する。ただ、その結果に至るまでに対処しなければならなかった多くの壁や難題について説明しておかなければ、誤解を招きかねないだろう。

発生した主な壁と対処方法を次に挙げる。

・ある1つのチームに仕事が集中しすぎた。雇用主ホームチームである。リーダー陣が発案したソリューションは、一部の業務を他のチームに割り振るか、1人または複数のエンジニアをチームに追加することである。結局、両方をある程度実施した。
・最も一般的な壁は、1つのチームが他チームとの依存関係を発見し、相手チームが四半期中に必要な仕事を終わらせてくれると当てにできるかどうかを知る必要が発生する、というものであった。これは、当四半期の計画中にも、四半期が始まって各チームが仕事に深く関わるようになってからも発生した。依存関係の大半はプラットフォームチーム絡みだったが、雇用主チームが行った変更の影響によって、求職者チームでも変更が必要になったケースもあった。どのケースでも、

マネジャーが関係者と直接話し合い、依存関係をうまく解決できるかどうか、解決できるならどのタイミングかを確認する必要があった。ほとんどのケースでは、役割分担の若干の変更により、どちらの当事者も満足させることができた[61]。

- 雇用主ホームチームは、目標を達成するために、SEOに関してプロダクトマーケティングチームの大幅な助力を得たいと申告した。マネジャーは、今四半期の間、SEO担当者をチームに入れる決定を下した。新規求職者ファネルのデータ分析から、雇用主向けホームのSEOを改善すれば、より適任の求職者を惹きつけて、その結果就職成功率もアップするだろうと考えた。

- インフラチームは、前四半期同様に技術的負債のリプラットフォーミング計画を共有した。しかし、1つのチーム（エンタープライズツール）は、リプラットフォーミングのタイミングが、現在作業中の重要な分野に支障をきたすと気づいた。結局、インフラチームは、この四半期に計画していたモジュールを変更して、無駄な作業を防いだ。

- 共有サービスチームは、各エクスペリエンスチームをサポートするために大量の作業を割り振られる結果となり、さまざまなチームから来る大量の要求に優先順位をつけるために手助けが必要となった。対策の一部は、優先順位についてリーダーから指針を与えることだった。しかし、エクスペリエンスチームに対して必要なソフトウェアの作成を許可し、そのコードを（共有サービスチームの承認を経て）プラットフォームに提供してもらう方法がうまくいった場合もあった。

---

61　ただし、エクスペリエンスチームが今四半期に製品を完成できるタイミングで、プラットフォームチームが必要な納品物の提供を約束できないケースもあった。こうしたケースでは、エクスペリエンスチームのソリューションのデリバリーが次の四半期にずれこむ羽目になった。

# 67

# プロダクトチームの目標

次に説明するのは、各プロダクトリーダーと各プロダクトチーム間の交渉の結果であり、依存関係に気づいたチーム同士の交渉の結果でもある。

チームが提案した当初の目標がうまくいった場合もあったが、場合によっては、会社の年間目標をできるだけ達成できるように、何度も議論が行き来した[62]。そのときのやりとりの大部分は、それぞれの目標に対して求める野心のレベルに関する議論に反映された。

チームの目標は、プロダクトチームのすべての仕事を網羅すべく設定するものではないことを忘れないでほしい。どのチームにも他の仕事がある。具体的には、いわゆる「定常業務」と、その他否応なしに発生する問題である。チームの目標には、全体目標をサポートするための重要な仕事を網羅する意図がある。

これらの目標は、解決すべき問題であってソリューションではないと

---

62　この議論の行き来は正常であると力説しておきたい。これは、リーダーからの提案とチームからの提案の両方が存在するという事実の反映である。

いう点を覚えておいてほしい。各チームは、プロダクトディスカバリーでソリューション候補を試し、うまくいくエビデンスがある場合にソリューションを追求してほしいと期待されている。これが、エンパワーされたチームの意味するところである。

また、複数のチームに同じ問題の解決が割り当てられているという特徴にも気づくかもしれない。ほとんどのケースでは、これは特に重要な問題の解決を目指すための共通目標である。つまり、複数のチームが、専門分野に即して問題解決に挑戦するように依頼されるわけだ。これは問題ない。プロダクト戦略の結果であり、このケースでは適切だと私は思う。ただし、必ずしもそうしなくても構わないということは押さえておきたい[63]。

共通目標を持った各チームは緊密にコミュニケーションを取って連携する必要がある。また、マネジャーは必要に応じて断片的な事実を結びつけていかなければならない。これは、主に継続的なコーチングの一環として発生する。

## 会社のスコアカード

プロダクト戦略関連のKPIを含む、会社のスコアカードの一部を次に示す。

**雇用主**：雇用主の採用成功率を上げる
（60日の広告掲載サイクルの間に採用に至ったポストの割合）

・現在の雇用主の採用成功率：37％
・資格を満たす応募が8件未満だった求人広告の割合：39％

---

[63] 別途記載のない限り、すべての主要な結果は野心に基づくものである（コミットメントではない）。野心の具体的なレベルは、コラム「野心のレベル」を参照してほしい。

・資格を満たす応募が25件を超えた求人広告の割合：7％

・資格を満たす応募が8〜25件の求人広告の割合：54％

・アカウントあたり平均求人広告掲載数：5.9

・雇用主解約率（年間）：6％

**求職者**：求職者の就職成功率を上げる

（60日の求職期間中に就職に至った求職者の割合）

・現在の就職成功率：23％（平均）

・最初の48時間で1回以上応募した登録済み求職者の割合：27％

・アプリユーザーの就職成功率：32％

・アプリを利用していないユーザーの就職成功率：15％

・求職者の平均応募数：3.2

## ▌雇用主チーム

　**雇用主ホーム**：雇用主ホームチームは、十分な求人広告と求職者のデータが十分に蓄積されたので、採用担当マネジャーが求人広告を作成する際に合理的ですぐれたお勧めができるようになると考えた。この機能により、求人広告が採用につながる度合いが飛躍的に増加する。

**目標（O）：お勧めを通じて、雇用主の採用成功率を上げる。**

　・KR：雇用主の採用成功率を37％から39％に引き上げる。

　・KR：8〜25件の応募を獲得する求人広告の割合を54％から58％に
　　引き上げる。

　**採用担当者ツール**：採用担当者ツールチームは、エンタープライズ向けの目標により多大な影響を受けると予想されたため、新市場を追求する新しいエンタープライズツールチームの隣で仕事をすると提案した。採用担当者ツールを改善してエンタープライズ向けのニーズを満たすた

めに必要なことなら何でもするという態勢である。これは、エンタープライズツールチームとの共同目標である[64]。

## 目標（O）（エンタープライズツールチームと共通）
・KR（エンタープライズツールチームと共通）

**プレミアムサービス**：プレミアムサービスチームには、リスクが高いが重要な意味を持つ可能性のある理論があった。いくつかのサービスを、すべての求人広告で利用できるようにすべきではないかと考えたのだ。それらの機能によってうまくいく求人が増え、解約率が低下するエビデンスがあるので、全体として総収益が向上するのではないかというわけだ。そこでプレミアムサービスチームは、一連のターゲットテストを実施して、この仮説の検証を提案した。解約率の低下が数字に現れるまでには時間がかかるが、雇用主の採用成功率の向上は見込めると期待している。

## 目標（O）：プレミアムサービスを通じて、雇用主の採用成功率を上げる。
・KR：（コホートテストにおける）雇用主の採用成功率を37%から40%に引き上げる。
・KR：（コホートテストにおける）リスティング広告の収益が変化なしまたはプラスになる。

**雇用主向けコミュニケーション**：雇用主向けコミュニケーションチームは、新しいCRMのベストプラクティスを活用して、リクルーターや採用担当マネジャーとのやりとりを効率化し、候補者をより迅速に正式採用に導けると考えた。

---

64　これがチームの共同目標の例である。雇用主ツールチームは、チームの共同目標を解決するためのコラボレーションとして、採用担当者ツールチームおよび2つのプラットフォームチームと緊密に協力する。

**目標（O）：コミュニケーションを通じて、雇用主の採用成功率を上げる。**

・KR：雇用主の採用成功率を37％から40％に引き上げる。
・KR：8〜25件の応募を獲得する求人広告の割合を54％から56％に引き上げる[65]。

　エンタープライズツール（新規チーム）：この新しいチームは、エンタープライズ向け目標のイニシアチブを主導し、必要に応じて他のチームと協力した。営業部門がすでに特定したエンタープライズの見込み顧客8社に対して、ただちに顧客発見プログラムに取り掛かった。初期見込み顧客の力を借りて、新しい市場を発見し、プロダクト・マーケット・フィットを実現しようというわけだ。

**目標（O）：エンタープライズ市場におけるプロダクト・マーケット・フィットを示す。**

・KR：顧客発見プログラムに参加した顧客のうち、購入同意書に署名してくれる顧客を少なくとも8社獲得する[66]。

## ▌求職者チーム

　求職者ホーム：求職者ホームチームは、過去のデータを活用して求職者ホームダッシュボードに合理性の高いカスタマイズを加えれば、より

---

65　どの変更がどのインパクトを与えたかを各チームが知った方法については、コラム「KRのアトリビューション」を参照してほしい。

66　このエンタープライズツールチームの最終的な成功指標は、最初に発売するエンタープライズ製品において、少なくとも6社のリファレンスカスタマーを開拓することである。しかし、リーダーとチームは、その目標達成には1四半期では足りないと予想した（ただし、可能であれば2四半期のうちに実現したいと考えた）ため、このビジネスの結果の実現に向けた確実な進歩を示す優れた中間KPIは何かという議論が持ち上がった。指標には、顧客開発プログラムへの積極的な参加を用いると決定した。少なくとも8社の顧客が（法的拘束力のない）購入同意書に署名してくれれば、製品完成の暁には数社は買ってくれるだろうと期待するのが合理的だろうとの考えだ。これは、製品に関する約束を実行するチームにかかっている。

適した職を求職者に案内できると考えた。これは、お勧め求人チームとの共同目標である。

**目標（O）：お勧めを通じて、求職者の就職成功率を上げる。**

・KR：求職者の就職成功率を23％から25％に引き上げる。

・KR：48時間以内に初めて応募する求職者の割合を27％から30％に引き上げる。

**求人検索**：求人検索チームは検索パラダイムを拡張して、いったん求職者が希望するポジションの説明を入力したら、新しい求人を絶えずスキャンして、一致する求人が新しく発生したらすぐに通知するようにできると考えた。

**目標（O）：検索を通じて、求職者の就職成功率を上げる。**

・KR：求職者の就職成功率を23％から25％に引き上げる。

・KR：検索結果からの応募の割合を０％から３％に引き上げる。

**お勧め求人**：お勧め求人チームは、お勧めの品質を上げ、求職者が適性に気づいていない仕事を見つける手伝いができると考えた。これは、求職者ホームチームとの共同目標である。

**目標（O）：お勧めを通じて、求職者の就職成功率を上げる。**

・KR：求職者の就職成功率を23％から25％に引き上げる。

・KR：お勧めからの応募の割合を３％から５％に引き上げる。

**求人応募**：求人応募チームは、応募プロセスを大幅に洗練させる取り組みを表明した。いったん求職者が１件の求人に応募した後は、デバイスやタイミングを問わず他の求人への応募が飛躍的に迅速かつ簡単になる。

**目標（O）：応募機能の改善を通じて、求職者の就職成功率を上げる。**

・KR：求職者の就職成功率を23％から25％に引き上げる。

・KR：求職者1人あたりの平均応募数を3.2件から4件に引き上げる。

　求職者向けコミュニケーション：求職者向けコミュニケーションチームは「最初の48時間」をモットーに掲げた。そして、最初の応募が行われるまでのエクスペリエンスをもっと豊かに、タイムリーにするための一連の実験を計画した。

**目標（O）：コミュニケーションを通じて、求職者の就職成功率を上げる。**

・KR：求職者の就職成功率を23％から25％に引き上げる。

・KR：48時間以内に初めて応募する求職者の割合を27％から30％に引き上げる。

　モバイルアプリ：モバイルアプリチームは、さらなるエンゲージメントを促すため、リアルタイム通知への集中的取り組みを申し出た。最初の48時間と、新しい求人候補が見つかったときの両方だ。

**目標（O）：アプリを通じて、求職者の就職成功率を上げる。**

・KR：アプリユーザーである求職者の就職成功率を32％から35％に引き上げる。

・KR：初回の求職者のうち、アプリをインストールして使用する人の割合を17％から20％に引き上げる。

・KR：アプリストアにおける過去30日の評価を3.0から3.5に引き上げる。

## ▎プラットフォームチーム

　プラットフォームチームの存在意義は、雇用主と求職者のエクスペリエンスチームの目標達成支援にあるため、今四半期におけるプラットフォー

ムチームの目標のほとんどは、必然的に他のチームの目標をサポートする内容になる。

**共有サービス**：複数のチームが通知に取り組む必要性を感じたため、共有サービスチームは、必要なサービスのサポートの提供を約束した。

## 目標（O）：エクスペリエンスチームをサポートするために必要なテクノロジーを提供する。

・ハイインテグリティーコミットメント：通知システムのバージョン1.0を納品する[67]。

**支払いおよび請求**：エンタープライズツールチームは支払いおよび請求チームに、都度取引の処理だけではなく、締め日に基づく月極の請求口座を開設できるようにするように依頼した。これは、エンタープライズツールチームとの共同目標である。

## 目標（O）：エンタープライズ市場におけるプロダクト・マーケット・フィットを示す。

・KR（エンタープライズツールチームのKRを継承）

**データおよびレポート**：エンタープライズツールチームは、データおよびレポートチームに、全社レポート機能の作成と、複数のユーザー（採用担当マネジャー）がそれぞれアカウントを持っている場合に総計レポートを作成できる支援機能の作成を依頼した。これは、エンタープ

---

67　なぜこれが、いわゆる「定常業務」に属する通常の依存関係、あるいはチームの共同目標ではなく、ハイインテグリティーコミットメントなのか、不思議に思うかもしれない。ハイインテグリティーコミットメントは、重要な納品物に対してのみ設定し、重要でない依存関係に対しては設定しない（そのような依存関係は常にたくさんある）。なぜチームの共同目標にしないのかといえば、各チームはすでに議論の上で通知サービスが必要だと判断し、利用開始できるタイミングのみが問題になっているからである。

ライズツールチームとの共同目標である。

**目標（O）：エンタープライズ市場におけるプロダクト・マーケット・フィットを示す。**

・KR（エンタープライズツールチームのKRを継承）

　**インフラ**：インフラチームは、膨大な技術的負債の問題に対応するための２年間にわたるリプラットフォーミングの途中だった。エンタープライズ向けプロダクト開発の登場を受け、チームは仕事の順番を調整して、新しいプラットフォームにATSを統合できるようにした。これなら、従来と比較して大幅に高速で、かつ後から再実装する必要がない。

**目標（O）：引き続き、重要な技術的負債のリプラットフォーミングに取り組む[68]。**

・ハイインテグリティーコミットメント：さらに４つの重要なシステムコンポーネントを新アーキテクチャーに移行完了する。ただし、リプラットフォーミングの間、すべてのチームが引き続き仕事を前に進められるように万全の対策をとる[69]。

　**ツール**：ツールチームは、エンタープライズ向け統合ニーズに対応するため、柔軟性が向上したリアルタイムモニタリング機能にフォーカスするように依頼された。

---

68　これは四半期をまたがる目標の例である。技術的負債への対応は２年計画だが、継続的な複数年目標とはいえ、少なくとも四半期ごとには有意義な進展がなければならない。
69　これはハイインテグリティーコミットメントではなくKRにもできるが、よりモダンなプラットフォームに移行する際に速度、信頼性、スケーラビリティ、パフォーマンス、フォールトトレランス面の改善を定量的に評価することは、ソフトウェア分野の中でも非常に難しい問題である。だからこそ、技術的負債対応のハイインテグリティーコミットメント化はきわめて難しく、個人的には試しにやってみるのもお勧めできない。ただ、リーダーには、事業を続けたいのであればやるべき仕事を他人に押しつけず自らやるべきだ、と伝えたい。

**目標（O）：エンタープライズ市場におけるプロダクト・マーケット・フィットを示す。**

・KR（エンタープライズツールチームのKRを継承）

```
Callout
```

# 野心のレベル

　野心に基づくKRについては、チームが当該四半期のKRの達成にどのくらい野心的に取り組むかを明確に理解しておくことが重要である。

　ただ、ここは社風が透けて見えるポイントでもある。非常に野心的な目標を奨励する会社もあれば（ムーンショット）、保守的な姿勢を促す会社もある（ルーフショット）。KRに自信度レベルを盛り込むように依頼する会社もある（例：「自信度70％のKRを設定してほしい」）。

　今回紹介した会社では、リーダーたちは主観的な言葉を用いて、各チームに求める野心のレベルを説明した。おおむね、やや野心的な目標が求められた。リーダーたちが、ルーフショットでは必要な結果が得られないと考えたからである。

# CHAPTER 68

# ビジネスの結果

　結果がどうなったか知りたい皆さんのために、当四半期の結果と、さらに1年後の観察結果をここで紹介する。

　8〜25件の応募を獲得する求人を増やす集中的な取り組みは、まさに報われた。これは主に、すでに十分な応募が集まっている求人にさらに応募が集まって無駄になっていたので、そうした応募が分散した結果だった。四半期の最後に、同社は「成功した求人」のKPIを37％から41％に引き上げたが、さらにすばらしいことに数字は伸び続け、年度末には45％近くにもなった。これによって、雇用主の解約率も大幅に減少し、6％から5.1％になった。

　これまで見てきたように、同社はこの問題にさまざまな角度から取り組み、そのうちのいくつかでも成功することを期待した。最も大きなインパクトがあったのは、お勧め求人チームのアプローチであった。求職者は気がついていないが、システムとしては資格を満たしていると考える求人を表示する機能である。この機能はただちに功を奏しただけではなく、その後少なくとも2年間にわたって継続的に改善された。

　求職者側では、初回登録と初回応募のワークフローについて、抜本的

な変更を行う羽目になった。主に初回応募を大幅に簡素化して登録プロセスとの一体性を高めたおかげで、48時間以内に最初の応募を行う求職者の数が飛躍的に向上した（27%から42%）。

また、ネイティブモバイルアプリへの投資も有益であると証明された。この後、数四半期にわたり、同社はプロダクトマーケティング部門との整合性を向上させ、アプリをインストールする求職者が増えるように促した。

大企業への販売に関するプロダクト・マーケット・フィットを達成するという目標に関しては、6社のリファレンスカスタマーを獲得するために丸々2四半期かかったが、その過程で直販チャネルを構築することができた。しかし、採用担当マネジャーにオンラインで直接販売する形態から直販部隊が人事部に販売する形態に移行するには、予想より大幅な変更が欠かせないと判明した。セキュリティとアクセス管理、データとレポート、支払いと請求といった、必須の基礎的な機能を必要なレベルまで持っていくために、ゆうに半年以上かかった。

もし、各プロダクトチームに感想を直接聞いてみたら、おそらく最も目覚ましい結果はリプラットフォームの進展だったというだろう。これは丸2年かかったが、おかげで各チームの行動がずっと迅速になり、各チームの業務とのすり合わせも大幅に改善された。

ほとんどのプラットフォームチームでは、プラットフォームプロダクトマネジャーの役割をテックリードが担当していた。一部のチームでは、特に問題にはならなかった（インフラ、ツール、共有サービス）。しかし、他のチーム（支払いおよび請求、データおよびレポート）では、事業の複雑さや制約がテックリードの手に負えなくなったため、その年の後半になってプラットフォームプロダクトマネジャーが追加された。

まとめると、成功の度合いはチームごとにさまざまだったが、同社の従業員、リーダー、投資家は進捗に大変満足した。また、各プロダクトチームが必要な水準のイノベーションを達成したことが認められ、賞賛を受けた。会社が成長を続ける中でやるべき仕事はまだまだ多いが、各

プロダクトチームは着実な進歩を遂げたといえる。

　リーダーたちは社内の経営幹部やステークホルダーに対してオープンで透明性の高い姿勢で臨んでいたが、これらのリーダーの何人かは私に、テクノロジー製品がどのように生まれるか、特にとりわけ難しい問題を解決するためにどの程度の試行錯誤が必要かについて、理解が大いに深まったと教えてくれた。

CHAPTER **69**

# 重要なポイント

　このケーススタディを粘り強く読み進んできた読者の方には、優れた
プロダクト組織が実際にどのように機能するかのイメージが明確になっ
ていれば幸いである。

　課題と重圧を抱えた実在の急成長企業の事例から、私がぜひ学んで持
ち帰ってほしいと思う10の最重要ポイントを次に挙げる。

1．トポロジー、プロダクト戦略、チームの目標から、四半期中に発生
　　する問題や障害の臨機応変なマネジメントまで、プロダクトリーダ
　　ーが果たすべき重要な役割。

2．フォーカスとインサイトに基づく真のプロダクト戦略の重要性。プ
　　ロダクト戦略は、各プロダクトチームにどの問題を解決してもらう
　　かを示す。リーダーたちは、インパクトの大きい少数のインサイト
　　に基づいて戦略を組み立ててから、ほとんどの組織に対して問題を
　　解決するように依頼した。結果は、戦略次第で決まるのだ。

3．チームの目標を積極的にマネジメントする重要性。プロダクトチー
　　ム自身によるマネジメントと、プロダクトリーダーによるマネジメ

ントの両方が重要である。チームが目標に集中して取り組まなければ、何かしら邪魔が入り、いずれ四半期の大半が過ぎても作業が十分に進んでいないという羽目に陥る。

4．エンパワーされたチームと伝道師のチームの価値。この事例で起こったすべてのイノベーションは、エンパワーされたチームが、顧客と会社に大きな違いをもたらしうるような難題に、胸を躍らせながら取り組んだところから来ている。

5．知ることができる情報とできない情報に関する制約。リーダーたちには、アイデアのうちどれが実を結び、どれが実を結ばないかを事前に予期する方法は存在しないとわかっていた。その現実に即して計画したのである。

6．一部しか功を奏さないとわかっていても複数の方法に賭ける、というリスクマネジメント要素。リーダーたちは、データに関するインサイトの優秀さ、メンバーやチームへの信頼の大きさ、チームがインパクトをもたらす自己の能力をどれほど確信しているかなどに基づいて、複数の方法に賭けた。

7．インサイトを行動に変える際にチームトポロジーが与えるインパクト。トポロジーが異なると仕事の割り当ても違ってきて、結果もまったく変わってくる可能性が高い。良い方向か悪い方向かは別として、異なるのは間違いない。トポロジーには明確な利点があるとともに、重大な制約も伴うのだ。

8．リーダーとプロダクトチームに必要なギブアンドテイク。一部はトップダウン、一部はボトムアップでやりとりされる。リーダーがチームメンバーに得意分野の仕事への立候補を促すのは、責任放棄ではない。希望を積極的に受け入れようとする姿勢が、チームのやる気を向上させるために大いに役立ったのである。

9．すべてのプロダクトチーム間における広範囲の戦略コンテキストの共有の重要性。プロダクトチームが優れた判断を下すには、全体像を持ち、プロダクトビジョンとプロダクト戦略、特にプロダクト戦

略の背後にあるインサイトを理解しなければならない。

10. 不確かなことは面倒で、うまくいく保証はない。しかし賢いリーダーはたいてい、うまくやる方法を見つける。それは、チームを信頼し、不確かさを受け入れ、リスクを適切に管理するからである。

　すべての会社の置かれている状況は異なり、市場での立ち位置、擁する人材、実現技術、社風もさまざまである。この求人マーケットプレイス企業で何かがうまくいったからといって、貴社でもうまくいくとは限らない。それでも、この事例によって、留意しておきたい考慮事項や、発揮しなければならないリーダーシップの感触をよくつかんでいただけると幸いである。

# 70

# ジュディ・ギボンズ

## リーダーシップへの道

　ジュディはロンドン・ビジネス・スクールで学び、私と同時期に同じ会社（Hewlett Packard）で社会人としての一歩を踏み出した。

　ジュディはまだPC全盛の時代に、同社でプロダクトマネジメントとプロダクトマーケティングについて学んだ。勤務地こそ英国とシリコンバレーで離れていたが、私たちは友人になり、私はそれ以来ずっと彼女のキャリアとリーダーシップを目の当たりにしている。

　HPからAppleに転職して、7年間をプロダクト開発、プロダクトマネジメント、テクノロジーエバンジェリズムの各部門で過ごし、のちにMicrosoftに移籍して世界中の消費者向けのインターネットビジネス（MSN）に10年間従事した。

　Microsoftを退職後は、スタートアップ企業への助言と投資を手掛けるようになり、トップダウンによる改革の必要性を認識した複数の企業で取締役や理事長を務めている。

　キャリアの中で、テクノロジーに基づいたビジネスのほとんどあらゆ

る側面を経験し、急成長企業のリーダーとしての教訓も多く学んでいる。

# リーダーシップの実践

ここからは、ジュディ自身に語ってもらおう。

私はHewlett Packardで社会人としてのスタートを切る幸運に恵まれました。英国とシリコンバレーの両方に勤め、最初はシステムエンジニア、その後プロダクトマネジャーを経験しました。

ビル・ヒューレットとデイブ・パッカードは、「HP Way」として明文化されている、価値観に基づく非常に強力な社風と経営原則をつくり上げました。

その中には、「当社では、適切な人材を採用して信頼し、目標を達成するために最善の道を見つける自由を持たせ、その仕事が実現する功績を共有してもらうときに最善の結果が得られると考えています」といった内容が含まれます。

これが形を変え、「常に自分より賢い人を採用する」「従業員をエンパワーする」「顧客第一」などの他の慣行にもなっています。

またHPは、現代のOKR手法の基礎をなす、MBO（目標による管理）導入のパイオニアです。HPでの７年間できわめて多くの学びがあり、それがキャリア全体にわたって心に残っています。

強力な価値観と、コラボレーションとエンパワーメントの社風が備わっていない会社を見ると、素晴らしいカスタマーエクスペリエンス、そしてビジネス価値の実現に苦労するのが予想できます。

テクノロジーは多くのことを可能にしますが、顧客のニーズが満たされなければ、ビジネスのニーズは満たされません。

HPの後、私はAppleに入社しました。スティーブ・ジョブズは、テクノロジーによって実現できる世界を説得力のあるビジョンで描き、同時にカスタマーエクスペリエンスにこだわりぬくことの重要性と力を、

見事に示していました。

　AppleのプロダクトチームはHP以上に多様で、スキルを効果的に組み合わせて卓越したイノベーションを実現するプロダクトデザイナー、プロダクトマネジャー、開発者を擁していました。

　その次にMicrosoftに入社し、消費者向けインターネットサービスのMSNを立ち上げました。これは、ウェブという新しいプラットフォーム上で稼働し、頻繁にコンテンツが更新されるプロダクトでした。もちろん、新しいビジネスモデルでもありました。その結果、プロダクトチームはさらに多様化し、ジャーナリスト、プロデューサー、広告の専門家などが加わるようになりました。

　それでもニーズは同じでした。明確なビジョン、現在可能なことを踏まえた創造力、顧客からの学び、そしてたゆまぬ繰り返しです。

　このところ多様性が大いに話題になっていますが、プロダクトチーム以上に多様性が重要な職場はありません。創造力に富む情熱的な人々に、アイデアを探求する自由を与えると、すばらしいことが起こりえます。

　最初のアイデアを生み出すには創造力が必要です。生まれたアイデアは、批評し、評価し、練り上げる必要があります。さまざまな可能性を考察してから、最も潜在的価値が高いアイデアにフォーカスしなければなりません。こうしたさまざまな活動を組み合わせて、現代の世界で最も成功に適した柔軟な形で切り替えられるのが、プロダクトチームなのです。

　Microsoftを退社した後は、テクノロジー分野のスタートアップ企業に投資する大手ベンチャーキャピタル、Accel Partnersに入社しました。起業を志す方のトークを何百件も聞きましたが、テクノロジーやプロダクト開発部門のリーダーが創業チームにいない会社がどれほど多いかに衝撃を受けました。多くの方は、プロダクト開発をアウトソーシングする計画を語りました。これでは、テクノロジーに基づくプロダクトやビジネスがどのように生まれるかをまったく理解していないのが明らかです。

　ここ10年間は幅広い企業の取締役会に参加していますが、その多くはいわゆる「デジタルトランスフォーメーション（デジタル変革）」の途上にあります。

　この取り組みのアウトカムは、顧客にとって説得力のあるデジタルエクスペリエンスの実現でなければなりません。そのためには、エンパワーされたプロダクトチームが必要になります。

　そのための条件を整えるには、リーダーは明確で説得力のある目的とビジョンを確立し、伝えなければなりません。つまり、会社が何を、なぜやろうとしているのか、ということです。トップが自ら顧客にこだわり、どんな人たちで、何を求めていて、どう行動するのかを学ぶ必要があります。

　そして、ソリューションを開発するには、有能なプロダクトマネジャーが率いる、フォーカスのきちんと定まった効果的な職能横断型チームが、プロダクトビジョンに基づいてデリバリーできるようになっている必要があります。つまり、明確な目標、説明責任、定期的なやりとり、継続的な学びが不可欠です。

　リーダーは期待の度合いを設定し、必要な境界線を認める（ただし、進歩を邪魔するものは取り除く）ようなガバナンスを確立し、必要なツールやリソースを提供してチームをサポートします。それが終わったら、邪魔をせずにチームに任せる必要があります。このような働き方、価値観、行動の導入をシニアリーダーが支持することが鍵になります。

　いまだに多くの会社がエンパワーメントをせずに命令・統制型リーダーシップを選ぶのはなぜだと思うか、マーティに聞かれました。

　選んでいるのかどうか以前に、選んでいるという意識があるのかどうか、私にはわかりません。多くの場合、リーダーがそのモデルしか知らないように見えるからです。それを変えるのはとても難しく、強力なリーダーシップに加え、適切な社風と価値観を生み出すための継続的で真剣な取り組みがなければうまくいきません。リーダーは、縦割り構造を破壊し、効果的な職能横断型コラボレーションをサポートする新しい働

き方を確立しなければなりません。

　取締役会の一員として、私はシニアリーダーにこうした原則と価値観を伝えようと試み、プロダクトチームがエンパワーされていなければならないと強調しています。そうしなければ、進歩は少なく、フラストレーションはきわめて大きくなり、会社が求め、多大な手間とコストをかけて招き入れたデジタル人材が、必然的にもっと働く価値のある職場を求めて退職してしまうでしょう。

PART **IX** BUSINESS
COLLABORATION

# ビジネス
# コラボレーション

有能なプロダクトリーダーとエンパワーされたプロダクトチームは必要だが、通常はそれだけでは十分ではない。

　なぜなら、プロダクト開発業務は全社的なコンテキストの中で発生するからだ。CEOはもちろんのこと、他の経営幹部や、会社の他部門を代表する各種のステークホルダーも同じように重要だ。

　ただし、他部門と仕事上で必要な関係を確立することは、難しさのレベルが違ってくる。高い感受性と繊細さが求められるのだ。

　たとえばあなたの会社で、事業に奉仕するための機能開発チームが明らかに定着しているとする。この機能開発チームを、ビジネスがうまくいく形で顧客に奉仕するための、エンパワーされたプロダクトチームに置き換えたい。

　そのために実際に必要なのは、従属型モデルからコラボレーティブモデルへの移行である。

　最上位の経営幹部に、普通の人々からなるチームをコーチングによって並外れたチームに生まれ変わらせることができるのだと、心の底から認識を改めてもらわなければならない。

　これは他部門に影響が及ぶだけに、非常に大きな変更である。ここでは、この変更がもたらす影響と、プロダクトリーダーがどのように会社のマインドセットと責任範囲の変更を主導していけるかについて説明したい。

CHAPTER / **71**

# プロダクトリーダーの役割

　従属型機能開発チームからコラボレーティブでエンパワーされたプロダクトチームへの移行は、信頼から始まる。特に、プロダクト組織と他部門のリーダー間の信頼が欠かせない。そうした信頼の鍵はプロダクトリーダー、特にCPOにある。

　周りに自信を抱かせ、CEOやその他の重要な経営幹部に信頼されている有能なCPOがいなければ、信頼を培うのは長く困難な道のりになる。

　ここで、ある前提条件の存在に注意してほしい。私たちは、プロダクトリーダーが、経営幹部や社内の他のステークホルダーとおおむね同格であると仮定している。

　テクノロジーに基づいたプロダクト企業では、一般的にそうなっている。しかし、インターネット以前からの古い企業には、プロダクトリーダーがCIOやCTOの部下として埋もれていたり、個別の事業部内に置かれていたりする（これらはすべて、従属型機能開発チームモデルの明確なサインだ）。

　この場合、社内政治の事情で、CPOが販売担当シニアバイスプレジデント、最高マーケティング責任者、最高財務責任者などの役職にある

人とコラボレーティブな関係を築くのが難しくなる。

　この前提条件がなぜ重要なのだろうか。経営幹部にとっては、必要な経験や知識が備わっているとも思えない、顔も知らない格下の人物を信頼するより、同格の人物を信頼するほうがずっと楽だからだ。

　いずれにしても、プロダクトリーダーはCEO（超大企業ではゼネラルマネジャー）や、その他の重要な経営幹部と直接の関係を確立しなければならない。重要な経営幹部とは一般的に、営業、マーケティング、サービス、財務、法務、事業開発などのリーダーである。この陣容は会社によって多少異なる。

　この関係の基礎にあるのは、経営幹部の信頼である。プロダクトリーダーが事業を深く理解していて、提示するソリューションが事業のさまざまな側面に照らしてうまくいくように尽くしている、と信じてもらえなければならない。

　これは、プロダクトリーダーの最低限の資質である。それをクリアしたプロダクトリーダーは、次の3つの観点に基づいて評価される。

1．ビジネスの結果
2．プロダクト戦略
3．プロダクトチーム

## ビジネスの結果

　結局のところ、会社がエンパワーされたチームモデルに移行する唯一の真なる動機は、結果——ビジネスの結果だ。

　そもそも会社がこのような検討を始めた理由は、従来の方法で必要な結果が出ていなかったからである可能性が非常に高い。だからこそ、プロダクト開発部門が成果を上げるのが重要になってくる。そのためには、的を絞った計画的なプロダクト戦略が存在し、プロダクトチームがエンパワーされていて結果に対する説明責任を負えることが重要になる。

## プロダクト戦略

　機能開発チームでは、会社の各部門のニーズを満たす以外に実質的な
プロダクト戦略が存在しなかった。

　エンパワーされたプロダクトチームの場合は、会社のプロダクト戦略
ができあがったら、この戦略を経営幹部と共有するのが重要である。そ
うすれば、重点分野を選んだ理由と、取り組むべき仕事に関する意思決
定の理由が伝わるからだ。

　また、重要な経営幹部やステークホルダーの発見が、最も重要なイン
サイトにつながる場合は珍しくない。このようなときは、そのインサイ
トの出元について名前を気前よくクレジットするのが重要である。イン
サイトの絶え間ない探求と活用を促す社風を培おう。

## プロダクトチーム

　エンパワーされたプロダクトチームモデルを採用する会社は、本物の
仕事はプロダクトチームで起こるものであり、ビジネスにとって難しい
問題を解決する能力は、チームのメンバー、特にプロダクトマネジャー
にかかっている、とすばやく学ぶ。プロダクトチームのメンバーがプロ
ダクトマネジャーを、そして間接的にはプロダクトリーダーを評価する
ことになる、と認識してほしい。

　私がプロダクトリーダーに、あなたの評価は最も能力の低いプロダク
トマネジャーと同等です、と伝えるようにしているのはこのためである。

　また、オンボーディング中の新入社員（主に新任のプロダクトマネジ
ャー）が重要な経営幹部やステークホルダーに接触する前に、やるべき
自己学習をやって、顧客とビジネスを真の意味で理解していることをマ
ネジャーが確認しておくのが重要になってくるのも同じ理由である。顧
客を深く知らなければ、信頼は得られない。

　それから、プロダクトリーダーは新入社員を重要な経営幹部に個人と

して紹介する必要がある。紹介の際には、新入社員の知識と能力について、プロダクトリーダー個人が請け合っている、つまりプロダクトリーダーの名誉も賭けているのだと認識してほしい。

　こうして見ていくと、プロダクトチームの成功はすべて、有能なプロダクトリーダーを擁することにかかってくる。この重要な役職に、必要な能力が備わっていない人を任命するミスはしないでほしい。やむをえずそうしなければならない場合は必ず、実績のあるプロダクトリーダーによるエグゼクティブコーチングを受けさせるようにしよう。

CHAPTER **72**

# ステークホルダーマネジメントと
# コラボレーション

　本書では「ステークホルダーマネジメント」のトピックにあまり踏み込んでいないことにお気づきかもしれない。それは、この用語が、エンパワーされたプロダクトチームよりも機能開発チームにありがちな考え方を表しているからだ。

　ここで誤解してほしくはないが、エンパワーされたプロダクトチームがステークホルダーを気にしなくて構わないと言っているのではない。関係性が違うのだ。

　機能開発チームは事業に奉仕するために存在している。「事業」は1つまたは複数のステークホルダーに代表され、チームがステークホルダーからの要求や要望に圧倒されないように、ステークホルダーは「管理」されなければならない。

　ほとんどの機能開発チームでは、プロダクトマネジャーの仕事で最も嫌がられているのは、ステークホルダー対応である。機能開発チームのプロダクトマネジャーは、すべてのステークホルダーを満足させるのは

絶対に不可能だと感じてしまう。単純に時間も人も足りないうえに、ステークホルダーが意味のわからない要求をしてくる場合すらある。

　繰り返しになるが、エンパワーされたプロダクトチームがこれらのステークホルダーを無視すればいいとも、無視できるとも言っていない。だが、機能開発チームとエンパワーされたプロダクトチームでは関係の質が根本的に異なり、後者のほうがずっと建設的で、イノベーションに貢献する。

　エンパワーされたプロダクトチームにおけるチームの役割は、顧客に愛され、かつビジネスになるプロダクトを開発して顧客に奉仕することである。ステークホルダーは、機能するソリューション（具体的には、価値、ユーザビリティー、実現可能性、事業実現性を備えたソリューション）を発案するために協力する必要のあるパートナーである。特に、ステークホルダーは事業実現性の面で役に立ってくれる。

　たとえば、法的制約と各種の対応方法について、社内弁護士と話し合う必要が生じる場合がある。あるソリューションを顧客がどれだけ気に入ろうと、違法であれば非現実的なことは自明である。

　ステークホルダーは、開発すべきプロダクトを指示する（マネジメントが必要な）「クライアント」ではなく、機能するソリューションを発見できるように、制約を理解する手助けをしてくれる、必要なパートナーになるのだ。

# エージェンシーモデル

エージェンシー（代理店）は、デザイン会社にしても開発会社にしても、クライアントにサービスを提供するために存在している。

そのように考えた経験はないかもしれないが、機能開発チームは実のところ、エージェンシーモデルと非常に似通っている。主な違いは、機能開発チームが内製なのに対し、エージェンシーモデルは外注だということである。

こうしたエージェンシーには一般的に、「プロダクトマネジャー」という役職の人物はおらず、代わりにクライアントとの関係を管理する「エンゲージメントマネジャー」などの役職がある（クライアントはおおむね、機能開発チームが奉仕するステークホルダーに当たる）。

デザインや開発にエージェンシーを用いる会社には、機能開発チームと同様の問題が発生するのは驚くには当たらない。

この場合、エージェンシーの社員は傭兵のような気分を味わうのではなく、文字通り傭兵である。

私の経験上、エージェンシーの社員は機能開発チームのメンバーと同様に、現状で発揮しているよりはるかに高い能力を秘めているし、現状の働き方に満足していない。しかし現実としては、もし「クライアント」が依頼する機能の開発をエージェンシーが渋れば、クライアントは指示に従う他のエージェンシーに流れてしまうのだ。

もっとも、真にエンパワーされたプロダクトチームとしてのサービスをクライアントに提供しようとしているエージェンシーもわずかながら存在する。その傾向には拍手を送りたい。ただ、それはクライアントがそのエージェンシーを通常よりはるかに信頼してこそ成り立つのだ。

観察の結果をもう1つお伝えしよう。デザイン会社や開発会社の社員はさまざまなプロダクトを経験しているので、きわめて有能な採用候補

になる可能性がある。

　ただ、エンパワーされたプロダクトチームに移行すれば、文化は大きく変わる。エージェンシー出身の社員は、機能開発チームの失敗の原因になっているのと同じ問題を持ち込んでしまうことが多い。私は何人もの候補者から、興奮気味に言われた。「これからは、自分がクライアントになれるんですね！」。そのたびに、それは的外れだと伝えるようにしている。

CHAPTER **73**

# インサイトと学びの共有

　エンパワーされたプロダクトチームが難題の解決に取り組んでいると、プロダクトディスカバリーテクニックの影響で、きわめて頻繁にインサイトが生まれる。

　チームはユーザーや顧客と、通常は週に1回ミーティングをし、プロダクトアイデアをテストし、コンテキストやニーズを深掘りする。

　プロダクトの利用状況や、実データを使用したアイデアのテストから、データを分析する。

　新しい実現技術を絶えず調査し、直面している問題をより新しく優れた方法で解決できないかを検討する。

　業界のデータや学びを追いかけ、プロダクトに関係するトレンドがないかどうか確認する。

　また、社内の他部門（プロダクトマーケティング、営業、財務、カスタマーサクセスなど）からのインサイトも常に求める。

　こうして重要な、あるいは高い関連性を持つ可能性のあるインサイトを学ぶうちに、社内全体でインサイトを共有したくなる。これにはいくつかの理由がある。

第一に、インサイトが他部門にも役に立つ場合がある。

　第二に、他の角度から見たときに、さらなるインサイトが得られる場合がある。

　第三に、インサイトをよりよく活用するための力学を説明してもらえる可能性がある。

　第四に、これは重要だが、プロダクトディスカバリー中におけるプロトタイプの低評価と、マーケットにおけるプロダクトの失敗の違いを会社が学ぶことができる。

　プロダクトディスカバリー時の「失敗」は実質的には失敗とは言えない。非常に迅速かつ安価な教訓である。マーケットでの「失敗」は真の失敗で、回復のために長い時間と大量の資金が必要になる。この違いを会社全体で理解してほしい。マーケットでの失敗を完全に避けられなくても、その頻度を劇的に減らすことはできる。

　より一般的には、オープンに気前よく共有できる関係こそが必要なのだ。インサイトや学びを共有すれば、ビジネスパートナーに、プロダクトチームと同じ旅路を歩んでもらえるようになる。

　私は、重要なビジネスリーダーを、ユーザーや顧客向けのテストに招待する手法を気に入っている。

　また、主な学びに加えて、うまくいったアイデアといかなかったアイデアを社内全体に幅広く共有する手法を大いに支持する。

　主要なリーダーや経営幹部が提示したインサイトがイノベーションや大幅な進歩に不可欠だとわかった場合は、気前よく名前を出そう。ある会社では、貢献した他部署の人々の功績をたたえるべく、全社ミーティングでプロダクトマネジャー代理のバッジを進呈したくらいだ。

　必ず、インサイトが双方向で認められ、共有されるようにしよう。

CHAPTER **74**

# 定常業務

　本書のほとんどは、優れたチームが、顧客に愛され、かつビジネスになる形で難問を解決する方法にページを割いている。しかし、どのチームにもある程度の「定常業務」が存在するのは事実である。

　事業を経営していると、事業を続けるうえで妥協する余地のない業務が常に存在する。たとえば、次のような業務が挙げられる。

・致命的なバグの修正
・コンプライアンス面の対応（プライバシーに関する新しい法律など）
・レポートのニーズの変化に対応するための細かい変更対応
・利用状況の分析を収集するための計測機能の追加

　どれも魅力的とはいえないが、一般的には比較的少ない労力で済む。

　こうした業務は、自分のチームのために行うこともあれば（致命的なバグ対応や利用状況分析の計測機能など）、法務担当者（新たなコンプライアンス上の問題など）や財務パートナー（レポートなど）からの要望に対応することもある。

一般的に、こうした定常業務を理解し、必要なデータを集めて、作業をバックログに載せるのはプロダクトマネジャーの責任である。一般的な法則として、定常業務にはプロダクトディスカバリーは必要ない。必要な場合は、より一般的なプロダクト開発業務の一環とみなす。

　では、定常業務はどのようにビジネスコラボレーションに影響するのだろうか。

　定常業務は、ビジネスパートナーから要望されることもある。ビジネスパートナーは、ニーズを満たす最善の方法はわからないかもしれないが、ニーズを切実に認識しており、必要なあらゆるコンテキストを提供できる。プロダクトチームがこれらの問題を処理できなければ、ビジネスパートナーは非常に困り、一触即発の事態に陥る可能性がある。

　言うまでもないが、定常業務の割合が増えすぎて、チーム目標の取り組みが遅れてしまうようであれば、プロダクトリーダー陣に申告すべき深刻な問題が発生している。

　もう少し一般的な話をしよう。ビジネスオーナーや主要なステークホルダーが新しいビジネスチャンス（新しいマネタイズ方法、新しいサービス、新しい能力）を発見するケースはよくある。ビジネスオーナーやステークホルダーと良好な関係を築いていると、こうしたチャンスを提案されるようになるだろう。

　ここで、プロダクト戦略とフォーカスの重要性についてビジネスパートナーに繰り返し念を押す（そして、後述の通り伝道する）ことがきわめて重要になってくる。ほとんどの場合、ビジネスパートナーが持ってくるチャンスは決して悪くないのだが、そこに気を取られると、フォーカスしている最重要事項で差をつける能力がたちまち落ちてしまう。

　また、もう１つ警戒すべきは、ビジネスリーダーが、自分のこだわっている機能を定常業務に位置づけてプロダクトチームにやらせようとするケースだ。もちろん、これがあまりに多く発生したら、重要なプロダクト開発業務の追求ができず、ステークホルダーに仕切られる機能チームに逆戻りしてしまう。

CHAPTER / **75**

# エバンジェリズム

特に中規模以上の企業にとって、有能なプロダクトリーダーに欠かせない役割は、エバンジェリズム（伝道）である。

ここでのエバンジェリズムとは、自分の会社（プロダクトマーケティング、マーケティング、営業など）に対してマーケティングすることを意味する。

この場合、人にプロダクトを買わせようとするわけではない。そうではなく、自分の提案がきわめて重要で、現実にするには相手の協力と貢献が必要なのだと説得する。

提案する内容の価値をプロダクトチーム、経営幹部、投資家に伝えるために役立つテクニックはたくさんある。私が最も優れていると思う10のテクニックを次に挙げる。

1. プロトタイプを見せよう。PowerPointプレゼンテーションでは、ほとんどの人にはうまく伝わらない。おそらく忠実度の高いプロトタイプが必要になる。実体はなくてもリアルに見える必要があるということだ。これがおそらく、プロダクトアイデアを納得させるた

めの、唯一最大の効果的なテクニックである。

2．ペイン（痛み、悩み）を共有しよう。あなたが対応しようとしている顧客のペインを伝えよう。顧客のセリフを引用する、いくつかの動画を編集したストーリーを作成するといった手法が考えられる。ユーザーテストに開発者や経営幹部の同席を求めるのを私が気に入っている理由は、ここにもある。多くの人は、顧客自身の声に耳を傾け、悩みを自分の目で見て、初めて納得するものなのである。

3．ビジョンを共有しよう。人々はあなたが今やっていることだけを知りたいのではない。あなたがどこに向かっているのかを知りたいのだ。プロダクトビジョンは、3年後から10年後にあなたが到達したい境地を示してくれる。

4．学びを共有しよう。前述したように、チームが毎週のプロダクトディスカバリー業務に取り組んでいると、データから、またユーザーや顧客から、たくさんの学びやインサイトが頻繁に得られる。こうしたインサイトを共有しよう。うまくいったインサイトだけではなく、問題も共有しよう。ソリューションの発案に役立つ情報を、聞き手と共有しよう。

5．貢献してくれる人々の名前を気前よく共有しよう。チーム、経営幹部、重要なステークホルダーには、単なるあなたのプロダクトではなく自分たちのプロダクトだと思ってもらえるようにしたい。逆に、うまくいかなかったときは一歩進み出てミスの責任を取り、またそれらのミスからも学んでいることを相手に示そう。そうすれば尊敬されるようになる。

6．素晴らしいデモをする方法を学ぼう。特に、経営幹部とステークホルダーに向けてのデモでは、プロダクトチームはプロダクトの操作方法を教えようとしているわけでも、操作できるかどうかをテストしようとしているわけでもない。価値を示そうとしているのだ。デモはトレーニングでもなければ、テストでもない。営業の一形態である。得意分野にしよう。

7. 自己学習をしよう。あなたがきちんと学んでいると信じてもらえれ
   ば、チームにも、経営幹部にも、ステークホルダーにも、ついてき
   てもらえる可能性は飛躍的に向上する。ユーザーや顧客、データ、
   ビジネス、マーケットの専門家になろう。

8. 心の底からときめきを感じよう。自分のプロダクトにときめいてい
   なければ、仕事の内容を変えるか、役職を変えるかしたほうがいい
   だろう。

9. 熱意を表に出すやり方を学ぼう。仮に心の底からときめいていると
   しても、多くのプロダクトリーダーが、熱意を表に出すのがあまり
   に苦手、あるいはぎこちないのには驚かされる。これは問題だ。誠
   実でなければならないが、心からのときめきを人に見せられるよう
   にしよう。熱意は本当に伝わるのだ。

10. プロダクトチームと時間を過ごそう。チームに在籍するすべてのプ
    ロダクトマネジャー、プロダクトデザイナー、開発者と面と向かっ
    て時間を過ごさなければ、こちらの目に浮かぶ熱意は伝わらない。
    プロダクトチームの全員と数分ずつ過ごすと、モチベーションのレ
    ベルアップに大いに役立つ。時間を割く価値はある。

　注意してほしいのは、エバンジェリズムには終わりがない、というこ
とだ。伝道を止めるやいなや、いろいろなことがうまくいかなくなる。
経営幹部が弱気になる。エンジニアが、自分のやっている仕事の意味が
わからないと言い出す。そんな話はすでに聞いているから当面は大丈夫
などと思わないでほしい。驚くほどすぐに起こる。

　経験豊富なプロダクトリーダーは知っている。エバンジェリズムには、
やり過ぎはない。手法を変えたり、事例として引用する顧客を変えたり、
プロトタイプを更新し続けたりすることはできるが、常にやり続けなけ
ればならないのだ。

# CHAPTER 76

# アヴィド・ラリザデ・ダガン

## リーダーシップへの道

　アヴィドに初めて会ったのは、私がeBayのプロダクトリーダーを務めていた2001年だった。Netscapeで一緒だった友人から電話があった。自分を信じてこの人を採用してほしい、卓越したプロダクト担当者になると確信しているから、というのだ。信じてみたところ、彼の言うとおりだった。

　アヴィドはエンジニアリング専攻だったが、プロダクト部門を学ぼうとしていた。eBayのプロダクト部門で出世を重ねた後、ハーバード大学でのMBA取得を決意した。その後は、ベンチャーキャピタル業界（主にGoogle Ventures）と、大手プロダクト企業（最近ではKobalt Music）の間を行き来している。

　その間、いくつかの優れたプロダクト企業に投資とアドバイスを行い、Code.org（女性とマイノリティーのコーディング習得を支援する組織）のリーダーを務めた。

　テクノロジーにとどまらない貢献が認められ、近年、大英帝国勲章

（OBE）を受賞している。

# リーダーシップの実践

アヴィド自身の言葉を紹介しよう。

イノベーションドリブンな状況における私のリーダーシップ哲学は、主に３つの要素に分けられます。（１）信頼と安全、（２）自由と自律性、（３）社風と目的です。

## ▌信頼と安全

リーダーは、あらゆる質問に答えることは期待されませんが、適切な質問ができること、そしてもっと重要な点として、適切な質問が表に出るような環境をつくり上げることが期待されます。

そのためには、チームが安心できるようにしなければなりません。特別に賢い人はおらず、信頼が確立され、コラボレーションが自然に生じ、対立するアイデアをメンバーが安心して頻繁に表に出せるような環境にしなければなりません。言い換えれば、率直になっても安全な環境だということです。

チームメンバーは、同僚やリーダーに安心して反対できなければなりません。失敗を恐れない環境が求められます。失敗は、繰り返しの一環だからです。このような環境があってこそ優れたアイデアがすばらしいアイデアになるのです。

この環境では、現時点での成功よりも成長するマインドセットを賞賛し、継続的な学びを奨励し、知ったかぶりを排します。チームメイトの特長を引き出すことで、あなた自身の最良の特長も見つかるのです。

## ▌自由と自律性

イノベーションが鍵となり、社内でも社外でもデータが自由に流れ、

変化が絶えないデジタル世界では、仕事はますます複雑で、変わりやすく、形式に縛られなくなっています。

そのため企業は、同じ部署の中でやりとりする人々を主に昇格させる従来の職階を捨て、社内の各部門、そして社外のパートナーや顧客も含め、さまざまなスキルを持つ人々の意見とコラボレーションを歓迎する制度に移行する必要があります。

したがって、リーダーは有能な人々を一堂に集め、その人々がコラボレーションを通じてアイデアを生んで実行に移せるように、より大きな自由を与える必要があります。

何を、なぜやるべきかを強調してから、方法についてはチームに任せるべきです。

リーダーは取っ掛かりをつくり、チームに指針を与え、チームがトラブルに陥った時には障害を取り除きます。

これは、プロダクトマネジャーの役割と似通っています。リーダーは、指図を一切せずに、チームメイトやステークホルダーと職能横断的に仕事をして、導き、影響を与え、モチベーションを高め、信頼しなければなりません。

リーダーは、メンバーをモチベーションが高く、目的を理解した状態に保つ必要があります。コーチングをし、安全な環境で成長を促さなければなりません。社内と社外からもたらされるさまざまな情報をつなげ、さらなる情報や改善されたツール、効率性をもって、チームをエンパワーすべきです。

リーダーは、チームが迅速な試行錯誤や繰り返しを行うためのデータを確保するとともに、学びに基づいて意思決定を下せるだけの自律性をチームに与える必要があります。絶え間なく変化する世界の中で混沌に秩序をもたらすのが、リーダーの役割です。

## ▌社風と目的

優れたリーダーは社風と目的に注力します。社風がイノベーションと

パフォーマンスを牽引するからです。人こそが組織の最大の資本なのです。

イノベーションを起こすには、自律性と意義が欠かせません。リーダーが目的を定義し、会社がどのようにして目的を推進しているか、パートナーを含む社内と社外のあらゆる人々がわかっている状況にすることが肝要です。

この目的は明確にし、メッセージの形で絶えず伝え、また同時に日々の経営のあらゆる側面に反映しなければなりません。採用する人材、用いるプロセス、さらには事務所のレイアウトまで、あらゆる側面にです。

ここで既存の企業におけるイノベーションについて述べましょう。私はこれらの原則を、スタートアップ企業と既存の企業の両方に適用してきましたが、後者のほうがずっと困難です。もはやイノベーターでなくなっている場合が多いからです。

既存の企業は、古い技術と複雑化したプロセスに苦心していながら、長い間市場で有利な地位にあったので安泰だと思い込んでいることもしばしばです。自らがイノベーションを起こせるスピードを過大に見積もってしまうのです。

ここで、会社の存続のためにリーダーの地位がきわめて重要になってきます。

会社に変革が必要であっても、シニアリーダーの方々が脅威の本質と緊急性を理解しない限り、組織に変化のストレスを与えることはしないでしょう。短期的に収益性がダウンする場合はなおさらです。

既存の企業で絶えずイノベーションを起こすには、チームが仕事をする方法、用いるテクノロジー、必要なスキルセット、社風——つまりリーダーの考え方に抜本的な変化が求められます。

信頼の醸成を皮切りに、ここまでに述べた原則を実践に移さなければなりません。いったんチームがリーダーを信頼すれば、チームは変化を起こすことに積極的になります。はじめからうまくいかない場合の悪影響を恐れなくなるからです。

この信頼は双方向にする必要があり、リーダーはチームをエンパワーして自律性を持たせなければなりません。ほとんどのイノベーションは最前線から来るもので、経営幹部や取締役会から来るものではないからです。

　そして、きわめて重要な点として、変革を経験しなければならない理由と目的を、各チームが理解しなければなりません。自分たちより大きな何かによって、やる気を喚起されなければならないのです。

　既存の企業が、自らの未来が大規模な継続的イノベーションにかかっていることを自覚し、かつそのための筋肉が今は備わっていないと考えるのであれば、実質的な選択肢は２つ。買収を通じてイノベーションを起こすか、自社の人材を通じてイノベーションを起こす方法を学ぶかです。

　自社の人材を通じてイノベーションを起こすには、これまで話してきたように、スキル、社風、手法、リーダーシップを変える必要があります。そしてもちろん、これは難しく時間がかかり、大きな投資と、焦点を絞ったコミットメントが求められます。

　あまりに多くの企業、特に老舗企業は、買収を通じてイノベーションするほうが楽だと考えます。

　しかし買収のメリットを享受するためには、吸収した企業の働き方を深く取り込み、親会社の働き方に反映しなければならない場合が少なくありません。そして親会社が、自社の人材を通じてイノベーションを起こすときと同じようなリーダーシップ、社風、スキル、エンパワーメントの変化を経なければ、イノベーションを起こしたチームは会社を去り、革新的なプロダクトは衰え、満足していた顧客も不満が募り、結局元の木阿弥になってしまいます。

　だからこそ、私は時間と労力の大半を割いて、企業のリーダーの方に、必要な変化の先頭に立つ役割を認識していただけるようにお手伝いしているのです。

# インスパイアド、
# エンパワード、
# トランスフォームド

素晴らしいチームは、インスパイアされ、エンパワーされた普通の人々で構成される。

　素晴らしいチームでは、アイデアだけでなく、それをすばやく評価して、うまくいくソリューション——価値、ユーザビリティー、実現可能性、事業実現性を備えたソリューションを発見するテクニックも自然に湧いてくる。

　顧客に愛され、かつビジネスになる形で難問を解決できるようにエンパワーされている。

　卓越した結果を生み出すエンパワーされたチームでは、抜きんでた候補者を採用する必要はない。

　必要な能力を備えつつ、チームメイトや社内の他部門と必要な信頼を確立できるような、人格の優れた候補者が求められる。

　また、真にエンパワーされたチームには、プロダクトリーダーが決定する戦略的コンテキスト（特にプロダクトビジョンとプロダクト戦略）と、積極的なコーチングをはじめとするマネジャー陣の積極的なサポートも欠かせない。

　これらが揃っているからといって必ずしもイノベーションが起きるわけではないが、イノベーションの可能性を飛躍的に上げることはできるだろう。

意義のある変革

優れた会社のやり方を取り入れるために必要な改革の範囲と規模を認識したところで、必然的に持ち上がるのは、今日の働き方から明日の働き方にどうやって移行するか、という問いである。これは本質的に、変革をめぐる問いになる。

エンパワーされたプロダクトチームに移行するとは、つまりどういう意味なのか。

変革の前提条件は、CEOをはじめとする経営幹部が、テクノロジーを単なる事業運営のコストではなく、ビジネスを実現するための中心的要素と理解することである。この理解がなければ、成功の可能性は低い。

経営幹部がその重要性を理解し、必要な行動を起こしてくれるなら、会社は行動に取りかかれる。

この行動は、大きく３つのステップに分けられる。また一般的に、次に挙げる順序を崩さずに実行する必要がある。

第一に、有能なプロダクトリーダーを配置しなければならない。これを行わなければ、プロダクトチームに必要なメンバーの採用とコーチングもままならず、強固なプロダクト戦略も策定できず、リーダーやステ

ークホルダーの信頼も得られない。したがって、これがまず最も重要な
ステップであり、だからこそ本書の主なテーマとなっている。

　第二に、エンパワーされたプロダクトチームに求められるメンバーの
採用と教育の権限を、有能なプロダクトリーダーに与えなければならな
い。ほとんどの場合、プロダクトマネジャーにはさらなるレベルアップ
が求められるが、その他の改革が必要になる可能性もある。ただし、チ
ーム全体を一気にレベルアップする必要はない。プロダクトチームに権
限を与える前に、エンパワーされた仕事に対応できるメンバーを確実に
揃えておく必要があるだけだ。

　第三に、チームがエンパワーされたプロダクトチームモデルで仕事を
する準備が整ったら、ビジネス全体、つまり経営陣や他部門との関係を
定義しなおさなければならない。

　思い出してほしいが、機能開発チームモデルでは、主に舵を取ってい
るのはステークホルダーであり、機能開発チームはビジネスに従属する
ように組織されていた。エンパワーされたプロダクトチームモデルに移
行したら、経営陣や他部門と協力し、顧客に愛されつつビジネスとして
成り立つソリューションを発案する、真のパートナーになる必要がある。

　この移行は経営幹部に若干の歩み寄りを求める、という点については
覚えておいてほしい。エンパワーされたプロダクトチームモデルに移行
するには、チームを信じて賭けてもらわなければならないのだ。たいて
いの経営幹部は、元の働き方がそう効率的ではないので、とりあえず試
してみようとは思うだろう。

　大企業では、この変革が財務、人事、営業、マーケティング、その他
ビジネスのあらゆる側面にどのように関わってくるかをさらに詳しく論
じる余地があるが、そのテーマは別の本に譲りたい。

## Callout

# 変革のコスト

　本書で一貫して取り上げてきたテーマである「エンパワーされたプロダクトチーム」と「機能開発チーム」との比較における大きな皮肉の1つは、エンパワーされたプロダクトチームのほうが、機能開発チームよりも人材調達その他のコストが格段に安く済むという点である。

　実のところ、機能開発チームを運営している大企業で見つかるほど多くの無駄を、私は見たためしがない。特に、エンジニアリング部門の大半を大手企業にアウトソーシングしている企業にこれが言える。

　旧式の大企業では、数千人ものエンジニアを数千万ドルの年間契約で外注している場合も珍しくない。これぞ、傭兵のチームそのものである。

　エンジニアにかかる大量の人件費に注目すると、うまくコストを節減できていると思える場合も多いが、外注は内製と比較してエンジニアの数を増やす必要があるうえに、管理する人員の費用も馬鹿にならない。

　しかし、真の伝道者からなる小規模なチームはたいてい、はるかに大規模で高コストのアプローチを大幅に上回るパフォーマンスを発揮する。

　メリットはコスト節約にとどまらない。イノベーションはアウトソーシングモデルの下ではほぼ起こらない。そして、会社の未来はイノベーションにかかっているのである。

　エンパワーされたプロダクトチームの人材のうちハイレベルな層については、1人あたりの報酬が高くなるのは事実である。しかし、合計人数は大幅に削減され、チームを管理するコストも劇的に少なくなる。

　この論に首をかしげるCFOに多数会ってきた。そのような場合、私は単純にテストをするように勧めている。事業分野を1つ選び、数四半期にわたって、現在のモデルとエンパワーされたプロダクトチームモデルについて、コストとビジネスの結果を比較してみるように提案している。

# CHAPTER 78

# 変革の実践

　さて、意義ある変革の構成要素について話したところで、この変革を経た強力なプロダクトチームは、どのような姿をしているのか想像されているかもしれない。

　これに答えるため、SVPGパートナーのジョン・ムーアの経験談を紹介しよう。以下はロンドンの新聞社、Guardianでの体験に基づいている。私が目撃した中でも最も印象的な変革を成し遂げた会社の1つだ。

　2007年6月、テクノロジーの世界は永遠にその姿を変えました。スティーブ・ジョブズが壇上に立ち、iPhoneがそのベールを脱いだのです。機能は限られていましたが、直感を大いに刺激してくれるデバイスでした。あらゆるビジネスにとって変革の時が来ましたが、なかでも英国の『Guardian』紙はその最たるものでした。当時の編集長アラン・ラスブリッジャーの采配のもとで、同紙はデジタル対応に野心的に取り組んだ、世界でもおそらく有数の新聞となりました。

　でも、同紙は危機に直面してもいたのです。先行きに一切の保証がなくなったのは、200年の歴史で初めてでした。広告収入は激減し、その

他のあらゆる収入源も、新しく、より優れた、デジタルファーストのライバル社に置き換えられようとしていました。

　世界中の新聞がオンラインサブスクリプションモデルへの移行に着手する中で、Guardianは野心的ながら危険をはらんだ戦略を選びました。オンライン記事の無料公開を続けたのです。「壁を作っても、優れたものは何も生まれない」。社内全体にこのようなメッセージが伝えられました。

　この意思決定は、信念に基づいていました。すなわち、有料化の壁に隠れたら、Guardianの進歩的な論調は衰えて死んでしまう。たとえ新聞購読者が無料オンラインコンテンツに切り替えて収入を大幅に減らす羽目になっても、この道を歩むしかない、というのです。重要な決断ですが、私は全面的に支持しました。いくら進歩的でも、小さなエコーチャンバーが世界を変えられることはないと思っていたからです。まず記事を届ければ、収益は後からついてくるはずです。

　従来型メディア業界の中でもとりわけ印象的なプロダクト・テクノロジー開発企業に私が参加したのは、このような状況でした。新しい仕事仲間の多くは、野心的なスタートアップ企業やGoogle、Microsoftといった企業をわざわざ退職して入社しており、私と同様に他の著名メディア企業の業務拡大を経験してきている者もいました。全員が、世界でも指折りの心躍る重要メディアブランドに生き永らえてもらいたいという、心の底からの願望を共有していました。

　しかし、頭の切れる技術者の大量流入により、文化的な混乱も生まれました。

　長年にわたるGuardianの新聞としてのアイデンティティは危機にさらされていました。急激な変革のただなかにある多くの企業と同様、職場環境はよく言っても混乱していて、手に負えない状況になるのもしばしばでした。

　無理もありませんが、長い間執筆してきた記者や論説委員は、新たな仕事仲間に不安を抱いていました。私たちの働き方は異質で、変化を起

こそうという思いは、彼らの目に脅威として映っていました。いつも表立って言われるわけではなかったものの、私たちが入社してきた動機もたびたび疑われました。

　私は、当面のモバイル戦略の策定と実施を任されました。それは、刺激的な時期における素晴らしいチャレンジでした。当時のデジタルディレクター、マイク・ブラッケン（のちに英国政府内でプロダクトマネジメントを飛躍的に推し進めた人物）が、卓越した人材からなるチームを編成しました。

　入社すると、Appleと緊密に連携しながら、同社初のiPhoneアプリ開発の陣頭指揮を執りました。小さなチームは、当時革命的だったタッチスクリーンを最大限に有効利用すべく、熱心に取り組みました。そのため、私は当初から写真に注目していました。

　私たちの革新的なiPhoneベーステクノロジーは、アプリを開くとすぐ、リクエストなしで最も重要なコンテンツと人気のコンテンツをダウンロードするようになっていました。2007年当時は普通だった、接続品質が悪いときや接続自体ができないときでも、常に便利に使えるアプリを目指しました。この機能だけでも、多くのメンバーには新たな体験でした。

　App Storeに掲載されるや否や、アプリは大成功を収めました。数週間のうちにダウンロード数は数十万件に達し、やがて数百万件に至りました。顧客の多くを、世界に広がるAppleの新たなエコシステムを利用した国外のお客様が占めていました。アプリの品質と、『Guardian』紙のワールドクラスのジャーナリズムへの賞賛が、顧客のフィードバックからもはっきり見てとれました。だからこそ、Appleから、国内・国外両方の継続的なマーケティングキャンペーンで、前面に押し出してもらえたのです。その多くは、さながら一面トップの扱いでした。

　競合他社が高度なRSSリーダー[70]にすぎないアプリをリリースしてい

---

70　登録したニュースサイトやブログの新着情報を取得してまとめて表示するアプリの総称。RSSは新着情報を配信する形式の１つ

る間に、Guardianはタッチスクリーン形式の無限の可能性を取り込もうと一生懸命に取り組みました。Appleは、ただ関わるだけでは決して満足してくれません。同社が求めているのは、ツールを十分に理解して、現実のカスタマーエクスペリエンスを推し進めるパートナーなのです。

リードプロダクトマネジャーとしては、オペレーション実施と並行して、編集チームとテクノロジーチームの間に深まりつつある溝を埋める必要があるとはっきりわかっていました。

誠実さとモチベーションが問われているときほど、エバンジェリズムは重要になってきます。ただ、テクノロジー部門で手を付ける価値のあるほとんどの仕事は、現状を厳しく問い直す内容になります。この仕事も、決して例外ではありませんでした。

シニア編集マネジャーとの無数のミーティングとデモで、私は何カ月にもわたって自分の信念を伝えました。「この方針が成功すれば、素晴らしいコンテンツの読者が増えるとともに、マネタイズできる人数も増えるのです」と切々と説きました。新しく台頭しつつある流通チャネルから最大のリーチを得るのが、私の仕事でした。

そのためには、議論の余地のないワールドクラスのコンテンツを披露する場となる、ワールドクラスのプロダクトをつくらなければならない、と固く信じたのです。

在職期間の初期に多少の成功を収めてしばらくすると、テクノロジーの世界がまた変化しました。2010年1月末、スティーブ・ジョブズは、業界で半ば公然の秘密になっていた事実を追認しました。Appleの新しいタブレット、iPadを正式に発表したのです。

翌日、Appleの本社から電話が入りました。「スティーブはiPhoneでの君たちの実績を気に入っている。iPadでもそれを再現してほしい。ちなみに、スティーブはお気に入りのアプリを正式発表の壇上で披露したいそうだ」。

明らかに素晴らしいニュースだったのですが、そのとき変化球が飛んできました。「3月の最終週までにアプリを用意してくれるかな」。これ

では、最終レビュー向けに提出するまで、7週ちょっとしかありません。

　これは大きな問題でした。私たちは他社よりはるかに多くの機能を搭載し、プロダクトを一から設計しました。その中には、たとえiPhoneからであっても、iPadへ移植できないプロダクトが存在したのです。

　最初から、私たちにとって最大のリスクは実現可能性でした。プロダクトディスカバリー作業に1〜2日間集中的に取り組んでみると、iPhoneと同じレベルの品質を実現するのは不可能なのが明らかでした。単純に、十分な時間がなかったのです。品質が神聖不可侵であるなか、別のプロダクトをすばやくつくる必要がありました。

　注目すべきところはわかっていました。以前、iPhone向けアプリのローンチ時に、写真を中心にする意思決定は済んでいました。この新しいタッチスクリーンデバイスは、世界で最も印象的な（そして高価な）デジタルフレームでもあるのが、一目で明らかだったからです。定性的データ、定量的データはともに、この意思決定の妥当さを裏付けていました。

　当社の写真コンテンツはいつも人気上位で、アクセス回数アップにつながり、顧客の意見も常に肯定的でした。

　さらなるエビデンスを集める時間はありませんでした。新しいプロダクトはニュース写真に特化します。スケジュールを考えるなら、範囲は絞るしかありません。プロダクトチームはエンパワーされていました（プロダクト担当者1人、デザイン担当者1人、エンジニア3人からなる、総勢5人のチームです）。

　私たちは、作れるものをできるだけ早くつくる作業に集中しなければなりませんでした。それができて初めて、迅速な反復によって可能な限り良いプロダクトに改善していくことができるのです。

　コンセプトは、数日のうちにホワイトボードから顧客向けプロトタイプに移行しました。私たちは毎日、世界の重要なできごとを伝える、厳選した1枚の写真を顧客に届けます。多少の説明は入れますが、写真の背後にあるストーリーと撮影方法など、最小限にとどめます。

撮影方法の掲載によって素晴らしいスポンサーを獲得できたので、私たちが収益を上げられるという事実は早い段階で証明されました。長い時間をかければ、写真が蓄積され、世界でも指折りの印象的な写真のライブラリができあがるに違いありません。うまくいけば、世界で初めて、写真満載の大型豪華本をデジタルでつくり出せる。そう思いました。

私は、Guardianの写真チームと友人になる必要がありました。当時は、素晴らしい職人、ロジャー・トゥースが率いていました。彼はとてつもなく辛抱強く、成功の可能性が限られているプロジェクトに、率先して時間とリソースを割いてくれました。

時間がほとんどなかったので、いろいろなことがすばやく進行しました。デザイナーと私がプロトタイプの反復試験にフォーカスしている間、3人のエンジニアリングチームは、一貫したコンテンツデリバリーを確実に実現するシステムやサービスをつくる、基本的な方法を突き止める作業に取りかかりました。

もう1つの難題は、ハードウェアが手元にないという事実でした。iPadを見たことはありましたが、現物を手に取って使う機会はありませんでした（その機会はほどなくApple本社で訪れるのですが、Appleとのミーティングを成功させるには、コードが限りなく完成に近づいていなければなりません）。結局、ハードウェアとソフトウェアの両方に加え、段ボールとノートパソコンの画面を活用して、創意工夫を凝らしながらプロトタイピングしました。必要最低限の機能でしたが、すばやく繰り返し試行錯誤するには十分でした。

さて、価値と実現可能性と使いやすさのリスクが徐々に下がってきましたが、それでも1つの分野については大いに心配がありました。事業実現性です。

この時点まで、私たちはシニアステークホルダーのほとんどに作業の内容をほとんど（あるいはまったく）伝えていませんでした。これは私が意図的に（ただし熟考のうえで）早いうちから決断したことです。私はテクノロジーディレクターとアラン編集長に、このチャンスをものに

するには、普段とは異なる速さで動かなければなりません、謝罪はあと
でします、と同意を取り付けました。

　プロダクトの開発も終盤にさしかかり、品質への自信も深まってきて
いたので、いよいよ頭を下げるときではないかと思いました。実のとこ
ろアランは、編集部門の上級職の人々を関わらせなかったのを間違いな
く懸念していたと思いますが、ひとたびプロトタイプを見た後は、プロ
ダクトを揺るぎなく支持してくれました。

　また、写真チームにも強い味方がいました。私はロジャーが自分の技
術について情熱的に豊富な知識を語るのにすっかり心を動かされました。
アプリにロジャーの短い動画を組み込んだくらいです。

　テクノロジーの力を長年信じているアランは、今こそ経営幹部に仕事
をすべて見せるときだと感じ、グループの取締役会に私を招待してくれ
ました。部屋には英国のメディア界とテクノロジー界の重鎮が勢ぞろい
していましたが、その中にひときわ親しみのこもった顔がありました。
AppleとMicrosoftの経営幹部を歴任したジュディ・ギボンズです。

　かつてベンチャーキャピタルが出資するスタートアップ企業で上司だ
ったジュディは、当時も今も私の素晴らしい社外メンターです。デモが
終わると、ジュディはすぐにこんな質問をし、場を肯定的な雰囲気にし
てくれました。「お見事。とても素敵です。それにしても、どうやって
これほど速く行動できたのですか」。最初にこのような感想が出たおか
げで、ミーティングはその後もスムーズに進行しました。私たちは翌日、
アプリを提出して承認を待ちました。

　予想通り、Appleからの返事はありませんでした（同社との会話は、
暗い裏通りに向かって叫ぶような気分になりがちです）。それでも、２
週間後に登壇したスティーブは、早速お気に入りのアプリの紹介に乗り
出しました。多くの米国製アプリに軽く触れていきます。

　「ニュースアプリはたくさんあります。ニューヨークタイムズ紙、タイ
ム誌、ウォールストリートジャーナル紙、USAトゥデイ紙」。そこで間
を置き、一歩下がって、ステージに大写しにされたGuardian Eyewitness

の巨大な画像のほうを向きます。「Guardian Eyewitness、これはクールなアプリです。文字ではなく、写真で1日を表す。しかもなかなか素敵なんですよ」。

　テクノロジーに少しでも関心のある人は誰もがこの放送を観ていました。かなり膨大なオーディエンスです。使用率はiPhoneのローンチ時と同じように伸びました。iPhoneよりもハードウェア販売数が少ないため、収益も少なくなってはいますが、多くの面で改善されました。

　コンテンツの性質（印象深く、家族に見せても問題ない写真）から、私たちは無意識に、当時としては革新的だったiPadのスクリーン技術を際立たせるために最適なアプリを生み出していたのです。その結果、Appleは私たちのアプリをさらに熱心に利用するようになり、ほとんどのiPadマーケティングキャンペーンに使っていただくことができました。そして、この年でも特に素晴らしい結果として、Eyewitness利用者数がiPadの台数とほぼ並んだのです。

　品質の高いフォトジャーナリズムが、革新的で没入型のデジタルエクスペリエンスと組み合わさると、新たに数百万人のGuardianの顧客を得られることが証明されました。しかし、それ以上に重要だったのは、Guardianが記事だけではなくデジタルの分野でも世界をリードしていけると示したことでした。Guardianは着実に黒字を出せる寸前まで来ています。何世代にもわたって、世界中の進歩的な論調の声を確実に届けられる、有意義な前進を遂げたといえるでしょう。今後も同じように歩んでいけるように願っています。

# CHAPTER 79

# 『TRANSFORMED』

　SVPGパートナーのリー・ヒックマンは、SVPGシリーズから書籍『TRANSFORMED』を刊行する予定である。同書は、非常に難しいにもかかわらず決定的に重要な、変革というテーマを扱っている。以下では、同書の執筆動機とテーマについて、本人に語ってもらった。

　デジタル変革に関する本は数多くあり、意義のある変革に挑戦して挫折した企業もますます増えています。

　本書はどこが違うのでしょうか。また、お読みいただいた後、成功する可能性が上がるとなぜ期待できるのでしょうか。

　多くの企業と協力した経験、そしてテクノロジー企業でも指折りの注目を集め、財務的な結果も伴った変革をAdobeでじかに体験した経験から言えるのは、すべての会社が変革に本気で取り組んでいるわけではないということです。実際のところ、ほとんどの会社は必要な変化を起こすのに積極的ではありません。

　大半の会社は変革を、プロダクト開発手法の変更という狭い範囲に限定し、どのように価値を生み出し、顧客に価値を届けるかという広い意味

でとらえていません。「デジタル変革」グループを分離独立させたり、開発者にアジャイル手法を覚えてもらったりすれば十分だと思っています。

　少し例を挙げてみましょう。プロダクト開発に25年以上携わってからSVPGに加入したとき、世界中のさまざまなプロダクトチームと協力して多種多様な行動パターンを見るのは目が覚めるような経験でした。

　プロダクトチームの真の結果を引き出す方法を熟知した、ワールドクラスのプロダクトリーダーと組んだケースもありました。そうした組織のリーダーは、プロダクトチームの主導、マネジメント、コーチング、そして社内のさまざまな同僚との効果的なパートナーシップに長けていました。

　しかし、他の組織のプロダクトリーダーは、プロダクトの仕組みはよく知っているのかもしれませんが、必要な結果を生み出すために求められるチームを構築する能力がなく、他部門にも影響を与えられませんでした。プロダクトチームは主にテクノロジーチームと見られ、必要経費（あるいは、それほど必要でもない経費）と考えられていました。

　こうした組織に関わる際に何よりつらいのは、結末を予測できてしまうことでした。たしかにチームは徐々に改善されますが、真のポテンシャルは発揮できません。もっと根本的な変化が必要なのです。

　会社がプロダクトチームの水準を上げたければ、会社がプロダクトに対する考え方を変えなければいけません。

　プロダクト組織を、単なるテクノロジー組織の一部（あるいは、もっと悪い場合はIT部門の一部）と見なすかわりに、組織そのものとして見る必要があるのです。権力構造の話をしているのではなく、組織構造の話をしているのですらありません。プロダクト組織は、他部署に従属する機能開発工場ではなく、組織の価値を牽引する存在でなければならないのです。

　こうした組織に協力する中でもう1つ学んだのは、経営幹部チームがこのプロダクト開発モデルに全面的に協力しなければ、変革が成功する可能性は低いという点でした。

経営幹部チームがプロダクトチームを理解すること、そして協力するための言葉を持っていることが、決定的に重要だとわかりました。

　これらもまた、私が観察してきた多くの経営幹部の主な特徴でもありました。経営幹部にも、必要な変化を牽引するためのスキルと人格を備えた人と、そうでない人がいます。リーダーの行動次第で、真のプロダクトカルチャーへの変革が実現する場合も、阻害される場合もあるのです。

　SVPGについて最も誇れるのは、SVPGが現実の世界に立脚しているということです。私たちのアドバイスは学術的内容でも、理論でもありません。うまくいくとわかっている方法にフォーカスします。私たちは皆、数十年にわたってプロダクトをつくり上げてきました。多くの成功と失敗を味わってきました。一般社員とシニアリーダーの両方の立場を経験してきました。お伝えしているような大規模な変革を、全員が通ってきました。

　本書は、効果的な変革を果たすにあたっての、多くの課題と落とし穴を乗り越えるお手伝いを目的としています。

　単刀直入で率直な内容です。どのクライアントにも伝えているように、これから語る内容は読者の方のお気に召さないかもしれません。それでも私は誠実に、聞いてほしいと信じる話をします。この点は、若手時代にマーティ・ケーガンから教わりました。マーティからは、Adobeの変革を協力して進めていたときにも、耳の痛いフィードバックをいろいろともらったのですが、それは会社全体を変革するために必要な変化を起こすための礎となっています。

CHAPTER / **80**

# 最も重要なもの

> 会社で最も重要なのは、エンパワーされたエンジニアである。
>
> — ビル・キャンベル

　エンパワーされたチームに移行する中で、もし私が胸に刻んでもらいたい概念を１つだけ選ぶとするなら、それは「エンパワーされたエンジニア」だろう。

　もちろん、エンジニアしか要らないと言うつもりはない。卓越したプロダクトはプロダクトチームから生まれるからだ。だが、最も重要な構成要素を１つ選ぶなら、それはエンジニアだと思う。

　本書の大半を、エンパワーされたエンジニアのコンセプトを中心に組み立てることもできるくらいだ。

　私は、イノベーションの最大の発生源はエンジニアだと説明してきた。日々の業務で実現技術を活用していて、今ようやく可能になった技術を把握するために最も適した立ち位置にいるからだ。

　プロダクトビジョンは、エンジニアを惹きつけ、刺激するためにある。

　プロダクト戦略は、エンジニアが最も重要な問題に確実に取り組める

ように存在する。

　チームの目標は、エンジニアが解決すべき問題と追求すべき目標を明確にする。

　プロダクトマネジャーとプロダクトデザイナーはそれぞれ、事業実現性、カスタマーエクスペリエンスにまつわる重要な制約をエンジニアに伝える。

　ユーザーリサーチとデータサイエンスは、エンジニアにとって重要なインサイトの源泉になる。

　はっきりさせておきたいのは、ソリューションのコーディング手法の選定をエンジニアに任せるだけでは、エンパワーメントではないということだ。もちろん、ソリューションの実装方法はエンジニアが決める必要がある。

　同様に、エンジニアにアーキテクチャーを選ばせるだけでは、本質的にエンパワーメントとはいえない。当然ながら、アーキテクチャを主体的に決めてもらわなければならないのだ。

　エンジニアのエンパワーメントとは、解決すべき問題と戦略的コンテキストをエンジニアに与え、エンジニアがテクノロジーを活用して問題に対する最善のソリューションを考えられるようにすることである。

　エンジニアがエンパワーされているかどうかを見分ける簡単な方法をお伝えしよう。エンジニアがプロダクトアイデアに初めて触れるのがスプリント計画[71]であれば、チームは明らかに機能開発チームであり、エンジニアが有意義な形でエンパワーされているとはいえない。

　コーディングさせているだけでは、エンジニアの価値の半分くらいしか活用できていない。

　また、本書をここまでお読みいただけば明らかだと思いたいが、テクノロジーに基づいた優秀なプロダクト企業は、CEOをアウトソーシン

---

71　スプリントプランニングとも。主にスクラム開発において、プロダクトオーナーがチーム内に共有したバックログに基づいてチームがタスクを考えるステップ

グしないのと同様にエンジニアをアウトソーシングしない。

　一流のテクノロジー企業はこれをわかっている。こうした企業が２種類のキャリアラダーを設けているのには理由がある。最上位のエンジニアは、一般的にバイスプレジデントにも匹敵する報酬を得ている。

　伝道師のチームと傭兵のチームのどちらを擁しているかは、エンジニアを見れば最も簡単にわかる。

　とはいえ、エンジニアを崇拝すべきだとは言っていない。エンジニアも私たち他のメンバーと同じ、普通の人間だ。だが、プロダクトチームの第一級のメンバーとして、しかるべく扱うように勧めている。

　毎日利用しているお気に入りの画期的プロダクトを考えてみてほしい。おそらくそのイノベーションは、エンパワーされたチームで働く、エンパワーされたエンジニアから発しているはずだ。

　ここで警告しておきたい。このやり方は、プロダクトマネジャーの抵抗を受けることがあまりに多い。「うちのエンジニアはコーディングにしか興味がありません」と言われるだろう。

　これは、エンパワーされたチームを理解しない人々から聞く、断トツでナンバーワンの言い訳である。何度聞いたかわからないが、そのほとんどはプロダクトマネジャーかプロダクトデザイナーに対し、プロダクトディスカバリー業務にエンジニアが同席していない理由を聞いたときの答えである。

　この答えが真実である場合もあるのは認めなければならない。その状況については後で述べる。ただ、個人的な経験上、これはあくまで例外だ。

　この反論が挙がると、私はエンジニアと直接話す機会を求める。大概の場合、エンジニアの言い分はまったく異なる。エンジニアから実際に最もよく聞く苦情は、自分たちは手遅れになるまで蚊帳の外で、尻ぬぐいだけやらされている、というものである。

　一般的に何が起こっているかと言えば、プロダクトマネジャー自身が、エンジニアにコーディングに専念してもらいたいので、会議に呼びたく

ないのである。つまりこの場合、熱意が空回りしているプロダクトマネ
ジャーが、（プロジェクトマネジャーのような思考回路で）エンジニア
の言い分として自分が聞きたい答えだけを拾っているか、そもそも尋ね
もしていないだけである。

　ただし、プロダクトディスカバリーにあまり関心がないと私に打ち明
けるエンジニアもいることはいる。コーディングのほうが楽しいし、何
を開発しても構わないという。この場合、私はエンジニアに、個人とし
て顧客と最後に会ったのがいつであるか聞く。だいたい、答えは「大昔」
から「一度もない」の間のどこかに収まる。

　しかし、先ほども触れたように、エンジニア全員がコーディング以外
にまったく興味がないケースもある。この場合、議論の対象はエンジニ
アリング部門のリーダーに移る。現在のチームメンバーが伝道師ではな
く傭兵なので、エンジニアを採用する際の基準を引き上げる必要がある
と説明する。最低限、どのプロダクトチームにも真の意味でのテックリ
ードが1人要る。プロダクトディスカバリーは、テックリードの大きな
職責の1つだ。

　以上のように、プロダクトリーダーがエンジニアの質に集中すれば、
テクノロジーの活用において大いに前進し、エンパワーされたプロダク
トチームへの道を歩み、絶え間ないイノベーションを起こす真のチャン
スを得ることができるだろう。

CHAPTER **81**

# 到達点

　思い起こしてもらえれば、私は本書を、あまりに多くの企業にみられる状況の説明から始めた。変革に必要な取り組みを説明したところで、冒頭で挙げた項目を振り返り、変革の到達点として私が望む状況をまとめたい。

## ▌テクノロジーの役割

　会社は、ビジネスを実現するにあたってテクノロジーが果たすべき決定的かつ本質的な役割を理解している。

　業務に関連する可能性がある新しいテクノロジーが生まれたら、ただちにエンジニアを何人か指名して、そのテクノロジーを学んでもらうとともに、今ようやくできるようになった方法で顧客の問題を解決するために、そのテクノロジーが役立つ可能性があるかどうかを検討してもらう。

　考えるべき範囲は、業務効率を改善するためのテクノロジー活用よりもはるかに広い。プロダクトリーダーは、テクノロジーによって何が可能かを考え直し、既存業務をあらゆる面でつくり変えることができると

理解している。

　プロダクトリーダーは、プロダクトマネジャー、プロダクトデザイナー、エンジニア、データサイエンティストを、業務の中心と見ている。経営幹部のアウトソーシングを考えないのと同様に、エンジニアのアウトソーシングは考えない。

## ▌コーチング

　プロダクトリーダーは、コーチングの文化を育み、全面的に推進している。プロダクトチームのすべてのメンバーにはそれぞれ少なくとも1人のマネジャーがつき、メンバーのポテンシャルを引き出す手助けをしている。会社は、求められる能力を備え、人格の優れた普通の人々が、並外れたプロダクトチームのメンバーに成長できる場という評判を築いている。

## ▌人事

　採用担当マネジャーは、候補者をスカウトすること、強力な面接・採用プロセスを確立すること、そして新人をオンボーディングして確実に成功させることに責任を負うと認識している。強力な人事スキルが、マネジャーのコアコンピテンシーになっている。

## ▌プロダクトビジョン

　刺激的で説得力のあるプロダクトビジョンが策定され、顧客にとって有意義な共通の目的のもとに、社内のさまざまなプロダクトチームが1つにまとまっている。ビジョンを完全に実現するまでには3年から10年かかる見込みだが、ビジョンの実現に向けて四半期ごとに着実に前進している。

## ▌チームトポロジー

　チームトポロジーは、エンパワーメントと自律性を高めるために最適化

された設計になっている。プロダクトチームのメンバーは、プロダクト全体のうち有意義な一部分について真のオーナーシップ（当事者意識）を抱いている。また、より大きな問題については、どのような方法とタイミングで他チームのメンバーとコラボレーションするかを理解している。

## ▌プロダクト戦略

最も重要なゴールにフォーカスし、データならびに顧客との継続的なやりとりから得られるインサイトに基づくプロダクト戦略を実施している。その結果、プロダクトリーダーが、チームに解決してほしい最もインパクトの大きい問題を熟知している。

## ▌チームの目標

解決すべき諸問題が、「チームの目標」の概念を用いて、各プロダクトチームに割り当てられている。目標が割り当てられたチームは、プロダクトディスカバリーテクニックを使って、問題を実際に解決する戦術を見つけ、プロダクトデリバリーテクニックを使って、市場に投入するためのソリューションを構築している。

## ▌事業との関係

プロダクトチームと、ビジネスリーダーおよびステークホルダー間の関係が、互いに対する敬意と真のコラボレーションに基づいている。

プロダクトチームはステークホルダーと緊密に協力し、顧客に愛されつつビジネスとして成り立つソリューションを発案する。チームとステークホルダーの両方がこれを理解し、全面的に推進している。

## ▌チームのエンパワーメント

最も大切なのは、プロダクトチームがエンパワーされていて、解決を依頼された問題について最良のソリューションを発案できること、そして結果に対する説明責任を負っていることだ。

エンジニアは、顧客の問題をより良い形で解決するために、新しいテクノロジーの導入を絶えず前向きに検討している。デザイナーは、必要なユーザーエクスペリエンスの提供に絶えず取り組んでいる。プロダクトマネジャーは、ソリューションの価値と事業実現性に責任を負っている。

チームは刺激を受け、有能な同僚とともに、有意義な問題に胸を張ってコラボレーティブに取り組んでいる。強い当事者意識を持ち、成功しているかどうかを、顧客と会社への一貫した貢献の有無で測る。

変革に成功しても、ここで説明している状況は決して簡単ではない。強力な競合他社が顧客を常に狙っている。それでも、単純に反撃するだけではなく、顧客のために絶えずイノベーションを起こすことによって、成長し繁栄するための準備は整う。

## 結論

これまで真剣なコーチングを受ける幸運に恵まれなかった多くのプロダクトリーダーが、自らの仕事の水準を引き上げ、それによって部下をレベルアップさせるために本書を役立ててくれるのが、私の心からの願いである。

さらに、本書を読んだ次世代のリーダーが、部下と会社が求めるリーダーになるためにやるべき仕事を理解してくれることを大いに期待している。

読者の皆さんに、並外れたプロダクトリーダーになる一歩を踏み出してほしい。

人材の活用法を熟知している会社で働いてほしい。

そして最後に、皆さんがご自身の才能とエネルギーを永遠に発揮し続けることを願っている。

# 謝　辞

　本書は、テクノロジーに基づいたプロダクトとサービス一筋の40年近くにわたるキャリアから得られた教訓に基づいている。その間に、数えきれないほど多くの人から影響を受けた。

　たくさんのマネジャーとリーダーが時間と労力を割き、コーチングによって私のスキルを伸ばし、強力なリーダーシップの姿を見せてくれた。

　エンジニアリング、デザイン、プロダクト開発部門のたくさんの同僚が、強力なプロダクトチームで働くとはどのようなことかを示してくれた。そして、たくさんの会社が私をオフィスに招き、チームと話をし、チームメンバーを知り教訓を伝える機会を与えてくれた。すべての機会が、有能なチームと会社をつくり上げるための知識を培うために役立った。本書は特に、私が憧れ、尊敬している、実績あるプロダクトリーダーとプロダクトディスカバリーコーチのインサイトの影響を受けている。ホリー・ヘスター＝ライリー、テレサ・トーレス、ガブリエル・バフレム、ペトラ・ウィル、フェリペ・カストロは、大量の時間と労力を割いて、本書を主題にふさわしい内容にするのを助けてくれた。

　また、本書でプロフィールを紹介させていただいたリーダー各氏にも感謝したい。全員に共通しているのは、卓越したリーダーであるだけでなく、自分自身より他の人にスポットライトを当ててほしいという願いである。そのような中でリーダーシップの一端を見せることに同意してくれた、デビー・メレディス、オードリー・クレイン、クリスティーナ・ウォドキー、エイプリル・アンダーウッド、ジュディ・ギボンズ、アヴィド・ラリザデ・ダガン、リサ・カヴァノー、シャンリン・マーに、心からお礼を申し上げたい。

　さらに、私の編集者を長年務めてくれているピーター・エコノミーと、出版社のジョン・ワイリー・アンド・サンズ、特にリチャード・ナラモ

アにも感謝したい。

最後に、共著者のクリス・ジョーンズをはじめ、マルティナ・ローチェンコ、リー・ヒックマン、クリスチャン・イディオディ、ジョン・ムーアら、SVPGパートナーに感謝したい。この人々が私のパートナーとなっているのは、それぞれの仕事で世界一であると私が信じているからだ。一人ひとりが本書に大きく貢献してくれた。一人ひとりと知り合い、一緒に働けることを誇りに思う。

2020年6月、マーティ・ケーガン


本書の各トピックにおける私の視点は、ジョセフ・アンサネリ、マイケル・ウルフ、ダグ・キャンプルジョン、スティーブ・ループ、ジョン・ドネリー、ケン・キム、マージー・メイダー＝クラークをはじめとする、Vontuのリーダーたちのもとで築かれた。まさに有言実行で、純粋なリーダーシップとはどういうことか、そしてチームにフォーカスすると何が実現できるかを教えてくれた。私は今でもマイケル・ウルフの言葉を覚えている。「今から言うことをよく聞いてほしい。これを再現するために残りのキャリアを過ごすだろうからね」。マイケル、まさにその通りだった。

また、長年のキャリアの中で担当した各チームにも感謝したい。たくさんの素晴らしいチームメンバーに出会えて幸運だった。全員を挙げることはできないが、特にリッチ・ダンドライカー、ブルーノ・バーガー、ジョン・スタル、デレク・ハリデー、アレックス・ボヴィー、アヤン・マンデル、シャン・チェン、コノール・オライアラを挙げたい。それぞれの形で私を後押ししてくれた。皆さんとのコラボレーションは、キャリアの思い出の中でも、特に大切なものとなっている。

そして、SVPGパートナーのみんな、特にマルティナ、リー、クリスチャン、ジョナサンにも感謝したい。なんと素晴らしく、多様なチーム

だろう。私は皆さんから毎日学んでいる。そして特に、マルティナ・ローチェンコに感謝したい。SVPGパートナーであるだけでなく、私の生涯にわたるパートナーである。マルティナ、あなたはベストな形で私を支え、私の考えに異論を提示してくれた。

最後に、私を信じ、SVPGパートナーに迎え入れてくれたマーティに最大の感謝を伝えたい。私はあなたから常に学び続けるとともに、SVPGのあらゆる局面におけるコラボレーションを大切に思っている。心から、本当にありがとう。

2020年6月、クリス・ジョーンズ

# 著者について

## マーティ・ケーガン

　マーティ・ケーガンがシリコンバレープロダクトグループを創業した
のは、文章や講演、アドバイス、コーチングを通じて、ほかの人が大ヒ
ットを生み出すのを支援したかったからだ。それより前は、世界で最も
成功したいくつかの企業で、プロダクトを定義し製作することに責任を
持つ経営幹部として働いていた。彼が勤めた企業の中には、Hewlett-
Packard、Netscape Communications、eBayなどがある。

　マーティのキャリアは、HP研究所でソフトウェアエンジニアとして
働くことから始まった。彼はそこで10年間、ソフトウェア技術について
研究し、ほかのソフトウェア開発会社向けのプロダクトをいくつか作っ
た。

　HPのあと、当時まだ新興企業だったNetscape Communicationsに加
わり、インターネット産業の誕生に関わった。

　マーティは、最近までeBayでプロダクト開発とデザインを担当する
上級副社長を務め、eBayのグローバルeコマース取引サイトの、プロダ
クトとサービスを定義する責任者だった。

　キャリアを重ねる中で、マーティは現代のソフトウェアプロダクト組
織のほとんどの役割を経験し、管理職を務めた。その中には、エンジニ
ア、プロダクトマネジャー、プロダクトマーケター、ユーザーエクスペ
リエンスデザイナー、ソフトウェアテスター、エンジニアリングマネジ
ャー、ゼネラルマネジャーなどが含まれる。

　SVPGでの仕事の一環として、マーティは世界中の大きな会議やトッ
プ企業に講師として招かれている。

　マーティはカリフォルニア大学サンタクルーズ校でコンピューターサ

イエンスと応用経済学の学士号を取得し、スタンフォード大学エグゼク
ティブインスティチュートの課程を修了している。

　また、好評を博した『INSPIRED』の著者でもある。


## クリス・ジョーンズ

　クリス・ジョーンズは25年以上にわたって、新たなプロダクトカテゴ
リーを定義するようなプロダクトチームを編成し、率いてきた。在籍し
た企業はLookout、Symantec（現NortonLifeLock）、Vontu（Symantec
に買収されたデータセキュリティ企業）をはじめ、スタートアップ企業
からフォーチュン500掲載企業まで多岐にわたる。各種の特許を取得し
ているクリスは、個人向けおよび法人向けのモバイル、ウェブ、データ、
プラットフォームサービスの発見と開発に携わった。

　SVPGに加入してからは、幅広いテクノロジー、ビジネスモデル、業
界にわたるさまざまな企業に直接関与した。その数は、スタートアップ
から超大手まで100社以上にのぼる。これらの企業の組織、プロセス、
ツール、社風が、現代のプロダクト開発におけるベストプラクティスに
マッチするように、リーダーや業務遂行チームとの協力関係を築いた。

　SVPGに加入する前には、Lookoutのプロダクト開発・デザイン・解
析担当VP、Vontuのヘッド・オブ・プロダクトを務めた。

　両社でプロダクト組織を一から構築し、この分野の代表的プロダクト
の発見とデリバリー業務の先頭に立った。スタンフォード大学でコンピ
ューターサイエンスの学士号を取得している。

# INDEX

## た

**な**

# 翻訳者紹介

## まえがき

### 及川卓也 （おいかわ・たくや）

Tably株式会社 代表取締役 Technology Enabler

東京出身。早稲田大学理工学部卒。専門だった探査工学に必要だったことからコンピューターサイエンスを学ぶ。

卒業後は外資系コンピューター企業にて、研究開発業務に従事。現在で言うグループウェア製品の開発や日本語入力アーキテクチャ整備などを行う。その後、数回の転職を経験。OSの開発、ネットワークやセキュリティ技術の標準化などにも携わる。プロダクトマネジメントとエンジニアリングマネジメントという製品開発において軸となる2つの役職を経験。

2019年1月、テクノロジーにより企業や社会の変革を支援するTably株式会社を設立。著書『ソフトウェア・ファースト〜あらゆるビジネスを一変させる最強戦略〜』（日経BP）、『プロダクトマネジメントのすべて　事業戦略・IT開発・UXデザイン・マーケティングからチーム・組織運営まで』（翔泳社）。

## 翻訳

### 二木 夢子 （ふたき・ゆめこ）

国際基督教大学教養学部社会科学科卒。ソフトハウス、産業翻訳会社勤務を経て独立。訳書に『OKR ——シリコンバレー式で大胆な目標を達成する方法』（日経BP）、『オリンピック全史』（共訳、原書房）、『Creative Selection：Apple 創造を生む力』（サンマーク出版）。

エンパワード
# EMPOWERED
普通のチームが並外れた製品を生み出すプロダクトリーダーシップ

2021年6月30日　　　初版第1刷発行

著　　者——マーティ・ケーガン、クリス・ジョーンズ
まえがき——及川卓也
訳　　者——二木夢子 ©2021 Yumeko Futaki
発 行 者——張 士洛
発 行 所——日本能率協会マネジメントセンター
〒103-6009　東京都中央区日本橋 2-7-1 東京日本橋タワー
TEL　03(6362)4339(編集)／03(6362)4558(販売)
FAX　03(3272)8128(編集)／03(3272)8127(販売)
https://www.jmam.co.jp/

装　　丁———西垂水敦、市川さつき（krran）
本文ＤＴＰ——株式会社明昌堂
印刷所————広研印刷株式会社
製本所————東京美術紙工協業組合

ISBN 978-4-8207-2924-2　C2034
落丁・乱丁はおとりかえします。
PRINTED IN JAPAN

**JMAM の本**

**INSPIRED**（インスバイアド）
## 熱狂させる製品を生み出すプロダクトマネジメント

**マーティ・ケーガン** 著

**佐藤 真治** 監修 **関 満徳** 監修 **神月 謙一** 訳

A5版 384 頁

Amazon, Apple, Google, Facebook, Netflix, Teslaなど、最新技術で市場をリードする企業の勢いが止まらない。はたして、かれらはどのようにして世界中の顧客が欲しがる製品を企画、開発、そして提供しているのか。本書はシリコンバレーで行われている「プロダクトマネジメント」の手法を紹介する。著者のマーティ・ケーガンは、成功する製品を開発するために「どのように組織を構成し、新しい製品を発見し、適切な顧客に届けるのか」を、具体的な例を交えながら詳細に説明する。

**日本能率協会マネジメントセンター**